U0673575

ON PUBLIC ADMINISTRATION 修订版

公共行政学论稿

孙学玉 著

人民出版社

责任编辑:茅友生
封面设计:朱赢椿

图书在版编目(CIP)数据

公共行政学论稿/孙学玉 著. -北京:人民出版社,2013.5
ISBN 978 - 7 - 01 - 011996 - 0

Ⅰ.①公… Ⅱ.①孙… Ⅲ.①行政学 Ⅳ.①D035

中国版本图书馆 CIP 数据核字(2013)第 082634 号

公共行政学论稿

GONGGONG XINGZHENGXUE LUNGAO

(修订版)

孙学玉 著

人民出版社 出版发行

(100706 北京市东城区隆福寺街 99 号)

涿州市星河印刷有限公司印刷 新华书店经销

2013 年 5 月第 2 版 2013 年 5 月北京第 1 次印刷
开本:720 毫米×1020 毫米 1/16 印张:23.75
字数:450 千字 印数:50,001—60,000 册

ISBN 978 - 7 - 01 - 011996 - 0 定价:69.00 元

邮购地址 100706 北京市东城区隆福寺街 99 号
人民东方图书销售中心 电话 (010)65250042 65289539

版权所有·侵权必究
凡购买本社图书,如有印制质量问题,我社负责调换。
服务电话:(010)65250042

再版前言

再版之际,掩卷而思,充满感激和惶遽。拙著刊行于 1998 年,历经 15 载,四次印刷,广获传播,悉仗学界力荐,研究生厚爱,政府奖掖。其中管窥浅见,诸如撤销地区行署(《江海学刊》1998),构建省直接管理县(市)体制(《求是内部文稿》1998),撤并政府职能交叉重复部门(《社会科学》1997),扩大公务员范围(《中国改革报》1996),增设公务员考核职等(《行政论坛》1996),关注西方国家行政改革(《学术季刊》1998),等等,为政府重视、学界吸纳,始料未及。朝乾夕惕,劳心励志;陋室微言,朝花夕拾;回溯梳理,倍感欣慰。

海晏河清,国泰民安。躬逢清明盛世,墨融沃土耕耘。再版论稿,新论弗敢奢望,然对公共行政学之"源"、行政生态变迁、省直管县体制改革、行政机构调整与职能重塑、行政决策冲突治理及国外行政改革诸章,均作延展,希冀出新。需掘之处远不止于此,囿精力所困,无法精凿覃思,逐一润饰,祈望读者谅察。

钱学森曾言,行政学乃实干之学问。"行政"之"行""政",旨在行政令、履政事,将国家意志见诸行动,变为现实。政府涉事,浩繁无疆,聚合政策法律、机构人事、技术方法等要素,欲使理论研究成经纶济世之典,需团队合作、采撷群言,博考经籍、化繁就简,贴近实际、时移论迁。此乃实践畛域之期盼,亦恰学界功力研风之遗憾。美国学者托达罗说,"公共行政是发展中国家最稀缺的资源。"此言意味深长。政府是什么,应该做什么,如何做得更好,作为当下课题,仍需各方智慧聚合。

梦想之路,崎岖漫长。克险的勇气不消减,探索的脚步不停滞。

挚谢所有为拙著再版做出贡献的朋友和亲人。

孙学玉

2013 年 5 月 1 日

目　录

序

一

公共行政学(public administration),又称行政学、行政管理学,也有人称之为公共管理学(public management),是一门研究政府管理活动及其规律的科学。1887年美国学者伍尔德·威尔逊在《政治科学季刊》上发表具有远见卓识和逻辑说服力的《行政学之研究》一文,开行政学研究之先河,并使其成为美国社会科学研究中的优势学科延续至今。19世纪末叶,国人梁启超针对国家凋弊、"国力衰落"状况倡导中国公卿要增强"公共理念",其主张虽与威氏有相似之处,时间亦相近,但因国运不同,其研究与发展命运相去甚远。张金鉴等人一度创造了理论上的丰硕成果,但其实践范围、应用程度极其有限。新中国的成立为行政学发展提供了最基本的政治、经济和社会条件。然而由于众所周知的原因,这一学科不仅未能得以发展,反而很快在社会科学界销声匿迹。无需学习掌握行政知识和技能便可以从事行政管理工作,是当时盛行的"外行领导内行"原则的具体体现,堪称当代中国政府管理史上的一大"奇观"。

20世纪70年代末,邓小平在理论工作务虚会上语重心长地指出,"政治学、法学、社会学及世界政治的研究,我们过去多年忽视了,现在需要赶快补课",要"下定决心,奋起直追,一定要深入专业,深入实际,调查研究,知彼知己,力戒空谈"。① 这段话,为包括行政学在内的许多社会科学的恢复和发展,提供了依据,开辟了道路。1982年1月29日《人民日报》发表了我国行政学前辈夏书章教授《把行政学的研究提上日程是时候了》的呼吁文章,行政学开始从被遗忘的角落走上前台,并且很快成为人们学习研究的热门学科。随后,各种学术研究组织相继成立,教材专著不断问世,培训活动蓬勃开展,学术研讨日趋活跃。十几年过去了,它虽然走过了学科发展的引进、借鉴和资料阶段,但其理论成果仍难以有效地适应当代中国社会政治、经济、文化事业发展的要求,其学术水平与西方国家相比亦有很大差距。可以说,当代中国公共行政学研究仍处于从消化、总结、提高向体系创新阶段艰难行进的历史时期。

孙学玉撰写的这部《公共行政学论稿》是这一历史发展进程中的一项重要成果,从一个侧面展示了公共行政学研究在当代社会科学领域里的勃勃生机。该书以引论开篇,全面系统地总结了十几年来我国学者的主要观点、分歧及其成果。对诸如行政概念的确立、学科体系的划分、学术成果的评价、研究重点和发展趋势的前瞻,等等,都作了比较全面、系统的分析评估,既描绘了过去一个历史时期学科的发展状况,又展示了未来学科发展的基本趋向。其观点,虽不能说无可挑剔、完美无缺,但它是向

---

① 《邓小平文选》第二卷,人民出版社1994年版,第180~181页。

真理不断靠近的一种努力。因为,理论观点需要争辩和讨论,否则就不能称其为学术。爱因斯坦说得好,"提出一个问题往往比解决一个问题更重要,追求真理比占有真理更可贵"。这句话,我想也同样适应于公共行政学的研究。我国的公共行政学正处于总结创新阶段,多元性、分散性、探索性构成这一阶段的主要特征,单独哪种声音恐怕都难以一统天下,需要"百花齐放、百家争鸣"学术氛围的形成。

二

《公共行政学论稿》是作者从现当代公共行政实际出发,在占有大量实际材料以及二十多篇学术论文的基础上对公共行政问题进行研究的一项成果。它所分析研究的对象除我前面所写到的内容外,还包括中国公共行政环境分析、公共选择理论对当代公共行政的影响、当代中国政府经济职能的重新确立、行政区划的变革、公共行政组织的完善、选拔领导者的社会公论观、行政决策科学化、依法行政的理论与实践、当代公共行政改革的目标取向与价值选择,等等。这些既是公共行政学研究的重要内容,也是当代公共行政实践过程中亟需探讨并逐步明确的重大课题。

公共选择理论是分析政府行为的一种重要经济学工具,其理论是建立在推翻"哈韦路假设"基础之上的,即担任政府公职的是有理性的"自利人",其行为可通过分析这些公职人员在其任期内面临的各种诱因得到理解。该理论创始人詹姆斯·M.布坎南认为,在作为"预测科学的经济学和旨在设计合适的法律和宪法限制而塑造相互作用的模式的政治经济学中,只有把私人看作是无例外的最大限度的追求财富者,市场的法律构架——法律和宪法才能设计出来"。为此,布坎南指出,经济学以"经济人"的成本——收益分析作为工具,而作为政治学的国家理论则以国家代表社会利益作为分析出发点。这两个学科的分离,使得人们对经济行为的分析和对政府行为的分析分属于两个不同的概念体系。公共选择理论纠正了这一偏差,认为国家不是神造物,不具备无所不知和正确无误的天赋。国家乃是一种人类组织,在这里做决定的人和其他人没有什么差别,既不更好,也不更坏,这些人同样会犯错误。"我们必须从一方面是利己主义和狭隘个人利益所驱使的经济人,另一方面是超凡入圣的国家这一逻辑虚构中摆脱出来,将调查市场经济的缺陷与过失的方法应用于国家和公共经济的一切部门。"①基于此,布坎南认为政府的缺陷至少和市场一样严重,不仅不一定能纠正市场错误,而且还可能使市场状况进一步恶化。这一观点的创立,为经济学开辟了前所未有的广阔发展空间,增添了经济学独立的政治决策理论;同时,也为政治学、行政学、社会学等科学理论的深层开掘提供了经济分析工具。对于我国近二十年来改革遇到的难题和阻力,公共选择理论所给予的解释和分析,是否有其合理的因素,回答应当是肯定的。将这一分析工具引入公共行政学领域,其意义更是非同小可。

迈尔斯法则认为:"你采取什么立场,取决于你坐在哪儿。"毫无疑问,公共行政是"受限于社会组织并由物质的和文化的社会关系所构成的国家干预行为"。② 不是一种独立的和自我决定的职业,是一种植根于社会之中并从整个社会获得必然性的社会活动,在很大程度上受置身其间环境的制约和影响。因此,公共行政必须由环境来决定。离开环境,即

---

① 詹姆斯·M.布坎南:《公共选择论》,转引自何清涟:《现代化的陷阱——当代中国的经济社会问题》,今日中国出版社1988年版,第7~8页。

② 理查德·D.宾厄姆等:《美国地方政府的管理:实践中的公共行政》,北京大学出版社1997年版,第5页。

离开从人和空间角度所确定的"公共性",就无行政可言。当今中国,所采取的任何一项公共政策,任何一项行政过程,都是因为"坐"在中国这一特定的环境之中。为此,作者不仅对我国的政治、经济、文化、自然、国际等环境进行了比较全面准确的分析研究,而且更重要的是把整个公共行政问题的研究置于中国改革开放、建立社会主义市场经济体制和未来社会发展之中来认识和剖析,而不是脱离中国国情,孤立地看问题,更不是"言必称希腊"、食"洋"不化。这种态度对处于消化、吸收、创新阶段的中国行政学来说尤为重要。

政府经济职能问题是一个世界性难题,世界各国虽然就此作了不懈努力,但问题依然未能从根本上解决,尤其是随着亚洲新兴工业化国家国民经济瞬间的"灰飞烟灭",加强政府干预的市场经济体制再次引发了人们的忧虑和思考。对本课题研究,我与作者曾经有一段令人难忘的合作,部分成果刊发于《中国行政管理》,还被吸收为第三届国际行政科学大会发言论文。作者在此基础上又作了进一步的探讨和研究,增加了前市场经济国家政府经济职能演变的历程回顾,使这一问题的研究更加充实、全面、完整。就我国来说,要建立起比较完善的社会主义市场体制不能仅仅在强化政府干预或削弱政府职能上做文章,而是要在二者的有机结合上寻求出路,即尽快使政府做到该管的管、不该管的不管。不该管的要退出、弱化、取消;已经存在并应履行的职能,要一如既往地担当起责任;而应履行还未履行的职能要迅速地予以确立。这种变化,从实质上说,就是让政府从过去充当所有者、计划者直接管理私人物品生产活动的职能中退出来,加强对公共物品(public goods)供给的管理。至于退出、弱化政府职能,只是在"私人物品"领域,而不是泛指所有领域,更不是指"公共物品"的供给。就后者来说,我国政府不是干预太多,而是干预得太少、力量太弱、服务水平太低。

行政区划即国家各级行政区域的划分,它在国家政治经济活动中占有十分重要的地位,对国家行政管理、民主政治建设、国防巩固、经济发展及民族团结有着广泛而深刻的影响。过去,我国在行政区域划分上更多的是注意政治和行政需要,经济因素考虑得较少,甚至完全被忽略。这在古代社会问题并不突出。但是,在生产力不断发展的现代社会,经济因素已经成为影响区划最重要的因素。因为不同的区划格局,对于区域经济的发展、资源的开发、国土的管理使用、工业及城市的合理布局都有着决定性的影响。我们虽然不应把经济因素作为影响区划的唯一因素,但必须在重视综合因素的基础上,更多地考虑一下经济发展的客观要求,或者说,把有利于生产力的发展和社会的进步作为行政区划设置与调整的重要依据。我国现有区划格局,除历史沿革因素外,还受计划经济体制的影响,它适应了以统摄管制为主要手段的国家政治与行政的需要,但是,随着以自由、分散、多元为主要特征的市场经济体制的确立和世界各国区域经济适应力发展趋势的日益凸显,原有的区划格局已经严重影响和制约了我国经济与社会发展的进程。但时至今日,理论界对此并未给予足够的重视。可喜的是,作者立足于我国国情,从独特的视角,对这一问题作了实证性研究。提出在顺应减少层级、扩大幅度的世界性趋势的基础上,撤销地区行署、市县分治、省直接管理县(市)的设想。这是作者长期思考的结果,也是对行政管理理论富有创造力的开掘和具体运用。其建议是否合理、能否被公共政策制定者采纳,我们姑且不论,但其独立思考的精神是可贵的。

　　《公共行政学论稿》中的精彩篇章还有很多。譬如,关于我国行政组织机构现状的剖析,历次改革失败原因的总结,精简、统一、效能原则内涵的概括和阐释,我国公务员制度实施中的缺陷与制约因素分析,依法行政中合法、合理、公正、责任原则的论述,当代公共行政改革的动因、理论基础、目标取向、模式选择等问题的分析研究,都是作者智慧和独立思考的结果,这些内容大都处于学术前沿,无论是对学科理论的丰富,还是当代公共行政实践的发展,都有着重要而积极的意义。

<h1 style="text-align:center">三</h1>

《公共行政学论稿》最重要的特征之一,就是理论研究上的创新。公共行政学恢复重建的过程,也是我国经济政治体制改革不断深入的过程。其间,公共行政学的发展一方面明显地表现出学科断裂的危机;另一方面又表现出在逆境中进行大范围的急剧改组与更新的韧性。这是学科的时代特征,必须准确把握和定位,否则其生命就有可能会被断送。可贵的是,这本著作能始终围绕如何建立与市场经济体制、与社会主义民主政治建设、与未来信息社会相适应的公共行政体制这一主线来设计框架、展开论述,不仅具有很强的现实性、动态性,更重要的是能抒己之见,勇于探索、大胆创新,如对公共行政实践的经济学分析(公共选择理论),对转型期政府经济职能的分解与重塑,对地区行署、市县区划体制进行改革的建议,对中国公共行政机构现状的分析及改革失败原因的分析,对公务员制度推行中的缺陷与制约因素分析,对公共政策冲突的治理研究,等等,都给人以全新的感受和启迪,显示出作者扎实的理论功底和敢于创新、不人云亦云的学术作风。

与行政学的一般著作相比,本书还有一个重要的特点,就是重视对当代中国行政实践中重大课题的实证研究与经验分析,并将宏观上的价值分析、规范分析与微观经验分析结合起来,使著作更具有时代感和现实包容性。这与那些沉醉于“新八股”和徜徉于考据中的“乾嘉”遗风相比,有一种清新之气,值得肯定。特别是作者引入《香港海滩污染废弃物的治理》这篇具有典型性的案例,使读者能够对决策所涉及的要素及政府可控资源的有效利用有一个更加全面深刻的认识。其效果是单纯的理论分析难以达到的。在我国,实证研究和案例分析方法已经逐渐引起人们的重视,但是由于政治、经济、社会等因素的限制,案例的搜集、编写、整理、分析研究工作还存在很大的局限性,其功能作用亦未能得到有效发挥,尚需各级领导者和行政学者投入更多的精力、给予更多的关怀。

总之,我认为,《公共行政学论稿》是一部有较高学术价值和实用价值的行政学论著。以上这番话,是我对当代中国公共行政学研究现状和发展趋势的一点见解,也是对孙学玉研究成果和探索精神的认同,同时也是乐于向广大读者推荐此书的理由。我相信大家阅读之后一定会有所教益和启迪。

陈兆德

1998 年 9 月 16 日

第一章　引　论

　　一个多世纪以来,公共行政以其与公民、法人及社会组织之广泛联系成为重要研究对象。米切尔·蒂茨说:现代人,在政府资助的医院里出生,在公立中小学、大学接受教育,很多旅行时间在公共交通设施中度过,通过邮局或半公共性质的电话系统与外部联系;喝公共饮用水,读公共图书馆里的书,用公共排污系统处置垃圾,在公园里野餐,受公共治安、消防、卫生部门的保护,最终,又在医院里离开人世,甚至被埋葬在公共墓地。总之,不管在意识形态上多么守旧,现代人与公共行政的联系是挣不脱、割不断的。① 公共行政对社会"无微不至"的关怀,为公共行政学的发展注入不竭动力,其研究内容历久弥新,学科体系日益庞杂,研究方法越来越丰富,与政治学、经济学、法学等学科间的交流也越来越密切。

---

　　① 米切尔·蒂茨:《关于城市公共设施定位的理论》,载《地区科学协会刊物》1967 年 11 期。引自理查德·D.宾厄姆等:《美国地方政府的管理:实践中的公共行政》,北京大学出版社 1997 年版,第 3 页。

一、公共行政概念：国内外学者的迷惘与困惑

行政学的基本特质在于定义，逻辑与常规也要求我们必须认真对待这一问题。因为这是开展学术研究无法逾越的起点。然而不幸的是，迄今为止还没有哪位行政学者能够为"行政"下一个简单明了、令大多数专家和管理者所接受或认同的定义。以至于有人说，"世界上有多少个行政学家就有多少个行政概念"。① 此话尽管有言过其实之嫌，但在一定程度上颇为精当地揭示了国外行政学界在这一问题上的严重分歧。同样，也在一定程度上描述了我国行政学者的迷惘与困惑。

西方学者主要观点综述

国外行政学界关于行政概念的分歧，在他们所下的定义中表现得颇为清楚。

威尔逊（W.Wilson）认为："行政是一切国家所共有的相似性很强的工作，是行动中的政府，是政府在执行和操作方面最显眼的部分，政治是政府在重大而且带普遍性事项方面的国家活动，而行政是政府在个别、细致而且带技术方面的国家活动，是合法的、明细而且系统的执行活动"。②

古德诺（Frank J.Goodnow）认为："在所有的政府体制中都存在着两

---

① R.J.斯蒂尔曼：《公共行政学》上册，中国社会科学出版社 1988 年版，第 18 页。
② 伍德罗·威尔逊：《行政学之研究》，载美国《政治科学季刊》1887 年第 2 期。

种主要的或基本的政府功能,即国家意志的表达功能和国家意志的执行功能"。① "政府的这两种功能可以分别称作'政治'与'行政'"。②

怀特(Leonard D.White)认为:"行政是完成或实现一个权力机关所宣布的政策而采取的一切运作,即对其部属所采取的指挥、协调和控制活动"。③

古利克(L.Gulick)认为:"从工作着眼,行政就是 POSDCORB,即计划、组织、人事、指挥、协调、报告、预算七种职能"。④

费富纳(John M.Phiffner)认为:"行政就是一些人为完成政府任务所作的协调努力","是集体努力与合作的艺术。"⑤

魏劳毕(W.F.Willoughby)的定义是:"行政是政府组织中行政机关所管辖的事务"。⑥

西蒙(Herbert A.Simon)、史密斯伯特(Donald W.Smithbury)、汤普森(Wietr A.Thompsom)则认为"行政是为达到共同目的时合作的集体行动"。⑦

以上观点,见仁见智,看似相去甚远,其实不过是着眼点不同而已,归纳起来不外乎以下三个方面:

第一,依照制衡原理,着重从资本主义国家组织分工关系上来确立行政的内涵,认为只有政府行政部门所管辖的事务才是行政。有学者认为,

---

① F.古德诺:《政治与行政》,华夏出版社 1987 年版,第 12 页。
② F.古德诺:《政治与行政》,华夏出版社 1987 年版,第 10 页。
③ L·D.怀特:《行政学导论》,麦格罗·希尔图书公司 1947 年版,第 1 页。
④ L.Gulicd & L.Urvick, *Papers on the Science of Administration*, *Institute of Administration*, N.Y. 1937, P187.
⑤ J.M.Pfiffner, Public Administration, Ronald, N.Y, 1955, P. 6.
⑥ W.魏劳毕:《行政学原理》,约翰·霍普金斯出版社 1927 年版,第 1 页。
⑦ H·A.西蒙、D·W.史密斯伯特、V·A.汤普森:《行政学》,艾尔弗雷德·克诺夫联合公司 1950 年版,第 1 页。

这一观点在说明政治体系的不同构成要素方面有一定的价值,但用来概括一定社会的行政现象则是失之偏颇的。① 其原因在于:其一,行政活动的日益复杂使立法权与行政权相互交融,难以清晰划分。按照"三权分立"理论,资本主义国家的权力体系一般分为立法、司法和行政三部分,分别由立法机关、司法机关和行政机关掌握,这三种权力或者机关,各自独立,相互制约,发挥不同职能,这在资产阶级政权初建时期表现得较为典型。但是随着科学技术的发展,大量专业性和技术性立法已不是作为议员组成的国会所能独自胜任的。为了适应这一发展变化,国会不得不以"行政立法"、"委任立法"的形式授与行政机关部分立法权,这就在一定程度上打破了立法与行政的严格界限。其二,行政案件的裁决与处理使行政权与司法权密不可分。在大陆法系的法国和德国先是建立了各级行政法院,随后又在英美法系的英国和美国出现了大量行政审判庭,而原苏联则一直由行政机关负责处理行政诉讼。我国也不是完全把行政救济权交与司法机关,而是由行政机关复议、人民法院审理和国家赔偿等环节构成的。这都表明行政权与司法权具有某种程度上的不可分离的关系。其三,立法、司法机关也存在着大量行政活动。行政管理具有普遍性和广泛性,遍布于国家政治和社会生活的各个方面。以人事行政和财务管理为例,这两项活动是行政管理的基本内容之一,但同时也是立法、司法机关管理不可缺少的组成部分。总之,把行政仅仅说成是行政机关所管辖的事务,是不符合现代国家实际状况的。

第二,从政治与行政分离的角度来确立行政内涵,认为行政是国家意志的执行。这一观点的代表人物是古德诺。我国台湾地区也有一部分学者持这种观点,并概括为"国家意志执行说"、"目的实现说"或"积极目的

---

① 王沪宁、竺乾威主编:《行政学导论》,上海三联书店 1988 年版,第 2 页。

说"等,认为行政起着执行国家意志,积极实现国家政治目的的作用。这种把政治与行政分离的观点"是作为脱离国家理论的一种实践而提出的"。① 创立者"只相信科学,不相信政治哲学","要求公共行政官员应成为技术专家完成当选官员交付的任务,最有效地实施公共政策。"②其实这一观点也是不符合当今国家政治生活状况的。行政活动的全过程表明,一定社会的行政虽从属于政治,服务于政治,但它并不是消极地、完全被动地服从。行政本身就是构成政治的一个重要条件,它要求在执行政治任务的过程中,不断作出因地制宜的政治性决策,这些决策同样也是国家意志的体现,因此有人称之为"行政过程的政治"。同时在政治活动中,任何体现国家意志的政治决策,也都要经过一系列信息、咨询、监督、反馈等行政环节。可以说,没有科学的行政就不可能有有效的政治,政治的成功有赖于优化的行政,政治与行政具有高度的统一性。

第三,从管理功能的角度来确立行政内涵,认为协调众人努力达到一定目标的管理活动都是行政。其代表人物是费富纳以及西蒙、史密斯堡、汤姆森、怀特、古利克等。他们所说的"从工作着眼"、"一些人"、"集体行动"不仅包括立法、司法、行政机关,而且还包括企业和各类非营利性组织。在这些人看来,只要是协调众人努力达到一定目标的管理活动都是行政。这种观点显然混淆了公共管理、工商管理和其它社会管理的界限,失去了科学分类的意义。因为,它脱离了公共行政学研究的特殊客体,无法准确地反映公共行政学研究的对象,无法正确地把握国家管理研究的主要矛盾,更无法有效地探讨国家行政管理活动规律。同时,由于它完全

---

① 参见萨姆·哈伯尔:《效率和社会进步:进步时代的科学管理》,芝加哥大学出版社1964年版;理查德·斯蒂尔曼:《公共行政理论导论》,圣马丁出版公司1990年版。转引自理查德·宾厄姆等:《美国地方政府管理:实践中的公共行政》,北京大学出版社1997年版,第25页。
② H·A.西蒙、D·W.史密斯伯特、V·A.汤普森:《行政学》,艾尔弗雷德·克诺夫联合公司1950年版,第1页。

撇开了行政活动中的政治因素,因而也无法清晰地认识和分析当今公共行政之现实。

我国学者的主要分歧

同西方国家一样,我国行政学者对行政概念的理解和定义也是纷繁复杂,各执一端,难以统一。纵观三十多年来我国学者的大量专著、教材,比较有代表性的观点主要有以下几种:

夏书章认为,"行政是行使国家权力的管理,凡不属于国家机关的管理活动,便不属于行政"。"应将以行使国家权力从事国家管理的活动称为行政"[①]。

周世述认为,"所谓行政,就是国家行政部门为实现代表统治阶级意志的国家目的和任务,而对所属的国家职能和国家事务的组织管理活动的总体。"[②]

黄达强主张,行政是"国家政务的管理活动"[③],认为这里的管理是严格的政务管理,不包括企事业的管理,也不包括国家立法机关的管理和国家司法机关的管理。

李方则认为,行政"有广义和狭义之分,狭义的仅指政府行政部门的管理工作,广义的兼指国家立法、行政、司法部门乃至其附属单位的管理工作。企事业单位的某些管理工作也叫做行政管理,社会主义国家的党、团、工会、妇联等大型组织的管理工作也应该是行政部门和学术界所关心

---

① 夏书章:《行政管理学》,山西人民出版社 1985 年版,第 5 页。
② 周世述:《行政管理学通论》,劳动人事出版社 1989 年版,第 4 页。
③ 黄达强、刘怡昌:《行政学》,中国人民大学出版社 1988 年版,第 3 页。

的对象。"①

王沪宁对行政也作了广义与狭义的区分,认为行政"是与政府活动有直接关联的一种活动,是围绕执行社会公共权威而展开的活动和关系,特别是与实现政治目的、制订计划和推动具体过程相关的各项活动"。这是狭义的理解,"即将行政限于政府的行政活动"②。行政还有广义的一面,"广义行政的意义是,一定机构或部门为达到一个特定的政策目标(一般是非营利性的目标)而展开的各项管理活动。这种活动广泛存在于社会的许多部门、机构、单位、团体之中,其基本特性与宏观行政相似,因为宏观行政本身是由众多的微观行政构成的。"③

唐代望的定义则更为宽泛,认为"社会主义国家的行政管理是管理整个社会的,不仅包括国家行政机关的管理,而且包括立法、司法以及事业单位的行政管理。"④

以上观点,可以作如下分类:其一,以周世述和黄达强为代表的狭义政府管理理论。他们认为行政就是政府及其组织部门对国家政务和事务所进行的管理活动。在这里管理的主体是国家行政机关,而不是立法机关和司法机关,更不是个别人或社会组织。因而立法、司法机关,企事业单位以及社会团体的活动都不算行政。王沪宁关于行政的狭义表述也属于狭义政府管理理论的范畴。其二,以夏书章为代表的广义政府管理理论。他们认为,行政是国家机关的管理活动,国家机关以外的企业、事业单位属经济经营管理范围,不应当把它们列入行政的范畴。在我国,国家机关的管理既指行政机关的管理活动,又包括立法和司法机关的管理活

---

① 李方:《行政管理学纲要》,中国劳动出版社 1989 年版,第 9 页。
② 王沪宁、竺乾威:《行政学导论》,上海三联书店 1988 年版,第 3 页。
③ 王沪宁、竺乾威:《行政学导论》,上海三联书店 1988 年版,第 4~5 页。
④ 唐代望:《现代行政管理学教程》,湖南科学技术出版社 1988 年版,第 3 页。

动。此类观点可称作广义的政府管理理论。其三,以李方和唐代望为代表的最广义的行政管理理论。他们认为我国的行政管理既包括立法机关、司法机关、行政机关的管理活动,也包括事业单位的管理活动。此外,李方还强调指出属于国家政治体系中的党的机关、群众团体、国有企业单位的管理活动也应属于行政的范畴。尽管他在《行政管理学纲要》中对行政作了广义和狭义的区分,但书中的论述和使用都是以广义概念为主的。王沪宁的以非营利性政策目标为标准的广义概念也与此观点有相近或相通之处。可以看出,行政概念的分歧主要集中于管理主体的确立和管理范围的划分上,如行政的边界在哪里,立法机关、司法机关、企事业单位以及社会团体的管理活动能否划入行政的范畴,能否超越国体和政体、超越时间和空间找出一个为人们所普遍接受的行政概念,等等,一直没有权威性的解释和令更多学者认可的答案。

对于形成这一局面的原因,学者们给出多个答案。一种观点认为,行政定义之所以难以确立,主要在于与行政有关的、在数量和范围方面日益增多的各项活动变化多端、错综复杂,使得任何高级的归类方法都无法把它们融合进去。因此,想用十分具体的细节描述来限制行政的范围、确认行政的内涵,很可能是一种无效劳动。正如美国学者德怀特·沃尔多(Dwight Waldo)所言,“公共行政学中所有用一句话或一段话的定义的直接结果,是精神麻痹远胜过启蒙和激励。”①另一种观点认为,行政是发展的行政,其内涵和外延受政治体制和经济体制的影响,党政不分与政企政事分开的体制,其概念不可能一致。可以说,体制上的复杂性和不稳定性必然导致行政概念的不确定性。还有一种观点认为,行政研究是一种高度综合的折衷性课题,只是一个问题焦点,一种兴趣,而不是科学。因此,

---

① 菲利克斯·A.尼格罗等:《公共行政学简明教程》,中共中央党校出版社1997年版,第1页。

行政的定义不可能确立,也不需要去确立。笔者认为,概念理解上的莫衷一是,无论对行政活动的开展,还是对学科体系的建立、规律的研究总结,都是极其不利的,因此,有必要对其进行科学的界定。

行政概念的界定

首先,"行政"概念具有动态性,不论是国内还是国外都是不断发展变化的。这种发展变化,既受政治体制的制约,更受哲学社会科学及自然科学的影响。在美国,行政一词最早属于政治学范畴,只是因为受到民主主义的激荡或受"制衡原理"学说的影响,或囿于立法、司法、行政"三权分立"的传统,才出现行政是除立法、司法以外的国家事务的管理活动的理论。20世纪20年代,泰罗、法约尔等人的科学管理理论和原则逐步引入公共行政学领域,这时从管理功能和管理特点的角度来认识行政的观点便应运而生。在我国,孙中山在辛亥革命时期建立了行政、立法、司法、监察、考试五院分立制度,这同新中国成立后所建立的"议行合一"的政治体制完全不同。国家消亡后的"公共行政",在内涵和外延上将会被重新界定。基于这一点,对行政概念的理解也是不可能完全一致的。因此,我们在确立行政概念时,既要立足于特定的政治和社会环境,又要根据不同历史时期的需要,适应不断发展变化的政治体制的需要;既不能一成不变,又不能强求划一,这样才有可能使概念的内涵和外延具有更强的适应性和科学性。

其次,行政是国家的管理活动,具有阶级属性,世界上不存在超阶级的国家观和行政观。第一,我们所说的公共行政是国家意志的贯彻执行,是国家的行政,因而它不同于私人的、个别人的管理。马克思在《评"普鲁士人"的"普鲁士国王和社会改革"一文》中明确指出,"要清除在行政机关的任务、它的善良意愿和它所能采取的手段、办法之间的矛盾,国家就必须消灭自己,因为国家本身就是以这个矛盾为基础的。国家是建筑在社会生活和私人生活之间的矛盾上,建筑在公共利益和私人利益之间的矛盾上的……哪里有了市民生活和市民活动,行政机关的权力就要在哪里告终",行政机关的活动不得不限于"形式上的和消极的活动"。在此基础上,他得出"行政是国家的组织活动"①这样一个基本结论。这个结论,应当成为我们区别个人和经济组织非政治、纯技术社会活动的重要依据。第二,行政是国家的产物,是统治阶级按照本阶级的利益和意志对国家事务进行管理的活动。它既然不能脱离国家而独立存在,就必然具有阶级的属性。这是因为,行政管理是整个国家活动的一部分,是社会上层建筑的一种功能,它的性质必然与整个国家政权的性质相一致,归根到底又必然取决于它为之服务的经济基础的性质。如果不把国家的阶级实质与行政联系起来,或否认行政阶级属性抽象地谈论行政,就不能真正认清行政的本质,我们的研究工作就有可能会走入迷途。

再次,行政与管理有区别也有联系。在古代里,"管"是主事,"理"是治事。管理就是对人和事的主持和治理,延伸其义,凡是对人、财、物、事的决策、组织、指挥、协调、监督等职能活动都叫管理。从纵向来看,管理的历史要比行政长得多,可以说自从有了人类的群体活动,就有了管理活动。在原始社会,人们聚集起来从事生产,组织分配,同自然界作斗争,都离不开管理活动。但是这时的管理只有社会属性,不具备阶级属性,还不包含行政的本质内容,只有出现了剥削,产生了阶级,诞生了国家,才有了政治性的管理——行政。从横向上来看,管理的外延更宽,它贯穿于社会

---

① 《马克思恩格斯全集》第三卷,人民出版社 2002 年版,第 386 页。

生活领域的各个方面,凡人迹所至之处,有人群活动和有"共同劳动"的地方,就有管理活动的存在。可见,行政只是整个管理系统中的一个子系统,是众多管理门类中的一个重要门类。尽管我们认为行政是一种管理活动,而且管理主义理论在目前正大行其道,即便如此也不能把所有的管理都视为行政。在这一点上,笔者不同意管理功能论的观点,也不赞成"行政"是高层次的管理、管理是低层次的执行活动的理论。

第四,社会主义国家的职能特点和范围对"行政"具有规定性。社会主义国家行政管理的经济基础是生产资料的社会主义公有制,它在组织和领导社会经济生活方面的作用超过了以往任何一种社会制度的国家,其行政活动既包括行政机关自身的管理,也包括国家通过行政机关对政治、经济、文化、教育和其他社会生活各个方面事务的管理。同时,社会主义国家的行政管理是按照"议行合一"和民主集中制的原则建立起来的,行政机关与权力机关之间有着不可分割的联系。因此,除国家行政机关的管理毫无疑义地属于行政范畴外,其他国家机关也的确存在着大量的行政管理活动。如人大常委会接受、审查、处理提案;组织讨论、通过、发布各种法令等,就是立法行政的责任。受理案件、传讯、审理案件就是司法行政的责任,等等。再如,我国事业单位是在国家行政机关的领导下执行和完成国家交办的各项任务,组织和指挥本单位的业务活动,管理日常行政事务的职能机构。它们虽然不是行政机关,也不是行政机关的派出机关,但是,它们为完成国家行政机关交办的任务,依据法律规定在本单位内部行使行政管理权力,可以采取必要的行政措施,其活动具有一定的独立性和自主性。此外,各级党委是政府在政治上的领导机关,且在人事上直接管理一部分干部;工会、共青团、妇联等大型社会团体,都是靠政府财政经费维持的,它们配合各级政府,开展组织、协调和发动工作,等等。这些活动的存在都是不争的事实,对其不同的定位,便是得出不同"行政"结论的根本原因。笔者认为,这些机关、团体的活动尽管带有一定的行政色彩,并使人们难以有效地加以区分,但是笔者认为,它们仅仅是具有行政的某些特点,并不具有行政的基本性质,而且随着我国政治和行政体制改革的不断深化和逐步完善,这些机关团体的"行政"功能将会逐步淡化减弱,直至消失。

最后,必须注意行政活动与企业经营管理活动的区别。企业的经营管理活动是不同于行政活动的一种特殊行为,把它们纳入行政范围,笔者认为是不适当的。早在1979年,美国学者邓洛普从时间观点、任期、绩效评估、人事限制、利益平衡与绩效、工作方法、传播媒体的作用、舆论影响和命令指挥、立法和司法影响、最基本要求等10个方面①对行政活动与企业管理的差异作了详尽对比分析,指出国家行政是一种以强制力为后盾的管理,具有较高的权威性,一切行政活动均由法律作保证,机关之间有严格的层级性;而企业管理是生产资料的所有者或经营者对企业经济活动进行的管理,带有明显的营利性。企业之间是经济利益关系,是一种商品交换关系。尽管以企业家精神重理政府的管理主义理论广受欢迎,且有不可逆之势,但是必须明确,它们之间只是工具意义上的相似,绝非本质意义上的相同。

基于以上分析,我们可以把行政定义为:国家行政机关为实现国家目标和统治阶级利益,依照法律管理国家政务和社会公共事务的执行性活动。其主体是国家行政机关,客体是国家政务和社会事务,目的是实现国家目标和统治阶级利益,依据是法律规范,性质是执行性活动。

---

① 参见邓洛普:《政府管理部门与私营企业的印象比较》,引自格雷厄姆·T.奥尔森:《公共行政研究讨论会会议记录》1979年11月,第30~35页。

二、公共管理：令人迷茫的丛林

半个多世纪以来，公共行政恪守政治与行政二分原则的传统不断受到挑战，其中，公共管理和新公共管理形成的冲击最为剧烈。它们以其对经济学和管理学等其他学科理论工具的引入，推动了公共行政学的发展，但也带来了概念上的芜杂混乱。

公共管理

"公共管理"一词出现于 20 世纪 30 年代，美国联邦政府布朗诺委员会（即行政管理或行政科学委员会）将管理主义与公共行政相结合，可以说这是公共管理的最初萌芽。在此之前，自由主义思想一直居主导地位，亚当·斯密的小政府观深得公众认可，人们视政府为"必要的罪恶"，将其责任仅限于保障人民的生命、自由和财产安全，主张"政府最好干预最少"。在此影响下，人们对政府敬而远之，认为政府的目的不在于积极增进人民福利，而在于消极地排除影响人民福利的障碍。20 世纪 20、30 年代席卷整个资本主义世界的经济大危机，使人们重新认识到政府的重要性，凯恩斯主义在减轻危机所造成的破坏的同时，为资本主义国家赢得了长达 20 多年的经济高速增长。由此，公众对政府的信心开始转变。

在这一背景下，政府权力重新获得扩张。以行政立法权和行政司法权的兴起为标志，公共行政权力突破官僚制时期严格的二分法界限，并逐步得到立法机关的认可。20 世纪 30 年代初，美国国会通过新政法案和国家工业复兴法,授予总统广泛权力。日、德、英、法等国的立法机关,在这一时期也不同程度地授予政府立法权,以应对国内经济危机。第二次世界大战以后,各资本主义国家进一步强化行政权,将行政立法作为国家干预经济手段加以运用。公共行政权力的大量运用和发展,使各国逐渐步入"行政国家"。

经过20世纪50、60年代的发展,"行政国家"表面上的繁荣和稳定给美国政治科学带来盲目乐观。他们认为美国"多元民主"模式的运作达到了一种极致,选民的冷漠表明他们如此喜欢这种系统的运作方式而觉得再没有参与的必要。但1964年的瓦茨暴动、1968年的罗伯特·肯尼迪和马丁·路德·金的连遭谋杀等一系列重大事件的爆发,激起了人们对现实世界的反思。捍卫政治科学尤其是公共行政中某些最强大的学术传统的努力开始松动,创造一个相当不同的公共行政有了可能性。正如麦克斯怀特所言,"'理性的人的体制'失败了,得有不同的东西来取代它"。[①]

20世纪70年代,石油危机引发经济危机,政府信任危机进一步加剧,行政改革被迫启动。波兹曼将改革概括为两种途径:一种是公共政策途径;另一种是企业管理途径。前者认为公共管理和政策分析是相互补充的,同时二者构成了教学与研究的两大方向;后者则认为企业管理与公共管理之间具有共性,应重视组织设计、人事管理、财政预算等问题,多采用量化分析。波兹曼认为,公共管理比政府的内部行政具有更为广泛的含义,后者仅与政府的官僚组织相关,而前者则更有弹性,与"战略管理"密切联系。

欧文·E.休斯认为,从公共行政转变为公共管理并不只是表面现象,

---

① 参见 O.C.麦克斯怀特:《公共行政的合法性:一种话语分析》,中国人民大学出版社2002年版,第172~177页。

而是意味着理论与实践上的重大变化:公共行政是一种服务于公众的活动,公务员执行的是他人制定的政策,注重的是过程、程序和符合规定,将政策转化为行政和办公室管理;而公共管理涉及的内容则更为广泛,一个公共管理者不仅仅是服从命令,他注重的是取得"结果"和为此负有的责任。"公共行政"作为对执行性工作的描述明显失去人们的偏爱;"管理者"一词已比过去常用的"行政者"一词用得更为普遍。公共管理的目标是取得结果、改进技能和增强责任。① 但同时他也认为,"从本质上说,现在并没有确定管理的角色和职能实际上究竟与行政有何不同,或者进一步说,也没有确定公共管理和公共行政究竟有何不同。这种说法是正确的。"②

皮瑞和克莱姆(Perry and Kraemer,1993)认为,公共管理是一种新的途径,它是传统公共行政规范取向与一般管理的工具取向的结合体。公共管理的重点是将公共行政作为一种职业,将公共管理者视为职业的实践者,而不是政客或政治家。

奥拓、海蒂和沙夫里茨(Otto,Hyde and Shafritz)认为,公共管理是公共行政或公共事务广大领域的一部分,它综合了公共行政的方案设计与组织重建、政策与管理规划、预算制度的资源分配、财务管理、人力资源管理以及各种方法与艺术。公共管理关注那些能够将理念、政策转化为行政的管理工具、技术和知识。③

通过以上考察,我们可以看到对传统公共行政理论、原则与方法进行改革的必要性;同时还可以看出公共管理作为一种新的研究方法所具有的学术潜力。从形式上看,二者存在很大区别,其满足公共服务的手段、

---

① 欧文·E.休斯:《公共管理导论》,中国人民大学出版社 2002 年版,第 5~10 页。
② 欧文·E.休斯:《公共管理导论》,中国人民大学出版社 2002 年版,第 63 页。
③ 张康之等编著:《公共管理导论》,经济科学出版社 2003 年版,第 27 页。

方式均有所不同,但从其管理和服务的内容来看,二者并无本质差别。毫无疑问,没有公共事务,无论被称作公共行政还是公共管理,都将失去其学科研究的对象,失去存在的理论与实践价值。公共行政学作为一门学科,无论如何争鸣,公共管理只是公共行政演进阶段中的一种现象,不可能改变公共行政学研究的属性。

新公共管理

对于"新公共管理"的特征,一些学者从不同视角进行了考察。戴维·奥斯本从战略上着眼,认为新公共管理主要体现为五项战略,即核心战略(Core strategy)、结果战略(Consequences strategy)、顾客战略(Customer strategy)、控制战略(Control strategy)和文化战略(Culture strategy),又称"五C战略"。[①] 詹姆斯·W.费斯勒和唐纳德·F.凯特尔认为,"工业化国家的公共行政改革具有三个典型特征:重建,来自私人部门对重建组织过程和组织结构的努力;不断改进,来自质量运动;精简,来自世界范围内缩小政府规模的举措。许多国家的主要行政创新常呈现出多个……有的是全部……的这些特征。"[②]劳伦斯·R.琼斯(Lawrence R. Johnes)和弗雷德·汤普森(Fred Thompson)将新公共管理改革概括为五项战略,称为"五R",即:重构(Restructuring)、重建(Reengineering)、再造(Reinventing)、重组(Realigning)和再思(Rethinking)。实际上,"五R"为

---

① 戴维·奥斯本,彼德·普拉斯特里克:《摒弃官僚制:政府再造的五项战略》,中国人民大学出版社2002年版,第41页。

② 詹姆斯·W.费斯勒和唐纳德·F.凯特尔著:《行政过程的政治:公共行政学新论》,中国人民大学出版社2002年版,第68页。

理解新公共管理概念提供的仅是一个"框架"或构成要素①。休斯从经济学理论融入公共行政改革的视角分析新公共管理特征,认为,"当经济学的理论,特别是公共选择理论、委托人/代理人理论和交易成本理论融合到新公共管理中时,在官僚制组织的高层人员中,他们所信奉的公共行政的概念正在被经济学思想取而代之"。②"管理主义的议程实质上非常简单……公司的规划技术可以阐明各个部门所承担的任务;进行项目预算意味着能把有限的资金用在刀刃上;绩效指标可确定如何有效实现这些指标的标准;人事改革增加了弹性,使得最有能力的人能够得到奖励,不称职的人则被解雇……比起现有的模式而言,管理主义模式的问题可能要少些。"③

新公共管理引入经济学和管理主义的一些原则和方法,为政府实践描绘了新愿景。但是,包括莱恩在内的以"新公共管理"作为研究命题的学者也同时承认,"新公共管理并没有取代传统的分析框架,而是增加了一种新的公共部门治理研究途径……它是有关政府公共服务提供方式的一种理论,并或多或少地具有内在的一致性。政府并不必然要运用这种管理模式,政府长期以来一直运用韦伯的官僚制组织模式,或者政策网络模式,它可以继续采用这些模式。"④休斯认为,"关于新公共管理或管理主义的争论提出了公共服务的角色,以及政府的社会角色等更重要的问题。归根到底,公共服务是对公共目标的管理,而后者是由公民通过政治过程表达出来的愿望决定的"。⑤ 企业型政府理论作为这一理论的一个

---

① Lawrence R.Johnes & Fred Thompson, *Public Management Renewal for the Twenty-First Century*. Stamford, Connecticut: JAI Press Inc. 1999, p. 32.

② 欧文·E.休斯:《公共管理导论》,中国人民大学出版社 2002 年版,第 12 页。

③ 欧文·E.休斯:《公共管理导论》,中国人民大学出版社 2002 年版,第 92 页。

④ 简·莱恩著:《新公共管理》,中国青年出版社 2004 年版,第 3~9 页。

⑤ 欧文·E.休斯著:《公共管理导论》,中国人民大学出版社 2002 年版,第 92 页。

重要派别，"只不过是对嬗变中的政府模式和理论趋向的概括、总结和预制。"①我国台湾学者詹中原、江丙坤也认为，"我们应该注意的是在此世界性'再造'风潮下，对公共行政典范最大的冲击是'公共行政'界定的修正，公共行政是什么？——公共行政是在整合公部门（政府）、私部门（企业）、第三部门（非营利组织）的资源，以共同承担公共责任。"②

与对公共管理的考察一样，我们很难对新公共管理与公共行政作出本质上的区分。唯其与公共事务相关，管理和服务的对象与内容恒定，政府与公民之间服务和接受服务的关系存在。无论实践提出何种需求，研究范式出现何种转换，其"公共性"和"行政性"特征将奠定这一学科研究的永恒主题。在学科概念上飘忽不定，既无意义，又可悲。哲学、法学、经济学等成熟学科，不管其发展史上内容如何拓展，方法如何创新，流派如何林立，其"源"从未易帜。公共行政学一直在逆境中蹒跚爬行，非科学性的质疑从未中断过。公共行政学经不起折腾，迷乱的门庭应早皈依。

三、我国公共行政学学科框架考察

在我国当代莘莘学科之林，发展最为迅速的当属行政学。它从恢复、发展到趋于成熟虽然仅用了二三十年的时间，但在内容上却已是灿然大备、云蒸霞蔚，仅就各执一端、异彩纷呈的学科体系框架的构建来看，就足以令人心悦诚服。

因素并列式。即把行政管理活动过程的各个环节作为学科要素进行

---

① 孙学玉：《企业型政府论》，社会科学文献出版社2004年版，第30页。

② 詹中原主编，江丙坤特稿：《新公共管理：政府再造的理论与实务》，五南图书出版有限公司2000年版，第25页。

排列,使各个环节和各个要素之间形成一个并列的、组合式的结构。如夏书章在《行政管理学》中的行政组织、行政领导、行政决策、人事行政、行政法规、行政监督、财务行政和行政效率的排列,王沪宁在《行政学导论》中的行政领导、行政组织、行政心理、行政沟通、行政立法、行政监督、行政工艺、行政分析、行政文化、行政发展等要素的排列,都属于这一模式。此外,黄达强的《行政学》、唐代望的《现代行政管理学教程》等也都是这一模式类型的体现。细究不难看出,这一类型只是将行政学的主要内容一一罗列,看似全面完整,但各要素之间的内在逻辑关系无法得以体现。以这种体系框架编撰的著作和教材,其要素的多寡、顺序的编排几乎对成书无大影响。这说明该体系框架还不是一种成熟理想形式。

纵横结合式。即以数学矩阵的形式把学科内容纵横联结起来,横向上研究行政学的共同特征、一般原理,纵向上按照一般原理,分门别类地研究各个部门的、专业行政管理活动,使其形成共性与个性研究的统一。如陈兆德主编的《行政管理学》就是典型模式。该书首先介绍一般行政管理,包括组织、领导、决策、法规、人事、财务、机关管理等要素,其次介绍部门行政管理和区域行政管理,包括外事、民政、公安、司法、工商、金融、教育、科学、文化、卫生等要素,以及城市、县、乡镇等区域和层级上的行政管理等。它们之间纵横交织成一个矩阵结构。此外,张永桃主编的《行政管理学》、戴大祝主编的《社会主义行政管理学》也都直接或间接地体现出这一模式特征。显然,这种结构类型,其横向部分仍然没有摆脱"因素并列式"的窠臼,所不同的只是要素的多寡和先后次序不同而已。在纵向上,所列出的专业部门管理不是内容庞杂,就是挂一漏万,很难体现内在的逻辑关系和纵横的有机统一。

主题研讨式。即把学科可以包括的内容和能够包括的内容组合成一个相对独立的、具有统一主题的结构形式中。田禾的《中国社会主义行政管理》即充分地体现了这一特征。以"中国社会主义行政管理"为主题，他提炼出"中国社会主义行政管理的性质与特征"、"中国行政管理的职能"、"中国行政管理的原则"、"中国行政管理组织"等专题，形成了一个个主题鲜明的系列式结构。谭健主编的《中国行政管理》、国务院办公厅编纂的《行政管理学初探》等也都属于这一类型。这一模式的优势与缺陷似乎与因素并列式有相近之处。它取舍方便、驾驭灵活、游刃有余，所不同的是，因素的多寡、内容的大小、内在逻辑的疏密存在着一定的差异。

十字型网络式。即以行政组织为学科逻辑起点，以开放有序的系统观，把行政学的学科体系框架排列成一个庞大的、系统完整的、网络式的"十"字型结构模式。"十"字的中心点是公共行政学，包括行政管理、组织、领导、决策等内容；"十"字的上端为静态行政学，包括横向上的各部门行政管理和纵向上的各层级行政管理；下端为动态的行政学，包括行政行为的各个活动过程；左端为比较行政学，包括各个国家和地区的行政管理研究；右端为历史行政学，包括中国各个历史时期和各个门类的古代行政管理研究。"十"字的上下左右纵横交织、协调有序，共同构成网络的、开放的学科框架体系，或者叫做学科群框架体系。这一模式类型的设计者是欧阳雄飞。对于这一设想，有人极力加以推崇，也有人认为划分过细或太滥，以致横向拓展面过宽；同时，由于涵盖、旁及甚至囊括的要素过多使得学科内容林林总总、臃肿膨胀，缺乏核心研究对象。

板块构造式。这是借用地质学板块学说归纳命名的一种结构类型。它是对行政管理的庞杂内容，以一定的标准详细分类、归纳整理。异族分离，同类相聚，形成一个个相对完整独立的"板块"。各"板块"之间以其内部诸要素的某些内在联系再构成一个严密的整体。如陈兆德主编的《行政管理学概论》，即是以效率为核心，把全书分为原理、主体、过程、规范、方法和事务等"板块",各板块再包括若干要素,如主体块包括组织、领导、工作人员;过程块包括信息、咨询、决策、执行、监督等内容。再如许文蕙主编的《行政管理学》把全书分为对象篇、主体篇、过程篇、方法篇、保障篇和目的篇等6个板块。这一类型模式较前几种来看有较大的改进和提升,也是目前人们较为推崇的一种模式,代表了当代行政学的主导框架形式。但是也有人认为,各板块内部要素的齐备程度不够,分类和整理的合理性还须细致推敲。

历史与逻辑统一式。所谓历史的,就是沿历史演进的轨迹,按照发生顺序排列行政学的研究内容;所谓逻辑的,是从逻辑的角度,透过现象研究其具体内容,探索其内在的本质联系,达到历史与逻辑的统一。周世述、苏玉堂编著的《中国行政管理学》首先在这一方面进行了尝试。他们把全书分为6篇23章。"第一篇把前苏联、美国、法国作为中国比较研究对象,从各国的行政环境研究入手探讨行政环境对各国行政管理权力结构特征的制约关系;第二篇阐述我国行政管理职能配置与社会发展变化的对应关系,以及内外职能的辩证统一关系;第三篇探讨我国行政组织机构及组织理论、领导方式和干部制度的特点;第四篇阐明行政决策、行政执行和行政效率的相互作用原理;第五篇考察行程过程与行政监督系统的制约机制;第六篇从我国行政管理的历史、现状和发展趋势着眼,在总体上把握我国行政管理发展与改革的基本规律,指出我国行政体制改革必须尊重历史传统、国情特点和适应世界潮流的基本思想。"[①]该书从比较的角度、特殊规律的角度寻求行政管理规律,达到内在逻辑的高度统一,这无疑为行政学的研究和学科体系的建立提供了崭新方法,同时也为有中国特色行政管理学体系的创建作出了有益尝试。

---

① 周世述、苏玉堂:《中国行政管理学》,中共中央党校出版社1994年版,第2页。

上述诸种框架类型,从不同角度和侧面,扩展了行政学研究的畛域,丰富了行政学的理论蕴涵,同时也为学科逻辑关系和框架模式的清晰、创设起到了积极促进作用。

四、我国公共行政学研究的历史与现状

诚如前面我们对公共行政概念的探讨一样,公共行政科学在近一个世纪的发展过程中,以其理论与实践的紧密结合,对各国行政活动的科学化、现代化和法治化起到了重要作用。但在我国,由于"左"的错误思潮的影响,行政科学在过去的几十年里走过了一条异常曲折的道路,直到党的十一届三全会以后才得以恢复重建,并迅即成为人们学习和研究的热点。在此背景下,我们有必要对其发展历程和现实表现进行回顾反思,从而以更清醒明晰的头脑面对行政科学研究的未来。

我国公共行政学研究的历史回溯

我国是世界文明古国,行政管理经验丰富。国外不少学者认为,历史上最早谈管理且谈得最好的是中国。1972年美国出版的《管理史》写道:"3000年前,在中国的概念里,已有现代管理轮廓,如组织、职能、协作、增加效率的程序和各种控制方式等。"研究公共行政科学,必须珍惜这份遗产,大力弘扬民族优秀精神,挖掘其积极健康成分,做到古为今用,为公共行政的科学化、现代化服务。

我国古代行政研究,自有文字记载以来,孔子论述最早。他以德行、

言语、政事、文学设科讲学,其中"政事"就是行政。古时权力集中于国君,没有政治与行政之分,统称为"政事"。"政事"即国家事务管理。儒家学者除议"政事"外,还把它写成文字,汇集成册,谓之《论语》,被奉为经典,享有"半部《论语》治天下"之美誉。以孔孟为基础的儒家学说,主张"德治"和"教化",提倡"法先王",行"仁政",举贤才,通过"养民"、"富民"、"惠民"手段达到"使民"之目的,运用"宽猛相济、恩威兼施"方法统治劳动者。这些思想,在中国历史上影响很大,特别是孟子提出的诸侯"三宝",即"土地"、"人民"、"政事",比西方学者的国家三要素还早几千年。可以说,孔孟是世界上最早研究公共行政的学者。

战国末期的韩非是先秦法家思想的集大成者,亦是古代对政事有重大研究的人物之一。他主张以法统治国家,以权势统御臣下,采取任用贤才,富国强兵政策。建立以法制为主的"法、术、势"相结合的法家思想理论体系,认为"抱法处势则治,背法去势则乱"①,"赏原而信,刑重而必"②。主张君主在法律范围内行事,不可"释法用私"③;不可"释法术而任心治"④,"道"是"是非之纪"⑤,君主要"守自然之道"⑥,"不以私累心,不以私累己;寄治乱于法术,托是非于赏罚,属轻重于权衡……守成理,因自然",⑦使法律纯洁淳朴,普及万物而不遗地把"法"视为连君主都不得侵犯的东西。法家还从哲理上分析社会发展趋势,认为历史是发展的、进化的,"世异则事异","事异则备变"。"不期修古,不法常可"。⑧ 这种顺

---

① 《韩非子·难势》。
② 《韩非子·定法》。
③ 《韩非子·有度》。
④ 《韩非子·用人》。
⑤ 《韩非子·主道》。
⑥ 《韩非子·功名》。
⑦ 《韩非子·大体》。
⑧ 《韩非子·五蠹》。

应时代发展,适时变革的思想是有深远意义的。

"一部兵书可以为王者师",这是人们对"东方兵学鼻祖"孙武《孙子兵法》的评价。该书成于春秋末期,深刻揭示战争规律,闪烁非凡智慧之光,为古今中外军事家、政治家和企业家所推崇。其在"十三篇"中提出的"兵者,国之大事"、"知彼知己,百战不殆"、"奇正之变,不可穷胜"等著名论断早已超越国界,成为全人类的宝贵财富。可以说《孙子兵法》是古代世界史上研究军事行政最为辉煌的著作。

我国古代还先后涌现出商鞅、王安石、张居正等著名政治家、改革家,他们在参与行政实践中提出了一系列治国安邦、知人用人、提高管理效率的措施。还有一些著作,如《商君书》、《史记》、《贞观政要》、《资治通鉴》以及《三国演义》等,都不同程度地总结了我国历代行政管理方面的经验教训,包含着丰富的管理思想。

但是,这些行政思想,并不是现代意义上的行政学理论,更谈不上形成一门独立的科学。

现代意义上的行政科学,是在西方产生发展起来的,但不久我国学者就开始介绍、翻译、研究①。19世纪末20世纪初,中国江南制造局出版了金楷理口译、清代李凤莲笔述的美国《行海要术》、《行政纲目》和日本蜡山政遂的《行政学总论》及日本美浓部达吉的《行政法撮要》等著作。辛亥革命以后,孙中山提出立法、司法、行政、考试和监察五院分立制度,我国的行政体制开始向现代行政体制转变。

国民党时期,行政科学得以正式建立,其理论体系在西方文化影响下不断完善起来。20世纪30年代,一些学者陆续开始编著、出版行政学著作,其中影响最大的是1935年张金鉴所著的《行政学之理论与实际》。

---

① 拙著一版曾有梁启超所谓"我国公卿要学习行政管理学"句,后查阅梁公《论译书》,并未见相关表述,疑载梁公其他著作,或为讹传。

该书由商务印书馆出版,是我国最早的一部行政学专著。1936年又有江康黎的《行政学原理》由民智书店出版发行。与此同时,一些大学开始设置行政学课程并从事有关研究工作。如1936年,国民党行政研究会在南京举行会议,在讲座大学课程设置时,就把行政学列为政治学系的必修课。1934年在行政院内部设立行政效率委员会,出版《行政效率》半月刊,并编译行政学丛书。1943和1944年,国民党立法委员杭立武和学者张金鉴在重庆分别于成立"中国行政学会"和"中国行政学学会",前者重实践研究,后者重理论总结,两个学会互相促进,不断发展,为行政学的逐步完善起到了推动作用。1949年国民党政府逃往台湾,行政学研究一直受到重视,许多大学及学院都设有公共行政学系,有的大学还成立了行政研究所,设立公共行政和企业管理教育中心,开展各种在职训练,并出版专业杂志。以后又逐渐出现了招收硕士研究生的大学和学院。行政学在当时确实有了一定的发展,但由于历史条件和自身体制的局限性,其理论研究不可能得到更多发展。

我国的行政实践在新中国成立之前的革命根据地曾作出积极尝试。1931年11月,在江西瑞金建立中华苏维埃共和国,成立行政管理机构,进行有效活动,并积累了宝贵经验,主要体现在:第一,人民政府由人民当家作主的思想和实践。《中华苏维埃共和国宪法大纲》和《中华苏维埃组织法》规定,人民通过民主选举产生各级代表大会,作为人民行使权力的机关,各级行政机关由其选举任命,执行权力机关的决议和意志,对权力机关负责并受其监督。行政工作人员是人民的公仆。第二,政府机关贯彻精简和廉洁原则。从中央政府到地方政府都尽可能地做到人员少、层次简,对行政首长职数实行限额制;工作人员实行平均供给制,不发薪饷。第三,贯彻任人唯贤、德才兼备原则。第四,实行人民群众与专门机关相结合的监督制度。第五,实行调查研究,理论联系实际的工作方法等。以后在抗日战争和解放战争时期的革命根据地也创造了许多行政经验,如民主集中制、"三三制"和"从群众中来到群众中去"的领导方法等。以上这些思想和管理经验在毛泽东和其他领导人的著作中都作过专门或重要论述。尽管这些论述并不是专门就行政管理而言的,但其中包含着许多行政学研究的内容。这对我们研究行政学、建立特色的中国行政学体系具有重要意义。

我国公共行政学研究现状

新中国的诞生标志着中国新民主主义革命向社会主义的转变,工作重点也由动员和组织革命战争转移到发展国民经济的中心任务上来。此时起从中央到地方都建立了新的行政管理体制,为行政学研究奠定了坚实的政治基础,与之相适应,本应加强行政科学的研究,以科学理论指导新体制的运行,但由于"左"的错误思潮的影响,行政学和政治学等学科被贬斥为资产阶级伪科学打入"冷宫",并在 1952 年高等院校院系调整时被取消,其后虽然开展了一些研究工作,但成效甚微。

党的十一届三中全会以后,我国进入改革开放新时期,思想上拨乱反正,经济上快速发展。此时政府在体制和管理效率等方面的弊端日益显现出来,加强行政科学研究,推进行政体制改革,提高效率,成为迫切需要解决的问题。1979 年邓小平郑重指出"政治学、法学、社会学以及世界政治的研究,我们过去多年忽视了,现在也需要赶快补课"。[①] 这段话对我们解放思想,建立和发展行政科学起到了极大推动作用。在此背景下,长

---

① 《邓小平文选》第二卷,人民出版社 1994 年版,第 180 页。

期关闭的"禁区"冲破了,行政学和其他一些社会科学一样,得以恢复并活跃起来。1982年1月29日夏书章在《人民日报》上发表《把行政学的研究提上日程是时候了》一文,呼吁我们需要社会主义的行政学,引起了人们对行政学研究的关注。以后经过党和国家领导人和广大理论工作者的共同努力,行政学在短短几十年里得到迅速发展,并取得可喜成绩。概括起来,主要表现在以下几个方面:

第一,举办讲习班、研讨会,促进学术交流。1982年中国政治学会在复旦大学举办政治学讲习班,第一次把行政管理学搬进讲坛,学员有幸在几十年的沉寂后,聆听先辈们的教诲,随后,一批学员陆续放弃原来专业和工作,转向行政学领域,成为我国新一代行政学者。1984年是我国行政管理学恢复的重要起点。这年7月,中国政治学会、中国法学会和天津行政学会联合召开"行政科学学术讨论会",推动了老一辈学者和年轻学者与行政部门工作者的大聚会。同年8月,国务院办公厅和劳动人事部在吉林市召开"行政管理学研讨会",这是由我国行政部门出面召开的第一次全国性研讨会,是在国务院领导直接关心下召开的。《纪要》报国务院,并作为参阅文件发往各地和各部门。《纪要》阐述了行政科学的意义和作用,指出了行政科学研究的指导思想、方针、原则和主要内容,提出了宣传和普及行政科学知识、建立研究机构、出版学术刊物、组织专业学术团体等建议。由于政府领导部门的直接倡导,行政学很快为各级行政部门的领导所了解、所重视,为今后行政学的发展创造了有利条件。

第二,成立各级行政学会,建立各种研究机构。自1984年中国行政管理学会筹备组成立起,全国已有30多个省、市、自治区成立了省级行政管理学会,地市级行政管理学会也纷纷成立。国家学会和地方学会结合改革实践,为行政管理学研究做了大量组织工作,在一定程度上起到了咨询参谋作用。此外,在政府有关部门支持下,还成立了一批专门性的研究机构,如原劳动人事部成立的"行政管理科学研究所",中国人民大学的"行政管理学研究所"等,都是在这一时期建立的。早期北京大学、中国人民大学、中山大学、南京大学、吉林大学、武汉大学等几十所高校成立了政治与行政学系。如今,全国有几百所高校成立了公共管理学院或政府管理学院,从事大学本科和研究生的培养工作。同时一大批学者积极开展学术研究,产生了一批重要的科研成果。

第三,出版各种教材专著、创办专业刊物,加强理论研究和阵地建设。自 1984 年以来,大量学术论著相继问世。据不完全统计,近几十年来公开出版的行政学专著、教材就有千余种。这些著作和文章,以我为主、博采众长,从我国的实际出发,对学科体系的建立和研究作出了贡献。与此同时,各种专业刊物纷纷涌现,如《中国行政管理》、《公共行政评论》等,它们反映行政管理理论和实践最新成果,总结行政体制改革经验,交流行政管理信息,在研究普及行政管理学方面发挥着重要作用。

第四,公共行政研究多样化。众学者专业背景不同,工作岗位各异,研究风格丰富多彩,如管理学取向的夏书章、竺乾威等,政治学取向的黄达强、李方、刘怡昌等,法学取向的有应松年、姜明安等。① 这些"学派"从各自不同视角对公共行政学进行了丰富和发展,为我国公共行政改革的理论和实践作出了积极贡献。

此外,培训工作不断加强,各级党校、行政学院和其他一些管理干部学院都普遍开设了行政学课程;对外学术交流空前活跃,1989 年国际行政学会在摩洛哥召开的第 21 届大会上,取消了台湾"会员国"资格,正式接纳中国为会员国,为我国加强国际学术交流开辟了重要渠道。1996 年在北京成功举办了由 130 多个国家和地区参加的第三届国际行政科学大

---

① 笔者从新制度经济学视角对公共行政作过一些探讨,并体现在拙著《企业型政府论》中,此处不展开论述。

会,我国的行政科学研究由此全面走向世界。与此同时,我们必须清醒地看到,我国的行政学研究仍处于初创时期,在理论基础和队伍建设等方面还存在着许多不足。

其一,理论脱离实际。理论与实际脱节是学术发展的致命弱点。国外行政学迅速发展的成功经验之一,就是理论研究者与实际工作者携手合作。理论工作者在实践发展的基础上,把大量实践活动加以系统分析,上升为理论,产生普遍原则和方法,形成一套系统理论,最后建立起独立学科。而我们的学科建设是逆向逻辑,先从理论介绍开始,然后再回到实践,因而存在闭门造车、纸上谈兵现象,其"成果"很难发挥对公共行政实践的指导作用。

其二,具有中国特色的行政学体系尚未形成。一门学科是否成熟,在很大程度上体现在学科体系上。行政学在我国恢复发展以来,许多学者和专家对学科体系进行了有益探索,产生了不少好的见解,如因素排列式、纵横结合式、功能贯穿式、网络交叉式、主题研讨式,等等。但令人信服的主导体系难以形成。这不能不说是几十年来公共行政科学发展的一大遗憾。

其三,过度开放引进,鱼龙混杂。近百年来,特别是第二次世界大战以来,随着社会的进步与发展,西方国家对行政学展开了大规模研究,取得了丰硕成果。我国作为学科恢复重建国,对其引进、消化、吸收是必要的,也是科学的,但实际效果却令人有些遗憾。许多成果食洋不化,言必西方;洋概念、洋名称铺天盖地。理论上莫名其妙,实践上站不住脚。既脱离国情,又耗费大量人力物力财力。

其四,教学研究人员参差不齐。几十年的学科断层使公共行政科学教学和研究领域一度人才奇缺。虽然一大批相关相近学科的教研人员转向公共行政科学领域,但是除为数极少的老一辈行政学者外,真正科班出身者寥若晨星。高校专业调整后,一大批行政学专业的本科生、研究生走上社会,但其成长还有一个艰难的"时滞"过程。近年来,有些教研人员通过艰苦努力,在广泛吸收政治学、管理学、行政法学等理论的基础上逐渐成为行家里手,但也有滥竽充数现象。有些"成果"错误百出,质量低劣,连最基本概念都分不清,甚至将国外同一学者的主张,当作两位不同学者加以比较分析。

总之,我国的行政学自恢复重建以来,取得了很大成就,但相对来说还处于比较落后的状态,其理论研究成果的指导作用距离实际需要差得很远,我们对现状不能估计过高。

五、我国公共行政学研究前瞻

根据现状,今后一个时期我国公共行政科学的发展将会出现以下趋势:

第一,研究领域不断扩大,专业化程度进一步提高。一是从过去一般行政理论、行政概论和一般规律的研究扩展到专业行政的研究。即从过去概括性的研究扩展到行政管理对象、要素和层次等分门别类的研究。如,各种专业的行政管理,行政各分支学科,以及不同层级、不同区域的学科,都是专业化的具体体现。边疆民族地区行政管理、海洋行政管理、网络行政管理、移民行政管理等。以上各学科将按照行政一般规律组成一个公共行政学科群,形成行政管理多层次、多方面、多侧面多学科体系。二是从一个国家行政管理研究扩展到重视各国行政管理的比较研究。通过比较研究进一步总结其规律性,吸取其精华,"洋"为中用,而不再是"言必称希腊"、食"洋"不化。三是从过去及现状的研究扩展到未来的研究,少点"research",多点"search for",不仅研究过去经验和当前状况,而且重视研究在市场化、城市化、信息化和国际化条件下人口剧增、社会结构突变、科学技术发展、社会组织猛增、自然资源日趋减少情况下,政府遇到的新情况新问题,以及应采取的应对措施等。

第二,研究侧重点不断转移,理论与实际愈加密切。这一趋势主要表现在两个方面:一方面是政府经济职能愈益成为研究重点。政府管理的存在,就是为产生它的经济基础服务的,即以各种形式来推动社会生产力发展,巩固经济基础。但是,政府在行政管理中究竟如何管好经济,一直没有找到很好的答案,政府大包大揽,统得过多、过死的现象依然存在,严重地制约着我国市场机制作用的发挥。党的十八大以后,我国的经济体制改革将进入到一个新的历史阶段,如何更好地发挥政府经济职能作用,管理方式要作哪些调整等,都需要行政学作出科学回答。另一方面是研究的重点从行政体制改革的"硬件"转移到"软件"。行政体制的构成要素较多,涉及到行政管理的各个方面,但大致可以分为"硬件"和"软件"两大部分。其中机构设置和人员编制为行政体制的"硬件"部分,而职能配置、决策程序、行政责任、行政方式、行政监督、行政保障以及各级政府和政府各部门的相互关系等,则是行政体制的"软件"部分。今后,我们必须进一步拓宽改革范围,提升改革层次,加大对行政体制"软件"部分的改革力度。这些"软件"大体包括以下几个方面:合理配置政府职能,理顺政府各部门及各级政府之间的关系;完善决策体制,实现行政决策科学化;健全行政执行体制,强化行政指挥的权威性;完善行政监督体制,加强对各种违纪腐败现象的监督;完善国家公务员制度,提高政府工作人员素质;加强作风建设,重塑政府形象,密切政府与人民群众关系;规范行政行为,加强行政法治建设,切实做到依法行政;完善行政管理协调、激励、约束等运行机制,保证整个行政管理体系的良性运转。以上诸方面,对进一步改革完善政治经济体制,加强廉政、勤政和良政建设,严肃政纪法纪,巩固和发展机构改革成果,提高行政质量,实现行政的法治化、民主化、科学化等方面,都有着重要影响。因此,在今后十年,甚至更长的一个时期内,大力加强对行政体制改革"软件"的研究,是大势所趋。

第三,研究视野需进一步拓宽。新问题层出不穷,形势也更加严峻。当前国家间竞争力悄然转移,民族矛盾、宗教矛盾、文化冲突和地区冲突频仍,贸易战争、货币战争侵扰,人类生存环境进一步恶化,暴力和恐怖事件增多、级别上升。国内也同样面临诸多矛盾和问题,如,地区发展差距拉大,贫富差距扩大;资源枯竭,环境恶化;人口结构压力过大,阶层分化加剧;社会矛盾增多,恶性案件不断发生;行政官员良莠不齐,腐败大案、要案年年"翻新";道德滑坡,拜金主义甚嚣尘上,等等。无疑,在改变这种状况的过程中,公共行政理论和实践负有极其重要的责任。致力于公共行政研究的学者应倾注更多心血,深入实际,加强学派之间、国际之间的交流,共同面对人类遇到的难题。此外,当前还要特别重视研究网络对传统公共行政服务方式、服务水平提出的新挑战新要求①。

推动科学发展、促进社会和谐是公共行政的重要使命。世界各国为消融冲突而发动的公共行政改革,其终极目标与我们并无二致,但这种对于将来的希望并不是等待。改革是一种路径依赖,没有回头路。如果惮于改革代价裹足不前,只能使沉疴难治、积重难返。同样,如果有些困难是我们在向着"自由人的联合体"迈进过程中所必需面对的,同时又不可避免地伴有试错代价和理论更新痛苦时,仍有理由像马克思所说的那样,"无论古老世界崩溃的情景对我们个人的感情是怎样难受,但是从历史的观点来看,我们有权同歌德一起高唱:'既然痛苦是快乐的源泉,那又

---

① 刘文富:《网络政治——网络社会与国家治理》,商务印书馆 2002 年版,第 205~210 页。

何必因痛苦而伤心？难道不是无数的生灵,曾遭到帖木儿的蹂躏'"。①

六、西方公共行政学研究的理论趋向

自 20 世纪初行政科学被人们逐步认识并得以广泛研究、传播和应用以来,已经跨越了近一个世纪的历程。它从功能主义阶段的静态研究、行为科学阶段的动态研究,到现代科学阶段的系统研究,均不断暴露出诸多不足,并在很大程度上制约着社会行政实践对理论吸收运用的范围与程度。与此同时,在实践领域,政府职能大规模扩张,大多数国家纷纷陷入财政、管理和信任危机。在新的领域,通过新的视角,寻求新的行政改革"路标",取得理论上的突破与发展,成为众多理论与实际工作者共同追逐的目标。当下,这一努力已经得到初步回报。人们欣喜地发现,行政科学正以恢弘的气度,承传统科学理论之精华,融现代科学理论之血脉,努力适应政治、经济和文化变革要求,不断开拓研究视野,为人们展示出对社会重大课题的强力把握和富于创造力的开掘,预示出未来行政科学发展滚动的基本取向。

公共选择:公共行政学的经济学方法

公共选择理论是 20 世纪 60 年代初期在西方经济学界逐渐形成发展起来的一个研究领域。它运用现代经济学的逻辑与方法,分析现实生活

---

① 《马克思恩格斯选集》第二卷,人民出版社 1998 年版,第 405 页。

中与民众相关的政治个体的行为特征,以及由此引出的政治团体的行为特点,是经济学理论在政治学、行政学领域的运用,因而,人们将其称为"政治经济学"。20 世纪 60 年代,美国学者布坎南首先提出这一理论,并成为该理论的主要传播者和杰出贡献者。到 70 年代,这一理论不仅得到美国学术界的重视,而且在欧洲和日本等地开始流传蔓延。1971 年出版了 W.尼斯克门的《官僚制度与代议制政府》,1979 年出版了丹尼斯·缪勒的《公共选择》。这些著作的相继问世,使公共选择理论逐步趋向成熟,并在行政领域得以深度吸纳运用。

公共选择理论的基本命题是在推翻哈韦路假设①的基点上建立起来的,认为"自利"是人类行为的出发点,政治家的行为亦不例外。它把政治舞台模拟成一个经济学意义上的交易市场,供方是政府、政治家、官僚和党派,需方是公众、选民和纳税人。供方和需方的行为始终遵循效用最大化原则,即选民总是把选票投给那些能给他们带来最大利益的人;政治家或官员则总是对那些最能满足自己利益的议案报以青睐。由于自利和贪欲行为的存在,必须通过一定的宪法与规则体系对政治家和官员的行为进行制约。在民主政治体制下,这种制约的最终力量必须来源于普通民众或选民,这也是保证"政治市场"能像经济市场那样合理有效运行的最根本因素。

公共选择理论把分析政府行为效率以及寻找促使政府最有效工作的规则制约体系作为理论研究的最高目标,认为市场有局限性,常会失败,需要政府干预。然而政府介入只是增加把事情办得更好的可能性,并不具有必然性。选民与政治家的经济人特点及"政治市场"运作的特殊性,决定了政府机构工作的低效性,而且政府的公共决策也会发生偏差。再

---

① 哈韦路假设:哈韦路是英国伦敦达官居住地。原设想这里的人士都是一心为公、不为私利的。事实相反,他们每个人心中都怀有不同的私欲。

者,组成政府的政治个体的自利动机与理性决定了政府部门有一种内在超编、超支倾向。此外,政府的介入还会引发寻租行为,而寻租行为必然导致社会资源的浪费①。

公共选择理论对政府面临的问题及其原因的研究并无独到之处,但可贵的是它提出了解决问题的一些思路。它认为没有任何逻辑理由证明公共服务必须由政府官僚机构来提供。既然"政府失灵"、效率低下且改革收效甚微,那么打破政府垄断地位,建立公与公、公与私、私与私之间的竞争机制,对公众来说不失为一种好的选择。

多元社会的利益集团理论

著名预言学家托夫勒认为,"大烟囱时代"向"超级信息符号经济时代"的转变,动摇并改变了传统的社会政治和经济结构,大多数人的统一意志的民主发生了重大变化。少数派权力取代了具有合法性的多数派统治。② 多元化的发展趋势,使社会无法用统一标准来衡量社会成员的行为,具有各种不同政治观念和政治利益集团急剧生成,"在一个国家范围内许多相对自治(独立的)组织(子系统)的存在"成为普遍性事实。③ 这些相对独立或自治组织的存在构成了社会不稳定因素,也向社会整合能力提出严峻挑战。因为,各种"组织可能利用这种机会增加不公正或使之永久存在而不是使之减少,利用这种机会助长其成员的狭隘个人主义

---

① 详见本书"公共选择理论在当代公共行政中的运用"一章。
② 阿尔温·托夫勒等:《创造一个新文明》,上海三联书店1996年版,第92页。
③ 罗伯特·达尔:《多元主义民主的困境》,求实出版社1989年版,第1页。

第一章 引论 **035**

而不是关心广大公众的利益,甚至消弱或毁坏民主本身。"①因此,在其之间建立某种机制,使其达到均衡状态,促进政权和社会稳定,成为现代行政学研究的迫切课题之一。

行政学研究发现,政府每项政策的出台都是各利益集团利益平衡的结果,并且多数情况下都是由于政府迫于某种压力作出的。外贸进出口政策的制订、变更和废止,铁路、邮政的民营化等都要受制于不同利益集团的游说。哪一个团体的呼声高、施加的压力大,哪个集团所代表的群体利益就有可能得到更好的保护,对所作出的公共选择就越满意。正因为各个不同利益集团的"争斗",无形中形成了一种制衡机制和交易合作共生关系,从而促进社会均衡稳定。也就是说,这种稳定不是来自于官僚主体内部的控制,而是来自于官僚制度之外的相互制约。

但是,生活在社会最下层的人和一些少数民族,由于缺乏必要的政治和物质条件,难以形成自己的代表——利益集团,其正常利益得不到有效维护。为了消弭冲突、保持稳定,政府一般会委派专人听取他们的意见,并体现在公共政策中。否则他们一旦认识到自身利益遭到侵害,就有可能通过一些过激行为或其他非正常行为,如暴力等来争取和维护自己的权益。因此,一些学者主张要尽可能地创造条件使利益集团形成多元均衡分布。

公共行政学研究的主旋律

文化理论,是以人为中心的、非意识形态化的一个研究视角,它通过

---

① 罗伯特·达尔:《多元主义民主的困境》,求实出版社 1989 年版,第 1 页。

对社会的分析和文化偏见的分类,为行政管理实践提供决策依据和模式参考。

文化理论对公共行政的基本命题是,社会结构不存在阶级对立,社会活动的衍展和运行是由自治主义、集权主义、个人主义、平均主义和宿命论等五种文化偏见驱动支配的。文化偏见,即每个人的价值偏好。认为每个人都不可能逃脱这些偏见的羁绊。对于服从不以为然的文化观会习惯于集权主义的统治,以个人主义为中心的文化观会对个人主义政策赞赏不已,希望彼此间政治、经济平等的文化观会对平均主义感兴趣,对什么都感到无能为力、不抱希望的文化观会偏爱宿命论,而喜好自治的文化观则会对自治主义推崇备至。这些不同的文化偏见相互影响,相互渗透,共同支配着社会复杂活动。其中,由前三种文化偏见在一定社会关系中所驱动形成的集权主义、个人主义和平均主义生活方式构成了社会文化的主体。它们的表现、侧重点和转换在不同国度、不同时期、不同政治经济环境中有所不同,因而决定了他们对行政方式的不同选择。在中国,人们对集权主义、平均主义习以为常,而西方则十分反感。西方的主要偏好是个人主义和自治主义。

一批行政学者用文化理论分析英国20世纪50年代以来的公共行政实践,认为50年代工党执政,推行"集权主义加工会的平均主义"管理模式,主张采取"大政府"的社会福利政策;70年代保守党执政,以撒切尔夫人为首的保守党政府,拼命压制工会,扼制其平均主义生活方式,推行其"集权主义加个人主义"的管理模式。他们严格限制工会组织的罢工,实行"小政府"政策,并不断加速推进私有化。如铁路、邮政业的民营化等。认为这些管理决策都是与文化偏见的驱动分不开的。

进入20世纪90年代以来,文化研究在西方行政学界上升到主导地位,且越来越具有面向当代的现实感和包容性。这主要在于它能够及时适应和满足变动的文化情势,不屈从于官僚权威意志、不崇尚等级制度的价值取向。可以断言,行政文化将成为未来行政科学研究的主旋律。

后官僚制:未来公共行政体制刍型

后官僚制又叫后科层制,相对官僚制而言,是人们对后工业社会行政改革价值取向的理论预制。

官僚制或称科层制,是马克斯·韦伯基于历史深刻分析对工业社会政治社会体制所作的精辟概括。其理论问世后曾引起多次学术争论,但其模式一直牢不可摧。进入后工业社会以来,官僚制理论开始受到全面挑战,官僚的垄断、权力的集中、法律的僵化、机构的庞大、公务员的非人格化等,严重地降低了行政效率。绝大多数官员为了部门利益死板地固守各种陈规陋习。西方一位行政学者曾这样写道:工业化时代所建政府大楼的庞大体积、高高的天花板、大大的门厅、过分雕琢的建筑风格都是这一刻板形象的生动描述。[①] 更为严重的是,官僚制理想化的责任保障机制失去效力:一是现代技术可以广泛有效地影响、操纵民意,选民的投票行为对政治家控制乏力;二是由于组织规模过于庞大、分工更趋精细,政治家对事务官的隐性操纵、自我服务、漠视公众愿望的官僚主义行为感到无能为力。因此,重建行政组织的责任保障机制,提高政府工作效率,成为西方国家行政改革和行政学研究的主要目标。

1992 年,戴维·奥斯本和泰德·盖布勒的《改革政府》在美国出版发行。该书提出的十大管理原则,可以说是对官僚制理论的全面质疑和反

---

① 戴维·奥斯本等:《改革政府:企业精神如何改革者公营部门》,上海译文出版社 1996 年版,第 16 页。

叛。它为政府职能的优化、管理内容的取舍、内部体制的改革、行政模式的转换提供了重要理论取向,也为行政学研究拓出新的视角。这十大原则是:政府是掌舵者而非划桨者,政府应尽力成为催化剂政府;政府应是民有、民治、民享政府,而非专家有、专家治、专家享的政府;政府不应是垄断者,要通过一定管理控制下的竞争,打破政府垄断;通过取消控制、灵活管理和大组织分化等措施建立使命驱动的政府;政府不应当把过多的精力放在投入和过程控制上,而应当注重输出和结果;政府应明确服务对象,重新树立以服务对象为本的思想;政府不能是纯粹的税收政府,不但要知道如何花钱,而且要知道如何赚钱;通过战略研究、远期规划和地域合作提高政府预见能力,使之成为前瞻性政府;通过团队管理,减少、取消某些层次,建立分权化政府;现代政府不再是官僚气十足的"项目政府"①,而应成为通过市场激励发挥作用的市场取向政府。

反映后官僚制理论的行政学著作,除《改革政府》外,还有美国学者彼得·卡克的《后资本主义管理》、马克·巴斯里的《打破官僚制》等。它们都从不同侧面丰富了后官僚制理论的基本内涵,揭示了公共行政及公共行政学发展的后官僚制趋势。

融合与运用:公共行政学的永恒主题

当下行政科学研究引入注目,其领域的拓展、视角的开辟风云际会。尽管我们不能武断地认定后官僚制理论的出现标志着行政科学的系统理论在西方即将告一段落,但是,公共选择理论、利益集团理论、文化理论和

---

① 对传统政府的一种抨击。其意思是政府每遇到公共需求,就设立相应部门,就像立项一样,新项目年年增,旧项目不见减少。

后官僚制理论对各个历史阶段的承接、挑战、冲击和反叛,足以显示出当代行政科学研究异彩纷呈的成就。这种云蒸霞蔚的现实生活主题和未来世界所显露的理论路向,以及日益突出的显赫地位和主题意义是值得深思的。囿于认识所限,我们还无法进行十分详尽的阐释,但至少可以得出两点启示:

其一,行政科学研究视角的拓展再次显示了行政科学的高度综合性和融通性。20世纪上半叶,它从管理学、法学、伦理学、心理学等众多学科中汲取营养,建构起行政科学的理论体系。如今它再次以恢弘的容纳气度,从公共选择理论中寻求经济学方法,从文化理论中确立新价值观,从利益集团论中设计新的管理平衡点,从管理学中吸取手段技术支持,等等。可以说对相关学科营养的汲取与运用永远是行政学的生长点之一。

其二,行政科学是应用的、实干的学问。其新理论的出现、形成与发展离不开日趋丰富的现代社会生活。它决定着行政学必须紧贴时代脉搏,把关注现实、联系现实、研究现实作为神圣职责,而不能钻进故纸堆,闭门造车,追求学科的博大体系和繁琐的理论框架。那种著作越写越大,道理越说越玄的“车把式”理论家与行政学的基本精神是背道而驰的。当然,关注、联系和研究现实不能陷入狭隘的政治化和纯意识形态化,而应当更多地增加学术的、实证的和文化批判的内涵与份量。

第二章　公共选择理论在当代公共行政中的运用

早在 17 世纪中叶,传统经济学就被称为"政治经济学"。它提醒人们经济效率的高低可能与更广泛的政治体制的好坏密不可分。然而,在其后的政治科学领域并没有人对其进行详尽而又令人信服的研究。直到 20 世纪 60 年代,经济学的一个重要流派公共选择理论(Public Choice)才揭示了这一神秘而又复杂的领域。它的问世,改变了长期以来人们只重视市场缺陷研究、忽视非市场缺陷研究的不均衡状态,使人们对市场和政府功能有了更明晰全面的认识。

一、公共选择理论的观点、意义和范畴

公共选择理论实际上是西方经济学的一个分支。这里我们把它和公共行政理论放在一起考察,是因为它把行政学的研究对象——政府主体

及其活动规律纳入到自己的分析框架之中。它运用现代经济学的逻辑方法,如经济人的假定、效用最大化、交换及供求分析等要素,分析现实生活中与民众相关的政治个体以及由此引出的政府及各种政治团体的行为特征。研究范围和重点已不在经济学领域,而是延伸扩展到政府公共政策的制定和执行中。用该理论创始人布坎南的话说:"公共选择是政治上的观点,它从经济学家的工具和方法大量应用于集体或非市场决策而产生","它是观察政治制度的不同方法"。① 因而公共选择理论又被称为"政治经济学"、"行政经济学"、"官僚经济学"。

公共选择理论的产生有其特殊的经济和政治背景。"二战"以后,凯恩斯国家干预理论日渐盛行,并成为新主流经济学的理论支柱。凯恩斯主义认为,市场具有内在不稳定因素,其自律作用不能有效地实现均衡,保证资源有效配置,实现充分就业。如果政府能积极干预经济,主动采取措施刺激需求,就能够保证经济的快速发展,提供更多的就业机会。政府必须时时防止祸起萧墙,必要时挺身而出,用行政手段干预经济,实施反经济周期政策,调节经济运行偏差,救民于经济灾难的边缘。它把政府干预看作是解救市场危机、弥补市场缺陷的唯一良策。

然而市场并没有按照凯恩斯主义所设想的那样来运行,而是出现了始料不及的滞胀危机。这使得人们不得不认识到,在市场失灵的背后可能还有政府干预的原因。为迎合以"反对国家干预、主张自由放任"的新自由主义的复兴,公共选择理论围绕凯恩斯主义干预动机和行为失败作文章,认为官员的"哈韦路假设"是站不住脚的。政府并非是按公众要求提供物品和公共服务的机器,而是由自利人选出,并由自利人组成的群体。选举规则和个人的多元目标追求是决定政府行为的重要因素。任何

---

① 詹姆斯·M.布坎南:《自由、市场和国家》,北京经济学院出版社1988年版,第13页。

不合理选举规则产生的政府及其官员为满足个人利益而采取的行动,都会把经济状况和社会福利引入恶化的境地。

公共选择理论的挑战性还在于它对政府行为出发点的判断。该理论认为,经济领域里的个人行为出发点是"自利",在政治领域同样也不例外。(1)人是理性的自利主义者,是"经济人"。不管是购买商品的消费者,提供商品的生产者,还是某一政治团体的领袖,其行为动机都是自利的。现实政治和社会生活中大公无私的非自利主义者只是个例,不具有普遍性。(2)在行为上每个人都是理性的,能充分运用所得到的信息使利益最大化。(3)自利的过程是从好的到较好的、坏的偏好依次选择的过程。他们总希望以最小付出获取最大利益。(4)偏好的选择受到政治、经济和文化等各种因素的制约。

在这些观点的支配下,公共选择理论把政治舞台模拟成经济学意义上的交易市场,供方是政府、政治家、官僚和党派,需方是公众、选民和纳税人,他们的行为始终遵循共同的效用最大化原则,即选民总是把选票投给那些能给他们带来最大利益的人;政治家、官员则总是对那些最能满足自己利益的议案报以青睐。[①] 正是人的这种自利与贪欲,以权谋私的行为才会存在。

可以看出,公共选择理论弥补了传统经济学理论缺乏独立政治决策分析的缺陷,使市场失灵研究进入到一个更加广泛的领域。

二、政府决策:公共选择与公共行政学课题

公共选择实质上是对经济的非市场决策,这与行政经济决策在内容

---

① 丹尼斯·缪勒:《公共选择》,上海三联书店 1993 年版,第 2 页。

上无疑是相同的。它们具有三个共同特征:第一,集体性。由于经济和社会领域里"白搭车现象"①的存在,各种抉择不可能通过分散的个体作出,它必须依主权者与民众之间的中间体政府,以民主集体的方式进行。凡有人群的地方这种选择就不可避免。第二,规范性。无论是市场领域,还是政治领域,人都是有偏好的,而且存在种种差异,或是价值观的,或是感情的,等等。公共选择和公共行政的作用,就在于制订某些规则,限制偏好的扩张,协调行为之间的偏差,满足公共利益需要。同时在抉择的具体方式上也体现出规范性。无论是公共选择的一致同意制、多数票制、加权制、否决制等,还是行政首长制、委员会制、民主集中制等都是如此。第三,非市场性。公共选择和公共行政的决策范围都是十分广泛的,大到国家、政府、国防等政务问题,小到警察、消防、教育、环保、财产权、分配权等社会事务问题,市场都是无力提供合理配置的,唯有非市场领域里的集体行动才能予以解决。

公共选择的行政性,还可以从它研究的内容里体现出来。

首先是政治市场供求双方的交易过程。公共物品供给的种类、数量及税收额的确定是通过选举过程中的讨价还价完成的。政治市场的供需双方在进行选择时总要对个人成本与收益进行权衡。如果一项集体决策带来的收益大于投赞成票时所需承担的实际成本,他就会赞成支持这项政策;否则就会报以不支持甚至反对的态度。通过这一交易、交换过程的研究,揭示出政治市场中政治家、官员和议员的"经济人"特征。

---

① "白搭车",英文为"free rider",出自于美国西部的一个典故。早年在道奇城盗马贼横行,牧场主们自发组织起一支"保安力量",并提供财力支持。但不久就有一些牧场主开始撤出这一组织。因为他们发现,只要"保安力量"存在,自己撤出后就可以免费享受利益。这些个别撤出的牧场主就成了"自由骑手",即所谓的"free rider"。不久,其他牧场主陆续撤出,保安力量无法维系,盗马贼又猖獗起来。详见樊纲:《市场机制与经济效率》,上海三联书店1992年版,第156页。

其次是集体选择行为和选择规则。政治市场上的集体决策行为是公共选择理论研究的重点内容,尤其是涉及政府行为的集体选择往往给予更多的关注。如,如何制定出最好的决策,如何避免最坏的决策;在什么体制下会产生好的决策,什么体制下会产生坏的决策,等等。集体抉择行为还必须遵照某些协商规则,即投票规则来进行。如,一致同意规则、多数票规则、加权规则、否决规则、需求显示规则等,各种规则必须依据不同情境加以选择。

最后是政府失败问题。同行政学研究一样,公共选择理论把分析政府行为效率以及寻找促使政府最有效工作的制约体系作为最高准则。认为市场有局限性,会出现失败,需要政府干预,然而政府的介入只是提供把事情办得更好的可能性,并不具有必然性。选民与政治家的经济人特征,以及"政治市场"运行的特殊性决定了政府工作的低效和政策偏差。据此,它进一步揭示并分析政府行为的动机,产生政策偏差的原因,政府部门扩张及内在超支、超编问题,以及寻租给社会带来的危害等。对此,在本章第四部分将作进一步分析。

三、公共选择与公共行政学之方法论

公共选择理论与行政科学在视角上和内容上的差异,归根结底在于方法论的不同。主要表现在三个方面:一是个人主义方法论;二是人的经济学;三是交易的政治学。个人主义方法论是相对于整体分析方法而言的一种个体分析方法,强调个人动机与选择模式对整体行为的影响,是一种从个体到集体的分析思路。人的经济学是从经济角度考察不同环境中参与者行为动机与行为逻辑,并藉此分析解决政治领域里的动力问题、活动的客观规律问题、官员的人格化问题等。交易政治学,就是把经济学的交易范式应用于政治活动与政治决策过程的分析,这是基于公共选择理论家们对经济基本范式的独特思考的一种移植。按照上述三种方法我们可以给公共行政科学作三点基本分析。

第一,行政学始终把组织及其由职位构成的整体作为研究考察对象,把它们看做是不可分割的有机整体,以此为基础来分析其政治行为过程。认为国家利益、社会利益是完全独立于个人利益的,国家和政府是代表整个社会的唯一决策单位。与此相反,公共选择的个人主义方法论认为,人类的一切行为,不论是政治行为还是经济行为,都应从个体的角度去寻求原因。个体是群体的基本细胞,是决策的基本单位。个体行为的集合构成集体行为①,如果单单从整体构成着眼,则无法解释自利动机与个人偏好在决策时的作用及所占的比重。这同经济学着眼于分析单个消费者的消费行为是一致的。

毫无疑问,公共选择理论将个体行为作为其分析对象是颇有见地的,因为个体就群体来说具有本原性。但是,任何政治决策的做出都是由特定群体完成的。当若干个体要素构成一个特定整体后,其功能、运行规则、行为方式不可能不发生新的变化,不可能不受到相应规范和惯例的限制,彼此之间不可能不受相应的牵制。一个领导集体如果以勤政廉政构成积极的集体文化,那么一个新加入该集体的个体,即便是一个典型的自利主义者,也必须受该集体文化的制约,不可能完全按照原有偏好我行我素。这一问题,行政学的整体方法论解决起来驾轻就熟,而对公共选择理论的个人方法论来说则是困难的。

第二,研究的前提不同。行政学研究的前提是把政府及其官员从整

---

① 汪翔等:《公共选择导论》,上海人民出版社 1993 年版,第 56 页。

体上看作为一心为公、不为私利的利他主义者。所有要素的研究者都是在此前提下的衍展。公共选择理论建立的是一种人的经济学。认为人是经济人,不论他处于什么地位,人的本性都是一致的,其基本动机都是谋求个人利益的极大化。所有的政治与行政活动都是在此基础上进行的。一个人、一个集体如果以利他主义者的形象出现,只能说明体制、政策是好的,对其约束是有效的,否则则说明是坏的、失败的体制或政策。对于政治领域人的行为目标的多样性,如有的是利己的,有的是利他的,甚至是真正大公无私的。公共选择理论认为,这并不影响"经济人"假设的合理性,个例特征不能代表整体普遍特征。"经济人"假设是所有个体的统计特征。①

公共选择理论将人的自利行为引入政治、行政领域,对传统行政思想产生了强烈冲击,也为行政学研究提供了新的启迪。它保证了研究者对人类行为分析的一致性,为衡量、评估行政体制的好坏提供了客观、简明的参照标准。

第三,研究的着重点不同。行政学的研究是政治家及其官员对某一政策或方案或领导人的选择活动,是一种非赢利的公务活动。其任务是揭示如何维持市场之秩序和公平。从这一意义上说,它是一门行政选择学。公共选择理论不同,它强调人与人之间交换关系的重要性。认为同经济领域一样,政治领域里的活动是社团、党派和国家各要素之间以及组成集团的个体之间,出于自利动机而进行的一系列交易过程。显然,公共选择的方法论实质上是行政交易学、政治交易学。

由于公共选择的着重点是交换和交易,因而它呼唤经济学不应把资源的稀缺性作为关注研究的中心。为资源的分配效率过多地操心是劳而

---

① 汪翔等:《公共选择导论》,上海人民出版社 1993 年版,第 56 页。

无功的。资源交换制度的建立和完善,资源交换的起源和性质才是问题的根本。人们选择的自由,相互交易与合作的自由,都需要通过制定某种规则来予以实施和维护,如果这一目标不能有效实现,改变交易规则和交易结构也可以得以改善。同样,寄希望于选举出某些道德高尚的领导者,或者提高参与者的政治觉悟都是不切实际的。坏政策或低效的出现,不是政治体制对应的规则产生了错误的领导人,就是维护秩序过程中缺乏有效的制约机制。从体制上、交易规则上寻求变革出路,是公共选择理论从方法论上带给行政学的新启示。

四、政府失败论:公共行政的缺陷研究

20 世纪 50、60 年代,凯恩斯主义减轻和延缓了危机对经济发展的巨大冲击,避免了 30 年代大危机的重演,使西方资本主义国家经济获得了长达 20 多年的高速增长。许多国家因此以为找到了解救"市场失败"的灵丹妙药。然而遗憾的是,20 世纪 60 年代末,西方各资本主义国家出现了前所未有的双重"瘟疫":经济停滞和通货膨胀。人们开始怀疑并反对凯恩斯主义的运用,把由强化政府干预而导致的滞胀现象称为"政府失败",并用它来思考和分析非市场缺陷的政府行为问题,如"政府失败"是必然的,还是偶然的,什么领域政府不能发挥作用,如何防止"政府失败"等。政府失败论从行政科学的角度看就是行政主体及其过程的缺陷论。它是公共选择的重点内容之一,也是近几十年来经济学研究最富刺激的研究领域。

对政府失败的表现及其成因,公共选择理论从以下几个方面作了较为深入的研究。

政府行为的低效率。从经济学的角度看政府干预的目的是为了弥补

市场缺陷,纠正市场失灵,使社会效益比干预前更高。然而由于种种原因,政府很难做到这一点,有时甚至比干预前还要糟糕。这是为什么呢?

首先是政府决策的低效率。从政策的制定者——政治家来看,他们会极力利用权力垄断相关信息,把那些能够体现他们自身利益的提案公诸于选民、劝说选民,使其得以通过。这种提案很难与选民的利益相一致。如果是照顾了政治家的利益,广大选民的利益无形中就会受到侵害。从广大选民的角度看,他们有动力追求自身利益的极大化,但由于所占有的信息不充分,了解候选方案和候选人的情况成本很高,因此常常退却。有的即使想深入了解,却又苦于缺乏有效途径而不能如愿。成本和收益比较的结果,使理性的经济人对投票漠不关心,因而,他们很难用选择权来制约政府政策。

有时,政府提供的政策方案确实是有利于选民利益的,但是由于现实政治生活中多采用简单多数的选举原则,因而最终的决策结果大多只能体现中间选民的意愿,而不能实现体现代表多数利益的决策结果。同时,选民的意识,有时会受到拥有不正当权势的利益集团的影响,政府议案和选民的投票行为受到背后某种力量的支配,从而使政府成为私人既得利益集团"俘获的政府"而难以作出最优的决策来。①

对于非选举的、可以独立制订和实施政策的政府部门来说,政策一般都是由该部门领导者根据自己对公共利益的理解来确立的,其行为具有很大的自由空间,因而,他们总是有意无意地被自身经济人的动机所左右,从而使所制订的政策失去公共利益性质。

其次是政府工作机构的低效率。导致政府工作机构低效率的原因是多方面的,一是缺竞争机制。在工作内容上,它们的主要功能是提供公共

---

① 樊纲:《市场机制与经济效率》,上海三联书店 1992 年版,第 183 页。

物品服务,而这些一般带有垄断性。在人员上,政府工作机构中的公务员不是选举产生的,他们不会因为工作效率低下而遭到解雇或罢免。他们没有压力,也不需要去竞争。二是缺乏控制成本的积极性。政府所属各部门的工作具有垄断性和非价格性,它们会随时在提供公共品和劳务服务时降低质量、提高价格。同时,政府所属部门还会利用其特殊地位垄断或控制一部分信息,使预算、资源成本等要素无从了解,无从评判,无从监督。三是监督信息不完备。没有监督就没有制约,没有制约就会产生专断,就会导致腐败。政治家和选民之间的关系之一就是政治家要接受选民监督。然而由于政府部门垄断导致信息阻滞,使得选民无从了解被监督者的运行情况,甚至还会为被监督者所操纵,这就使得选民对政府机构的工作情况无从下手,无法监督。①

政府自我膨胀。政府自我膨胀包括两个方面,一是政府部门人员的增加;二是政府部门支付水平的增长。因此和由此派生的多种因素是导致政府失败的重要原因之一。

一是政府部门人员的扩张。所有政府组织都是官僚制的产物。它的构成来自于职位、工资、权力、威望、官职恩赐等要素。它的运行和价值体现一般均通过人员的增加来实现。政府人员扩张不同于企业人员增长,后者具有一定的自律性,有一定的限度。而前者缺乏自律,它即使在严格控制的情况下也会不断增长。正如帕金森定律所揭示的那样,政治家一感到忙不过来的时候就首先想到增人,而且是成对的增加。当冗员过多无所事事的时候,他们又会人为地制造出许多事来,使人人有事干,整天忙忙碌碌。②

---

① 汪翔等:《公共选择导论》,上海人民出版社 1993 年版,第 77 页。
② 参见 J.C.帕拉格、R.C.昌德勒编著:《行政管理学词典》,"帕金森定律"部分,四川人民出版社 1988 年版,第 181~182 页。

二是政府部门的财政扩张。机构的庞大、人员的增长直接带来财政支出的扩大,所有部门的预算只会增加不会减少。因为,官僚机构常常是各种利益集团的代表,是预算分配过程中的代言人。他们总是希望能争取更多的预算。立法官员往往是某一利益集团赞助的,作为回报,他们必须通过其他利益群体在预算上的讨价还价来为赞助他们的利益集团服务。如争取加工订单,或承包业务合同等。公共选择理论明确指出,利益集团、官僚机构和立法部门之间形成一种难以冲断的"铁三角"关系。财政扩张还有更重要的一点是,财政赤字政策的实行。这一政策使得人们的赋税减轻了,就业增加了,但政府的财政支出出现巨大赤字。政府只有靠增加货币发行量来缓解矛盾,而当货币发行量的增长超过经济增长时,通货膨胀就不可避免了。这也是政府失败的最大原因。

三是政府作为公共品的供给者和外部性影响的消除者角色时的扩张。由于政府服务的非价格性而引发的不计成本行为,使得政府在为社会提供公共品服务时,往往超出社会需要和社会所承受的限度,从而导致财政预算的增长。同时,当选的政治家往往更乐意将公众的钱花在能够给他的选民带来明显收益的项目上,而不愿向这些选民征税。只要当政府借债支付公共开支所获得的边际投票收益大于通过增税来支付种种公共支出所造成的边际投票损失时,政治家就会不断扩大预算规模。也就是说,在多数选举制中,大多数人愿意享受公共服务,却不愿意纳税。[①]而政治家为讨好选民,又可以毫不费力,因而都乐意去干,其结果只会引起部门开支膨胀。

政府寻租行为。公共选择理论认为,一切由于行政权力干预市场经济活动,造成不平等竞争环境而产生的收入都被成为"租金",而对这部

---

① 阎慧蓉:《西方政府干预与政府失败论析》,载《中国行政管理》1996 年第 8 期。

分利益的寻求与窃取活动则称为寻租行为。它大致有三种形式:一是通过游说或贿赂等手段直接获取租金;二是通过各种手段改变政策环境来间接获得租金,如设定新的进口和生产配额等;三是进行表面上为生产的投资活动,如改进产品质量和扩大生产规模等,但其真正目的不是从这些生产中直接获得利润,而是要力争达到政府所确定的一些标准,然后据此获得政府的某些优惠或补贴性租金。

显然,寻租行为是一种非生产性活动,它常常给社会带来资源的巨大浪费。表现在:其一,寻租者为获得政府的特殊保护要耗费巨大的精力和财力。这虽然能使寻租者获取个人效率,但对整个社会来说则是灾难。其二,政府及其公务人员要耗费时间、精力和财力进行反游说和反行贿,但同时仍会有一些政府人员被腐蚀。其三,获得成功的寻租者,借助政府干预,使得相关生产者和消费者白白付出沉重代价。正如同赌博,许多人买彩票,中彩的只是极少数。

寻租行为所导致的整个社会资源浪费是惊人的,要限制和消除这一现象,关键在于调整政府干预范围和程度。一般来说,有两种政府干预状态不会出现寻租行为,一是政府的职责只限于保护公民的生命、财产和监督而自愿达成合同执行的“最小政府”条件下,政府没有任何资源分配的职责,因而无租可寻。二是在国家承担一切资源分配职责,决定一切的“最大政府”条件下,企业和个人都是完全被动性的,无人去寻租。租和寻租行为的出现是因为政府承担一部分资源配置的责任,或者是由于各种方式影响资源拥有者对其资源的支配和使用。[①] 如果政府行为主要限于保护个人权利、人身与财产安全以及确保自愿签订的私人合同的实施,市场这只“看不见的手”将能保护市场中出现的任何租金随着各类企业

---

① 王忠民:《寻租理论的现实意义》,载《经济社会体制比较》1988 年第 6 期。

的竞争性加入而消失。[①] 在自由市场经济国家,增加政府对经济的管制和干涉,就会增加租的领域;在高度集中的计划经济国家,缩小和减弱政府在经济生活中的作用,反而会在一段时间内出现租的领域。这就是人们常说的,寻租的发生率不以政府管制和干涉的增加而增加,也不因政府管制的减少而减少,而是要看原有政府行为的最低限度和状态。

为避免政府失败,公共选择理论拟定了许多措施,一是改革宪制。引导"人们注意和重视规则、宪法、宪法选择和对规则的选择"。[②] 不必为政策制定者提出具体建议,只要为改革宪制提供一种指导和规范,为政策制定提出一种规则和程序,就可以使政策方案趋于合理,减少或避免决策失误。二是建立竞争机制。如设立两个或两个以上的机构来提供某些公共物品或服务,使机构之间形成竞争;业务合同出租或企业公司承包;开展地方政府之间的竞争等。三是约束政府税收和支出行为。可以从两个方面入手,首先是在政府预算审批时要确保收支平衡;其次政府收支增长与国民经济的增长在量上保持平衡和一定的比例。四是建立利润激励机制,允许将节余预算资金自行处理,以增强政府的节俭意识、利润意识。当然,各种方法只有综合使用才能有效力。

五、公共选择对公共行政发展的启示

显而易见,公共选择理论同其他各种经济学理论一样具有一定的片面性。首先,它过于强调"经济人"假设,把人的所有关系都看成是赤裸

[①] 詹姆斯·M.布坎南:《关于寻租社会的理论》,转引自《经济社会体制比较》1988 年第 6 期。

[②] 詹姆斯·M.布坎南:《自由、市场和国家》,北京经济学院出版社 1988 年版,第 13 页。

裸的金钱利益关系,用简单的机械类比,把政治过程、行政过程与经济过程等同化,完全失去了分类的科学意义。其次,单纯强调政府干预的局限性,完全忽视了资本主义社会基本矛盾在市场失灵中的责任。第三,过分强调经济自由主义,反对国家干预,使之很容易陷入自由主义的泥淖,如此等等。即便如此,公共选择理论仍带给我们一些有益的启示:

首先,经济体制改革不能单兵操练,孤单深入,它要求行政体制改革必须与之相配套、相适应。经济与政治是相互渗透、相互制约的一个整体,市场失败可能根源于更广泛的政治背景。行政体制改革的滞后,必然使市场机制本身无法得以完善,更难以形成与市场相互作用的"同步"机制。目前在我国,公共权力干预经济的计划经济的余威尚未完全消失,以"政府主导的市场经济"为幌子的政府观念、职能模式严重地制约着市场机制的形成。市场发育程度低,经济秩序混乱等市场与政府两种不完善状态下的失败行为难以避免。因此,重新选择和确立政府职能范围、方式和程度,理顺各种关系,做到政企分开、政事分开、政社分开,仍是中国政府面临的一项重要课题。

其次,同市场一样,政府也会失败。对于市场失败,人们曾不厌其烦地做出规范而又符合逻辑的阐述,如宏观平衡问题、行业垄断问题、收入分配的两极化问题、"蛛网波动"问题、外部不经济问题、社会公共品服务问题,等等,以此作为政府介入和干预的理由。然而,公共选择的结论告诫我们,政府行为的介入只是为弥补市场缺陷提供了一种可能,并不具有必然性。它的"经济人"特征、部门扩张和寻租行为决定着它同样也会失败。因此,我们万万不可将市场失败的领域无限度地交给政府。否则,"看得见的手"一旦转化为"看不见的脚",踩住"看不见的手",市场失败就会在政府失败的基础上,败上加败,雪上加霜。

再次,要兼顾公共利益与个体目标的一致性。公共选择理论指出,政府行为中的"经济人"特征具有普遍性,这种现象究竟在量上达到什么样的程度,我们无法作出准确统计,但从大量以私谋私、权钱交易等不断滋生蔓延的腐败现象中,我们不难悟出其中的一些可取之处。在我国市场经济体制不断完善过程中,我们除要大力提倡各级官员树立全心全意为人们服务的高尚道德外,还要兼顾他们自身经济利益的满足,承认其自身利益追求的合理性。以薪养廉,让他们体面地生活,让经济收入与他们的身份相适应,让他们不需要去贪,是我们防止寻租行为,控制腐败滋生蔓延,加强廉政建设,调动政府工作人员积极性的一个重要途径。

第四,运用市场机制限制政府机构和预算规模的无限扩张。公共选择认为"没有任何逻辑理由证明公共服务必须由政府管理机构来提供"。① 主张打破政府垄断地位,以市场机制建立公私机构之间的竞争。这样既可以扩大服务领域,提高服务质量,又可以控制政府机构庞大和预算规模的扩张。20世纪90年代以来,美国陆续将一部分政府内部的环保、卫生、保安等工作出租给私营部门管理;英国甚至设立私人监狱来从事狱政工作。因此,在我国目前公众服务需求增加而政府资源投入有限的矛盾状态下,通过业务合同出租、公共服务社区化、以私补公等一些创新措施,来限制机构和人员膨胀、缓解财政紧张状况、减轻社会和公民的税负压力等都具有特别重要的意义。

第五,通过制订科学严密的行政规则、市场规则、社会规则来保证政府行为的合法化和高效率。这是政府的一项传统职能。公共选择认为,过去把着重点放在道德高尚的领导者培养和选择上,出了问题就把责任"一股脑"地推给当事人,完全不考虑规则是否有效。现在,着眼点应放在规则上,放在各种法律规范的制定和完善上。有了良好的制度规范,道

---

① 周志忍:《当代西方行政改革与管理模式转换》,载《北京大学学报》1995年第4期。

德高尚的官员可以如鱼得水,道德低下者也无机可乘。因此,我们应大力加强社会主义法制建设,尤其要注意把行政决策行为、执行行为、监督行为法制化。

最后,研究非市场缺陷或政府失败的根本目的在于为政府更好地履行经济和社会职能提供理论帮助。公共选择学派的政府失败论为我们正确处理好政府与市场的双向互动关系、完善政府职能、规范政府行为、防止政府失败提供了新的视角和研究方法,这也是我们将其与公共行政一起研究的意义所在。当然,选择政府失败作为研究重点,并非是要否定政府、排斥政府在市场中的作用,而是"提醒人们确定好政府的干预行为的范围、内容、方式和力度,避免干预不当或过度干预所产生的政府失败现象,使政府更好地履行其社会经济职能"。[1]

---

[1]　陈振明:《非市场缺陷的政治经济学分析——公共选择与政府分析学者的政府失败论》,载《中国社会科学》1998 年第 6 期。

第三章　当代中国公共行政环境的分析

　　世上任何活动都是在特定的环境中产生、发展乃至消亡的。公共行政作为社会活动的一个子系统，同样离不开一定的环境。"……研究公共行政，必须研究它的生态问题。"①构成行政环境的要素层次多、范围广，既有政治、经济、文化、自然等各个方面的宏观环境，又有涉及人们思想观念、活动方式和心理状态的微观环境。它们与公共行政之间呈互动状态，即行政环境影响制约公共行政，公共行政反过来影响、改造行政环境。研究公共行政环境，对于我们了解和把握国情、省情、市情、县情、乡情，推动公共行政发展，具有重要意义。

---

　　①　约翰·高斯：《公共行政学之我见》，亚拉巴马大学出版社 1941 年版，第 6 页。

一、公共行政环境的一般理论

"环境"一词,主要有两层意思。一是指环绕所辖的区域。如《元史·余阙传》载:"环境筑堡寨,选精甲外捍,而耕稼于中"。二是指某一主体周围的境况,如自然环境、经济环境等。我们在本章所使用的概念是指后者,即围绕某一主体的外部环境。不同的主体所处的环境千差万别,不同的环境影响和制约着不同的主体。婴儿在人类群体中成长为社会人,在自然界的狼窝里生存,接受狼的"哺育",则成为"狼孩",这里的人群和狼窝就是婴儿这个主体的不同生长环境。

公共行政环境是指直接或间接作用或影响公共行政主体及其活动过程、活动方式的外部要素的总和。这些外部要素,既有物质的,如经济发展水平、办公条件等;也有精神的,如宗教信仰、风俗习惯等。既有社会的,如社区自治能力;也有自然的,如河流山川、沙漠平原等。既有国内的,也有国外的。既有有形的,也有无形的,等等。它们共同构成公共行政的外部要素,影响制约着公共行政的思想观念、方式方法等,并处于动态变化之中。本章着眼于通过对各外部环境要素的研究探讨,总结公共行政与行政环境之间相互影响、相互作用的规律。

公共行政环境具有鲜明的特征。一是广泛性。公共行政环境是行政系统赖以存在和发展的外部要素的总和。因此,凡是作用于行政系统的外部条件和要素,都属于公共行政环境的范畴。从地形分布、山川河流,到气候特征、自然资源;从人口数量、民族状况,到阶级状况、历史传统;从文化教育、科学技术,到社会制度、经济状况,乃至人际关系、道德水准,等等,无一例外。因此,很难在时间、空间和种类上为其划定一个不可移易的周边。① 二是复杂性。公共行政环境是一个复杂的开放系统,它对公共行政的影响与作用不仅是广泛的,更重要的是在此基础上体现出来的复杂性。在这些广泛的外部条件和要素中,有物质的、精神的;有有形的、无形的;有社会的、自然的;有政治的、经济的;有国内的、国际的。这些要素之间构成纵横交织的复杂关系。三是差异性。构成公共行政环境的综合要素,对行政主体来说没有一个是完全相同的。各个地区的自然环境千差万别,有的是山区,有的是平原,有的是丘陵;有的风调雨顺,有的干旱无雨。各个地区的经济状况、物质条件、风土人情以及文化传统也不尽相同。国与国之间、民族与民族之间、沿海与内陆地区之间、东部与西部地区之间的公共行政环境都存在着不同程度的差异。各种管理体制、管理模式的形成和发展,正是这种差异性的具体体现。四是变异性。世界上没有一成不变的东西,任何事物都是处于不断变化之中的。公共行政环境更是如此。昔日的沙漠荒滩,今日可变为绿洲粮田;盗贼猖獗、人人自危的社会,可以变成夜不闭户、路不拾遗的和谐世界。社会不断变迁,体制不断变革,观念在不断嬗变……行政环境的变异,直接或间接地影响着行政系统各个要素的变化与变革。

公共行政环境具有不同的类别,从不同层次、不同角度可作不同分类。以层次为标准,可分为宏观行政环境、中观行政环境和微观行政环境;以国别区域为标准,可划分为国际行政环境和国内行政环境;以作用和影响为标准,可划分为积极环境(良性环境)和消极环境(恶性环境);以内容为标准,可划分为政治环境、经济环境、文化环境、社会环境、自然环境等。分类本身不是目的,而是提供一种认识工具。事实上,各种类别之间也不是截然分开的,而是相互交叉、相互融合的。我们应当通过

---

① 夏书章:《行政管理学》,中山大学出版社 1991 年版,第 24 页。

分类更清楚地了解行政环境各个要素的基本范围和特征,以更好地适应环境、改造环境。

二、公共行政环境理论的发展

早在 18 世纪中期,孟德斯鸠在《论法的精神》一书中指出,一切法律并无绝对的优劣或价值,凡最适合国情的法律,就是最好的法律。这虽然不是专门对行政环境作出的研究,但其内容却是对主体与环境相互适应的一种探索。对公共行政环境进行研究的直接源头来自于生态学。

生态学与行政生态学。"生态"一词是由古希腊语"oikos"派生出来的,意为"房子"或"家",引伸为"生存之地"。19 世纪达尔文学派的植物学家和动物学家们广泛地运用这一概念来描述生物体如何生存和适应它们的环境。生态学就是研究各种生物之间及与环境之间相互关系的一门科学。韦伯斯特大字典的解释是"各种有机体同它们的环境之间的各种关系的集合"。它认为任何一种生物都不是独立的,在某些方面,它必须依赖其他生物或无生物才能生存。生态学研究的主要目标就是有效地管理世界上的生物与无生物。如研究空气、水污染及污染的水与空气对生命的影响等。到 20 世纪 70 年代,此概念成为保护风景区自然美的同义词而为社会科学文献的专门术语在理论界广泛流传。①

将生态学概念引入行政学,并用其观点将公共行政比拟为生物有机体,将公共行政环境看作是生态环境来研究政府行政现象的,是美国哈佛大学的约翰·高斯。1936 年,他发表了《美国社会与公共行政》,第一次

---

① R.J.斯蒂尔曼:《公共行政学》上册,中国社会科学出版社 1988 年版,第 173 页。

提出公共行政与行政环境之间的关系问题。1945年,他在亚拉巴马大学的系列讲座中又详尽地阐述了如何运用生态学方法研究行政学的问题。这些内容于1947年以《公共行政之我见》为题结集出版。① 1957年美国哈佛大学另一位学者F.W.利格斯发表的《比较公共行政的模式》一文,用生态比较法对行政环境作了进一步研究。1961年在该文基础上撰写的《公共行政生态学》一书,成为行政生态学的代表作,奠定了这一方法在行政学研究领域的地位。

帕森斯的模式变项理论。帕森斯是美国以生态比较法研究行政环境的代表人物之一。他的研究特点是把各国行政系统放在本国社会生活中进行对比,重点是公共行政生态环境,通过对比建立起不同的生态模式,并据此寻求引起各国行政差异的社会生态原因。模式变项理论就是这一努力的成果。

帕森斯的模式变项理论首先把世界上的各种社会形态分为传统社会和现代社会两种模式,然后在此基础上找出反映两种模式特征的五大模式变项,并进而区分不同模式的社会性质,揭示影响行政系统的主要生态原因。帕森斯的五大模式变项是:(1)从功能普化到功能专化。传统社会组织往往承担多种职能,充当多种角色;近代社会以后,即现代社会组织功能日趋专业化、专门化。(2)从归属倾向到成就倾向。传统社会强调宿命论,寻求归属感;现代社会则强调通过个人努力奋斗取得成就。(3)从特殊关系到普遍关系。传统社会重视以情感为中心的特殊人际关系;现代社会则重视个人自主发展,自由参加各种社会组织,发展普遍的社会关系。(4)从重视情感到情感中立。传统社会的人际关系往往受个人情感左右;现代社会则以情感中立为人际交往基础。(5)从个人利益

---

① R.J.斯蒂尔曼:《公共行政学》上册,中国社会科学出版社1988年版,第173页。

到团体利益。传统社会人们的社会行为多以个人利益为中心;现代社会则趋于以团体利益为中心。即把个人利益和团体利益结合在一起,通过团体利益的争取与维护来实现个人利益。

利格斯的棱柱模式理论。这一理论是利格斯运用"结构功能分析法"和物理学光谱分析概念,以社会经济结构为中心,对行政生态所作的一种研究。他将现代社会的行政模式设计成三种类型,即融合型、棱柱型、绕射型。这些模式既适用于农业社会,也适用于工业社会及农业向工业过渡的社会。他用物理光谱理论来分析各种模式的生态特征。

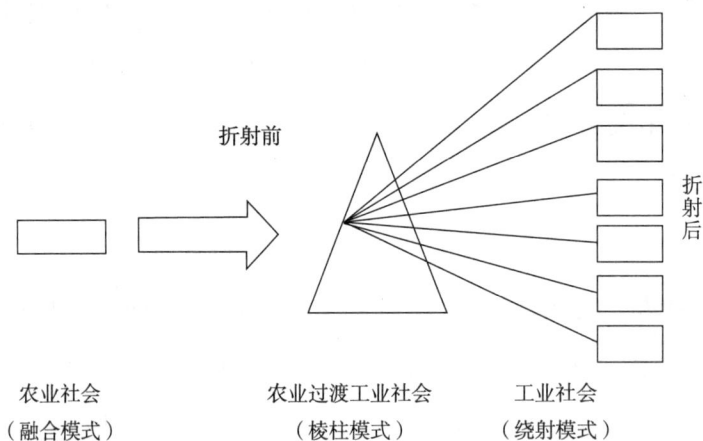

图 3-1

图中三个阶段表示光谱的折射过程。折射前为一道白光,折射过程中开始分化为七种不同的光,折射后为七种不同的光谱。折射前的白光部分为农业社会。此时没有细致的专业分工。行政只求一致、统一,不讲科学、效率。折射完成阶段代表工业社会,专业分工如七道光谱一样明了细致;沟通渠道发达,行政高度专业化;政府与民众关系密切;行政活动追求科学、效率、品质。折射过程阶段,表示功能正在分化,但尚未完全分化的农业社会向工业社会的过渡。这就是利格斯棱柱模式理论的核心。从中我们可以归纳出三个特征:(1)异质性。即传统与现代并存,多种制度、行为、观念融合在一个社会之中。既有农业社会的特征,又有工业社会的特征;有传统思想,也有现代思想。"有普通平房也有高楼大厦","有西装也有长袍马褂","过阳历年又过阴历年"。①（2）形式主义。表现为理论与实际脱离,法律与执行相背离,人情关系仍占相当大的比重。(3)重叠性。即机构叠床架屋、重复设置。表现为若干机构职能相同;法定职能机构不能或不去履行职责,而其他组织机构大行其道。其原因在于传统组织向现代组织过渡的不彻底性所导致的权责交叉、重叠。不难看出,不同的生态模式要求有相应的行政模式,各国制度、体制不能简单地移植。那种追求建立世界通用的行政科学模式、与国际接轨的所谓现代理论,用生态学的观点来分析都是不切实际的。

三、公共行政与行政环境的关系

行政环境是公共行政赖以产生和发展的基本条件。它决定、影响或制约公共行政目标的制定、机构设置、机制运行和活动方式的选择等。可以说有什么样的行政环境,就必须有或必定有什么样的公共行政。但公共行政在适应行政环境的同时又能动地利用和改造行政环境,而不是完全消极被动。

行政环境决定、制约公共行政。历史唯物主义者认为,经济基础决定上层建筑。公共行政系统是上层建筑的重要组成部分,它建立在一定的经济基础之上,并与上层建筑的其他部分密切相关。公共行政的根本性

---

① 傅肃良:《行政管理学》,台北三民书局1983年版,第92页。

质、基本原则和职能内容,实际上是由行政环境决定的,行政职能、行政体制、行政方式、行政决策、财政管理、人事制度等都要受到行政环境的制约。具体要求是:

其一,公共行政要适应行政环境的性质。适应行政环境的性质首先就是要适应这一国家的政治和社会制度,建立与之相适应的行政管理体制和管理思想。奴隶制社会是建立在奴隶主完全占有奴隶和生产资料的经济基础之上的一种剥削制度,与之相适应的国家行政管理,则是奴隶主残酷镇压奴隶、维护奴隶主利益的专制独裁行政。封建制是建立在地主占有土地、残酷剥削农民的经济基础和严格等级特权之上的社会制度,其公共行政就是地主阶级镇压、剥削农民的等级特权行政。资本主义是建立在资本家占有生产资料、工人靠出卖劳动力为生的经济基础之上的社会制度,其公共行政就是资产阶级统治广大劳动人民的金钱特权行政。社会主义是建立在生产资料公有制和人民享有广泛民主权利基础之上的新型社会制度,其公共行政就必然是人民当家作主并参加管理的民主行政。可以说,公共行政是适应一个国家及其不同历史时期行政环境性质的产物。

其二,公共行政要适应行政环境的现状。行政环境包括政治、经济、文化、教育、社会、自然资源、技术手段等各种要素。这些要素在不同国家和地区,其发展水平存在很大差异。公共行政本身没有严格好与坏的区分,唯有适应其环境才是最理想的。这是行政生态平衡的基本要求之一。如果公共行政不能适应这一时期、这一国家和地区行政环境的要求,或者与其格格不入,则必定导致失败。"'鞋子合不合脚,自己穿了才知道'。一个国家的发展道路合不合适,只有这个国家的人民才最有发言权。"[1]

---

① 习近平:《顺应时代前进潮流　促进世界和谐发展——在莫斯科国际关系学院的演讲》,载《人民日报》2013年3月25日。

美国的行政体制、行政哲学是由其现有的政治制度和文化传统决定的,其现代化管理手段,是由其发达的生产力和丰厚的物质基础决定的,这些都与他们的行政生态环境状况相一致。如果把它移植到生产力落后和文化传统迥异的国家,必定引发混乱甚至灾难。

其三,公共行政要适应行政环境的发展方向。行政环境不是一成不变的,而是始终处于不断变化的动态过程之中。公共行政对其适应的过程实质上是不断变化的过程。因为,适应和平衡往往只是相对的、暂时的。平衡预示着新的不平衡、不适应,不平衡、不适应又预示着新的平衡、适应。公共行政正是在对行政环境不断变化的认识、把握和调整中做到平衡和适应的。我国从计划经济转为市场经济,行政职能和管理方式要及时地进行调整。社会变迁影响到社会的各个角落和各个方面,它迫使公共行政作出一系列变革。因此,公共行政要有对行政环境科学预测的能力,能在此基础上确立远期战略和近期规划,使政府成为前瞻性政府,而不是"头痛医头、脚痛医脚"的"近视"政府。

公共行政利用、改造行政环境。行政环境决定和制约公共行政,公共行政必须适应行政环境。但这绝不意味着消极地适应环境,做行政环境的奴隶,而是可以有组织地控制、利用和改造行政环境。正如恩格斯所指出的那样,"如果政治权力在经济上是无能为力的,那末我们又为什么要为无产阶级的政治专政而斗争呢?"①这对于我们理解公共行政对行政环境的利用和改造作用同样具有启发作用。

首先,公共行政利用行政环境所提供的政治、经济、文化、技术、心理等条件,对所面临的问题,制定相应的决策、制度和办法,并有效地加以实施。这是沿着行政环境同一方向给予的正能量,所发挥的是积极作用。

---

① 《马克思恩格斯选集》第四卷,人民出版社 1995 年版,第 705 页。

公共行政主体,面对行政系统外部各种有利不利的环境要素,能够及时进行价值权衡,充分利用现有政治条件、物质条件和精神文化条件,选择正确的行政目标,制定科学的决策方案,采取切实有效的措施,实施各项行政规划和行政战略,并以此达到改善行政环境的目的。譬如,在社会治安问题突出的形势下,行政主体完全有条件、有能力利用社会公众的心理支持和国家的人力物力财力以及强有力的专政武器,打击犯罪分子的嚣张气焰,恢复并维护社会的长治久安,改善行政环境。这是其他社会组织所没有也不可能有的巨大能量和巨大作用。

其次,公共行政可以通过对行政环境的再认识、再思考、再总结,自觉纠正不符合行政环境要求的管理行为和管理方式。由于信息条件、认识能力、思维模式等不利因素的限制,公共行政主体所制定的政策、措施,选择的行政目标,往往不可避免地会产生一些失误。对此,公共行政主体可通过行政环境不断提供的积极因素,审视度势,修正偏差,使之趋于完善,更好地适应生态环境之要求。新中国成立以来,由于我们对国情认识的错误出现了工作指导上的失误。党的十一届三中全会以后,随着人们对国情认识的日益深化,党和政府按照行政环境的要求,通过自身力量纠正了过去的偏差。这是行政主体对行政环境能动作用的突出体现。

再次,公共行政对行政环境的能动作用,还表现在给予的负能量,即沿着行政环境的相反方向起阻碍和破坏作用。恩格斯曾经指出,国家权力"可以阻碍经济发展沿着某些方向走,而推动它沿着另一种方向走","政治权力能给经济发展造成巨大的损害,并能引起大量的人力和物力的浪费"。① 这里恩格斯不是专就行政权力和行政环境而讲的,但行政权力是政治权力的重要组成部分,其道理是相通的。我们实行社会主义市场经

---

① 《马克思恩格斯选集》第四卷,人民出版社 1995 年版,第 701 页。

济,要求政府必须下放、分离资源配置权,遏制利用政治权力谋取经济利益的行政行为。如果一部分既得利益者不按照这一环境要求实现自我革命,而是变本加厉地控制某些权力,进行寻租活动,那么,以权谋私、权钱交易、贪污腐化之风就会日益盛行,经济发展就会受到极大损害,行政生态环境就会日趋恶化。

政治环境与公共行政。政治环境,是对一个国家的政治制度、政党制度、阶级状况、法律制度等各种要素的统称。政治环境对公共行政有着决定性的影响。政治制度决定行政制度;政党制度决定执政党在公共行政中的地位和执政方式;阶级状况决定行政职能重心与非重心;法律制度完善与否决定着公共行政的法治程度,立法、执法、守法的状态好坏,等等。美国及其他一些西方资本主义国家,实行的均是两党制或多党制。党派之间的长期斗争,使得政府机关在历次政党更迭时都要发生周期性的政治动荡。为此,他们纷纷建立事务官这种在政治上保持中立的现代人事制度。我国实行的是中国共产党领导的多党合作制,中国共产党是执政党,不存在轮流执政,更无周期性政治动荡。因此,公务员不仅不需要远离政治,而且要在政治上和党中央保持一致。当然,公共行政系统并非消极地接受政治环境的制约,它依靠行政活动的推行来维护政治环境的稳定。

经济环境与公共行政。经济环境是指作用于行政系统的物质技术和经济制度,由社会生产力和生产关系构成。包括社会生产力的性质、发展水平、生产资料的所有制形式、性质和成熟程度,其中后者对行政系统的影响最大,关系最直接、最密切。社会经济基础决定上层建筑,决定公共行政的性质和原则。公共行政不能也不可能超出经济环境所提供的条件去运行和变革。公共行政对经济环境具有反作用:一方面可促进生产力的发展,最大限度促进国民财富的积累增长;另一方面,对经济环境具有消极作用,"看不见的脚"容易踩住"看不见的手",导致社会财富使用上的低效和分配上的流失。

文化环境与公共行政。文化环境是指作用于行政系统的历史背景、价值观念、行为规范、社会心理、科学技术、伦理关系等各种要素的总和。文化环境因素具有整合为一、连绵不断、变迁积累、渗透于社会各个领域等特点,对行政系统的影响具有持久性和广泛性。它为公共行政提供智力支持、文化条件和精神动力,是影响公共行政的重要因素之一。现在人们越来越发现,文化环境中所存在的自治主义、集权主义、个人主义、平均主义和宿命论等文化偏见,对行政体制、行政行为有很大影响。在英国,20世纪50年代由工党执政,推行"集权主义加工会的平均主义";20世纪70年代保守党执政,平均主义的生活方式遭到遏制和打击,"集权主义加社会的个人主义"成为管理的主要模式。这些实质上都是文化偏见驱使的结果。

自然环境和公共行政。自然环境主要是指作用于公共行政的、一个国家的地理位置、自然条件和自然资源等因素,如河流山川、地形地貌、资源分布等。自然环境是人类生存的摇篮,对行政目标的制定与选择具有决定性影响。对林区政府选择林业生产、草原牧民选择牧业为主导产业的现象,我们丝毫不会感到奇怪,因为这反映了自然环境对他们的影响和制约。公共行政适应自然环境的要求,就会促进经济和社会的发展,否则,作出诸如填海造田、毁草垦地的荒唐事来,就会遭受自然环境的惩罚。当然,公共行政也可以对自然环境有很大的作为,如研制发展新能源、治理沙漠、生物防治、废物利用、防治工业污染以及减震抗灾、保护生态环境等,都是公共行政能动作用的体现。

国际环境与公共行政。国际环境是指一个国家与世界各国家、地区之间的政治、经济、文化、自然地理等方面的关系,以及其他国与国之间的关系。它包括国际社会环境和国际自然环境两大方面,其中对公共行政影响最深、最直接的是国际社会环境。当今世界,社会生产日益国际化,"各国相互联系、相互依存的程度空前加深,人类生活在同一个地球村里,生活在历史和现实交汇的时空里,越来越成为你中有我、我中有你的命运共同体。"①任何一个国家不可能与世隔绝、孤立存在。信息化使地球变得像个小村落;国际投资促进了资本国际化;国际贸易与文化交流使各国人民之间的往来不断增多,了解不断加深。这些都对各国的公共行政体制、思想、方法产生深远而重要的影响,并为改造行政环境、发挥积极作用提供了重要依据。同样,封闭或者紧张、对立以至相互冲突的国际环境,也会影响和限制一国的公共行政。

四、当代中国公共行政环境特征分析

政治环境

政治稳定,系指国家权力平稳运行,政治生活和政治主体行为规范有序、政治关系相对稳定。也就是说,国家的政治活动从总体上看处于相对稳定状态下。这是世界任何一个国家和地区极力争取和维护的一种状态。因为,国家和人民的各项建设事业都不可能在动荡中获得进步和发展。新中国成立以来,中国一直致力于政治的稳定,尽管曾经出现过一些曲折反复、左右摇摆现象,出现过新旧秩序的激烈碰撞和较量,但政治稳

---

① 习近平:《顺应时代前进潮流 促进世界和平发展——在莫斯科国际关系学院的演讲》,载《人民日报》2013 年 3 月 25 日。

定的基本格局没有改变,特别是党的十一届三中全会以来,这一局面得到进一步巩固和发展。

社会主义初级阶段理论使中国国情有了清晰定位。中国共产党用三十年的时间,经过正反两方面经验的比较,逐步认清当今中国最大、最重要的实际,是仍处于并将长期处于社会主义初级阶段。它既规定了中国的社会主义性质,又反映了脱胎于半殖民地半封建社会、社会生产力落后和商品经济不发达的社会状态。这是对中国国情认识的飞跃,它对我们明确工作重心,制定科学的目标体系,克服"左"、右两种倾向,形成与现代管理相适应的价值观念、行为模式和管理手段具有指导意义。新中国成立后的前三十年,我们在建设社会主义的理论上和实践中所犯的一些错误,归根到底都是由于脱离了这个实际;而十一届三中全会以来的三十多年,我们在政治、经济上取得了辉煌成就,归根结底是符合了这个实际。有了这一科学定位意识,把握住这一实际,就能够分清,哪些是不符合社会主义初级阶段实际的公共政策,哪些是对马克思主义、社会主义原则的教条式的理解和认识,从而从这些不正确的政策和思想束缚中彻底摆脱出来。在公共行政实践中,我们既要防止和克服超越阶段的错误做法,又要防止和反对否定社会主义基本制度的错误主张。

中国特色社会主义理论体系成为指导思想。中国特色社会主义理论体系作为马克思主义同当代中国实践和时代特征相结合的产物,是马克思主义在中国发展的新成果。邓小平理论围绕"什么是社会主义、怎样建设社会主义"这个根本问题,第一次系统回答了在中国这样经济文化比较落后的国家如何建设社会主义、如何巩固和发展社会主义的一系列基本问题。"三个代表"重要思想创造性地回答了"建设什么样的党、怎样建设党"的问题,深化了我们党对新的时代条件下推进中国特色社会主义事业和加强党的建设规律性的认识。科学发展观对新形势下"为谁发展、如何发展"这一重大问题作出新的科学回答,把对中国特色社会主义规律的认识提高到一个新水平。通过多年来的学习教育,这一理论体系逐步为广大干部和群众所掌握,成为改革开放和现代化建设的根本指针,成为中华民族振兴和发展的强大精神支柱。这一理论体系也为行政发展和行政改革提供了理论指导。

中央与地方、上级与下级的权力关系日趋合理。党的十一届三中全会以来,中国一直把下放权力、扩大自主权、调动中央和地方两个积极性,当作一项重要的战略任务来抓,如逐级下放干部任免权、赋予地方人大制定、审查、批准地方性法规的权力,赋予少数民族区域自治的权力,赋予经济特区和开放城市更大的自主权和更多的优惠政策,等等。这些都极大地增强了中国社会的活力,使地方各级政府逐步成为各具特色的、相对独立的利益控制主体。

立法体制逐步完善,法律、法规和规章遍及社会经济生活各个领域,无法可依的时代成为历史。截至 2012 年底,全国人大及其常委会在宪法的基础上,制定了 243 件法律,通过了修改、补充有关法律的决定。同时,国务院还制定了 721 个行政法规,各省、市、自治区制定了 9000 多件地方性法规。加上修改、补充的前三十年制定的 23 个法律,使中国法治建设中的立法状况大大改善。可以自豪地说,中国在政治生活、经济生活、社会生活的基本的、主要的方面已经有法可依了,中国特色社会主义法律体系已经基本建成。[1]

政策的连续性、稳定性不断增强。领导和团结全国各族人民,以经济建设为中心,坚持四项基本原则,坚持改革开放,自力更生、艰苦创业,为把我国建设成为富强、民主、文明、和谐的社会主义现代化国家而奋斗。

---

[1] 新中国成立之初仅有一部《中华人民共和国婚姻法》。

这是党的十一届三中全会以来逐步发展形成的党在社会主义初级阶段的基本路线,是指导我们一切工作的指南。三十多年来,无论国际风云如何变幻,我们党和国家坚持党的基本路线的决心始终没有改变,并且明示要坚持一百年不动摇。这些都为制定国家经济、政治、文化、社会和生态建设的大政方针,保持其完整性和一贯性,奠定了坚实基础。农村联产承包责任制的推行与完善,企业经营机制的转变,多种经济成份的并存,各种社会保障体系的建立,等等,无一不体现出坚持党的基本路线基础之上的政策的连续性、稳定性。

民族团结不断巩固,民族关系日益融洽。中国是一个拥有 56 个民族的大家庭,少数民族人口 1.1 亿,居住在占全国面积 50—60% 的土地上,而且绝大部分在边疆地区,不少民族还是跨境的,他们之间的经济和社会发展也很不平衡。但是,由于我们非常重视民族问题,尊重各民族的经济、社会、文化特点,注意保护少数民族的特殊利益,各民族能够和睦相处、保持稳定,为国家经济社会发展创造了安定团结的局面。

社会主义协商民主不断发展。中共十八大报告提出,"社会主义协商民主是我国人民民主的重要形式",这是社会主义协商民主第一次在党代会的报告中正式提出和确立。社会主义协商民主伴随着新中国的建立和成长而不断发展完善,包括国家政权机关协商民主建设,民主党派、人民团体和各族各界人士协商民主建设,基层民主协商等方面。由于其生长的社会主义制度和中国文化传统的影响,社会主义协商民主具有鲜明的中国特色。譬如,"和为贵"以及政治需要协商的政治文化传统,孕育了协商民主求合作、达共识的政治价值诉求和多领域多层面的协商制度机制。社会主义协商民主的不断发展,对于建设中国特色社会主义民主政治、推进社会主义政治文明,以及优化行政环境具有重大而深远的意义。

但是,我们也应当清醒地看到,政治环境中还存在着许多不稳定因素。由于生产力还不够发达,人民日益增长的物质文化需要同落后的社会生产力之间的矛盾难以在短期内解决;由于政府职能转变不到位,政经关系不顺,特殊利益群体有发展壮大之势;由于不平衡的利益需求而导致的地区与地区之间、集团与集团之间、人与人之间的矛盾摩擦有增无减;民主法治还不够健全,有法不依、执法不严、违法不究的现象还大量存在;权钱交易、以权谋私、贪赃枉法的腐败现象屡禁不绝;敌视社会主义制度,危害人民群众生命财产安全的刑事犯罪活动仍很猖獗,治安难度越来越大,等等。这些无疑构成了当前我国政治环境的消极因素。

经济环境

行政的经济环境是指政府体系所处的经济背景,即一个国家经济状况和经济体系之总和。它包括生产力发展水平、经济成分、经济体制等要素。生产力发展水平是一个国家经济水平的根本标志,反映一个社会的总体生产能力和社会占有物质财富的水平。经济成分是构成国家总体经济的各部分之统称,其数量及种类的多少,以及每种成分在国民经济中所占的比重,反映了社会阶级或阶层的构成,直接影响政治体系的社会基础。同时,经济成分的不同,也意味着政府经济职能、经济管理方式存在着差异。① 经济体制是在特定地域内进行决策并执行有关收入和消费决策的机制和制度。其要素成为许多经济学家分析经济特征,区分经济体制类型或模式的主要依据。譬如,纽伯格和达菲认为,任何经济体制都由决策结构、信息结构和动力结构组成,各种经济体制的差别也是由这三个

---

① 谢庆奎等:《中国政府体制分析》,中国广播电视出版社 1995 年版,第 56~57 页。

结构的差别造成的①。斯图尔特认为经济体制是由决策组织、提供信息及调节机制、财产所有权、确定目标及诱导人们行动的机制四个要素构成的②。可见经济体制与政治体制有着密切的关系,国家的综合国力必然要通过一定的经济状况体现出来。从长远或从根本上来看,经济发展是政治发展的前提条件和动力,经济水平的提高是政府能力发展的根源之一。

当代中国的经济环境脱胎于半封建、半殖民地的旧中国。新中国成立六十多年来我们已取得了举世瞩目的成就。建国不久,就在旧中国经济凋敝、民不聊生、"一穷二白"的基础上,建立了比较完整的工业体系和国民经济体系。经济实力逐年增强,人民生活不断改善。特别是党的十一届三中全会以来,通过改革,实行了社会主义公有制为主体、多种所有制经济共同发展的所有制结构,实行了按劳分配为主体、多种分配方式并存的分配制度,确立了社会主义市场经济新体制。科学社会主义的基本原理在当代中国得到了创造性的运用,由此也带来了经济建设上的辉煌成就,形成了令世人关注的"中国现象"。

第一,整体经济实力不断增强。2011年,我国国内生产总值从2002年的12.03万亿元增加到47.3万亿元,扣除价格因素,增长1.5倍,年均增长10.7%,远高于同期世界经济年均3.9%的增速,经济总量从世界第六位上升到第二位;占世界经济的份额由4.4%提高到10%左右,对世界经济增长的贡献率年均超过20%。农业综合生产能力稳步提高,粮食总产量实现"九连增"。钢铁、水泥、汽车等220多种工业品产量居世界第一位。2010年我国制造业产出占世界的比重为19.8%,超过美国成为全

---

① 埃·纽伯格、威·达菲:《比较经济体制》,商务印书馆1984年版,第17~18页。
② 保罗·R.格雷戈里、罗伯特·C.斯图尔特:《比较经济体制学》,上海三联书店1988年版,第8页。

球制造业第一大国。服务业蓬勃发展,其增加值占国内生产总值的比重2011年上升到43.1%。

第二,经济管理体制改革取得突破性进展。中共十一届三中全会以前,中国实行的是集中统一的计划管理模式——政府行政集权型体制。产供销、人财物,统统纳入国家计划,权力主要集中在中央,地方管理权限十分有限,企事业单位基本上没有自主权。在人们心目中政府是"神圣和万能的"。三十多年的经济体制改革,打破了政府万能的神话,确立了市场机制在经济发展中不可或缺的作用,厘清了政府与市场在资源配置上的不同功能和相互关系,使政府日益摆脱微观经济事务的纠缠,逐步走向以宏观调控为主的健康轨道。与此相适应,我们还分别确立了分税制的财政体制,以增值税制为主的税制体制、政策性与商业性相分离的金融体制,进一步加快了国有企业和农村改革,计划、投资、流通、社会保障体制改革,以及住房制度改革的步伐,国民经济市场化、社会化范围不断扩大,以公有制为主体、多种经济成分共同发展的格局基本形成。

第三,城乡人民生活水平不断提高,各项社会事业全面发展。2011年,城镇居民人均可支配收入21810元,比2002年增长1.8倍,扣除价格因素,年均实际增长9.2%;农村居民人均纯收入6977元,比2002年增长1.8倍,扣除价格因素,年均实际增长8.1%。居民财产显著增加,城乡居民储蓄存款余额从2002年8.69万亿元增加到2011年34.36万亿元。2011年,城乡居民家庭恩格尔系数分别为36.3%和40.4%,比2002年分别降低1.4和5.8个百分点。城乡基本养老保险制度全面建立,新型社会救助体系基本形成。全民医保体系初步形成,95%以上的城乡居民得到基本医疗保障。农村贫困人口持续减少,以低收入标准测算,从2002年末的8645万人减少到2010年末的2688万人。与此同时,科技、教育、文化、卫生等各项社会事业也在改革中得到长足发展。创新型国家建设成效显著,载人航天、探月工程、载人深潜、超级计算机、高速铁路等实现重大突破。

尽管中国的经济环境有了较大改善，但同发达国家相比，社会生产力水平仍然很低，经济环境依然严峻。我国已经成为经济大国，但还不是经济强国。在生产能力上，手工生产力、机器生产力与现代生产力三元结合；在生产水平和国民收入上，国民经济各项指标总量大，人均量小，无论是生产力水平还是人民的生活水平，与西方发达国家相比仍有较大差距；在经济结构和生产力布局上，国民经济结构不合理，地域和部门之间发展不平衡，人口结构、产业结构、消费结构、技术结构等内部及相互之间的比例不合理，东部、中部和西部地区经济发展快慢不同，差距不断拉大。[1]发展中不平衡不协调不可持续问题依然突出，如产业结构不合理，科技创新能力不强，经济增长过多依靠投资拉动、消费特别是居民消费不足，内需外需还不协调，城乡区域发展差距仍然较大……这表明，长期以来高投入、高消耗、高污染、低效益的增长方式已不可为继。从世界范围看，不少国家进入中等收入阶段后，出现了经济增长徘徊不前、贫富差距扩大、社会矛盾增多等重大结构性问题，即"中等收入陷阱"。我国人均国内生产总值已达到中等收入国家水平，同样面临这类挑战。[2] 解决好这些矛盾和问题，是中国政府今后一个时期紧迫而又重要的任务。

文化环境

当代中国的文化环境由三种基本要素构成，一是传统文化的传承；二

---

[1] 谢庆奎等：《中国政府体制分析》，中国广播电视出版社 1995 年版，第 61 页。
[2] 李克强：《认真学习深刻领会全面贯彻党的十八大精神 促进经济持续健康发展和社会全面进步》，载《十八大报告辅导读本》，人民出版社 2012 年版，第 16～17 页。

是西方文化的渗入;三是社会主义新文化。

中国传统文化是指在中国历史延续中所形成的社会文化体系。它绵亘数千年,代代相传;它博大精深,历久弥新;它体系庞杂,影响深远。它在政治、经济、文化、军事、教育、史学、哲学、伦理、宗教等理论和思想方面,在安邦治国、品德修养、成就事业等实践方面,都给我们留下了宝贵遗产。如以民为本的人本主义思想;天下为公的社会理念;国家和民族统一的大同理想;"先天下之忧而忧、后天下之乐而乐"的忧国忧民意识;明公私之分、义利之辨的道德情操;究天人之际,通古今之变,注意事物间相互联系和发展变化的思维方式;重修养践履、知行合一、不崇虚玄的唯物主义精神;刚健有为、自强不息、不屈从外来压力的民族精神,等等,都是值得我们自豪的宝贵财富。它在历史上对于中华民族的形成、繁衍、统一、稳定和自立于世界民族之林,起到了不可替代的巨大作用。① 同样,这些思想、理论和精神构成了当代潜在的文化氛围,散发着超越时代、经久不衰的魅力,值得我们在现代化建设过程中去珍惜、发掘和传承。对此,刘云山曾强调:"任何一个国家和民族文化的发展,都是在既有文化传统基础上进行的文化传承、变革与创新。如果离开传统、割断血脉,就会迷失方向、丧失根本。"②

中国的传统文化也存在着许多消极的东西,尽管 20 世纪以来的历次社会运动和革命,动摇并摧毁了以儒家为核心,儒、法、道、释相互补充的文化传统结构,但其惯性所挟带的封建糟粕并未能得到根除,这些自然就构成了中国传统文化的消极因素,如鄙视劳动和劳动人民的意识,宗法等级观念,家长作风,小生产的狭隘性、保守性,安贫乐道、信而好古的习气,

---

① 李道中:《建设有中国特色的社会主义文化》,青岛出版社 1993 年版,第 91~92 页。
② 刘云山:《更加自觉、更加主动地推动社会主义文化大发展大繁荣》,载《人民日报》2007 年 10 月 29 日。

思想上的专制主义和愚民政策,不重视人格平等、个性独立的反民主倾向,以及封建迷信,等等。这些消极因素与现代极左思潮相互渗透,沆瀣一气,形成了长期影响人们思想和社会生活的家长作风、包办主义、专制集权、裙带关系和欺下媚上的思想和作风,极大地制约着社会主义民主政治文化的形成和发展。

西方文化是影响并构成当代中国文化环境的重要因素之一。不同文化之间的交流是社会发展客观规律的必然要求。在古代社会,由于人们活动范围的局限性,文化交流是狭隘的、有限的,民族与民族、国家与国家之间的联系通常是链式的,即一国只与毗邻国交往。鸦片战争,帝国主义的坚船利炮轰开了中国闭关自守的大门,西学东渐打破了自给自足的封闭状态,通过翻译书籍、派遣留学生等方式,西方文化大范围拥入中国。中共十一届三中全会以来,改革开放政策的实行,特别是随着全球化进程的加快和网络技术的普及,西方各种文化借经济交往、文化交流等途道进入国门,通过文学、哲学、艺术等形式涌入城乡,"麦当劳"、"好莱坞"、"星巴克"遍布城市街区,情人节、圣诞节进入百姓生活,等等。这些都迅速地影响和改变着中国的文化生态环境。

西方文化与中国的传统文化具有不相容性,但其科学精神、民主、自由、平等观念,主张主权在民、法治代替人治、人格平等、尊重人的价值和个性的独立、反对封建特权和等级制度等内容,无不体现出时代特征和要求,对社会主义民主政治建设产生了较大冲击。同样,外来文化也挟裹着大量的消极因素,如极端个人主义、拜金主义,虚伪、颓废、迷惘、无所归属的心理,吸毒、卖淫和所谓"性解放"等腐朽没落的生活方式,等等。它们像一只只疯狂的公牛撞开中国田园牧歌的文化世界,给中国文化打上西方烙印。对于外来文化,我们必须坚持"排污不排外"的原则,洋为中用,但要防止过度开放,更不可兼收并蓄。

当代中国文化环境的主流,是中国人民在反对帝国主义列强侵略和反对封建专制主义统治的斗争中建立的,在改革开放的现代化进程中发展的,其思想文化基础是马列主义、毛泽东思想,邓小平理论、"三个代表"重要思想、科学发展观,还有救国救亡的爱国主义思想,反对专制压迫和封建剥削的民主、平等思想,以及改革创新的时代精神等。其中以马克思主义毛泽东思想、中国特色社会主义理论等所构成的政治意识形态和社会主义核心价值体系是中国的主体文化。

马克思主义的文化观是建立在近代工业革命和现代化大生产基础之上的。它坚信人类社会将会跨入一个没有政治压迫、没有经济剥削的自由、平等的共产主义理想王国。实现这一目标,需要无产阶级和劳动大众奋起革命、推翻旧的制度,打破旧的社会秩序,建立以公有制为基础的社会主义经济制度和以共产党为领导的人民民主专政的政治制度,并通过不断斗争、革命和改革,逐步实现社会主义向共产主义的过渡。① 社会主义核心价值体系是兴国之魂,决定着中国特色社会主义的发展方向。当前,要大力弘扬民族精神和时代精神,深入开展爱国主义、集体主义、社会主义教育,丰富人民精神世界,增强人民精神力量。要大力倡导富强、民主、文明、和谐,倡导自由、平等、公正、法治,倡导爱国、敬业、诚信、友善,积极培育和践行社会主义核心价值观,用实现中华民族伟大复兴的"中国梦"凝聚社会力量。

自然环境

自然环境是构成中国国情的重要因素,不了解中国的自然环境,就难

---

① 谢庆奎等:《中国政府体制分析》,中国广播电视出版社 1995 年版,第 70 页。

以了解中国行政环境的全部。

中国幅员辽阔,陆疆广大。海岸线长达1万多公里,陆界长2万多公里,面积1000余万平方公里。人口达13.3亿,是世界上人口最多的国家。全国耕地18亿亩,只占国土总面积约14%,而沙漠、戈壁及沙漠化土地却占国土总面积的15.5%。由于南北跨纬度50多度,全国气象条件差别极大,有的属于温带、亚热带,有的则处于热带。自然资源丰富,已探明储量的矿藏有138种,其中煤、石油、铁、锑、钨、铜、铅、锌、锰、铝土、汞等主要矿产储量居世界前列。但由于人口膨胀,人均资源占有量大大低于世界平均水平。如人均耕地、森林资源、草地面积和淡水资源分别仅为世界平均水平的43%、14%、33%和25%,而且分布很不均衡。煤、石油、铁矿石、铜等重要矿产资源的人均占有量仅分别相当于世界平均水平的67%、6%、50%和25%。不仅人均占有量低,而且能耗居高不下。2009年,我国消耗世界上46%的钢铁、45%的煤炭、48%的水泥和10%的油气,但是只创造了世界8%的GDP。2009年,中国单位GDP能耗是世界平均水平的3—4倍,是日本的6倍,印度的1.6倍。2010年我国GDP为世界总量的9.5%,但能源消费总量已占世界总能耗的19.5%。

伴随着资源开发与利用,环境污染与生态破坏构成了行政运行与发展的现实威胁。水土大量流失,各种掠夺性开采使自然资源濒于枯竭,工业“三废”肆意倾泻,水灾、火灾、地震此起彼伏,雾霾四起,污染持续加剧,地表水等级普遍下降,人类生存的自然环境基础受到空前削弱。处于快速工业化、城市化过程的中国,基本国情是人口多、底子薄,资源相对不足,人均国民生产总值仍处于发展中国家水平,以单纯的能源消耗和以“先污染后治理”追求经济数量增长的传统发展模式,正在严重地威胁着自然资源的可持续利用。因此,寻求一条人口、经济、社会、环境和资源相对协调的、既能满足当代人的需要,又不对后代人的发展构成危害的可持续发展道路,以最低的环境成本确保自然资源的可持续性,打造资源节约型与环境友好型社会,成为中国经济和社会发展过程中所面临的重大抉择。

国际环境

当代中国所处的国际环境从总体上看仍是以和平和发展为主要特征的。所谓和平,是指世界相对和平,局部战争不断,但无世界大战;所谓发展,是指经济发展和社会进步成为世界各国的主流,社会制度的变革,退居次要位置。同时,随着国际间经济交往的密切合作,共赢成为时代潮流。这一时代主题和潮流无疑为中国的发展提供了有利的国际环境。具体表现在:

两大阵营对峙格局瓦解,多极格局初步形成。首先,国际力量对比关系由两个超级大国对峙的格局转变为一超多强,"冷战"时期的集团对抗不复存在,任何国家和集团再也无法单独主宰世界事务。苏联解体后,俄罗斯的国际地位下降、实力削弱;美国虽是唯一超级大国,但其地位随着其他诸国的强大而相对下降;西欧诸国和日本在政治和经济上的地位不断上升,中国成为一支不可忽视的重要力量。其次,美、俄、中、日、欧盟五大力量之间的关系发生了实质性变化。美国与日欧关系已从五六十年代的主从关系转变成平等竞争的伙伴关系,美国支配世界事务的能力大大下降。第三,大国关系成熟化。随着多极格局的形成,大国之间的利害关系相互交错、相互渗透,矛盾与摩擦失控的危险性减弱。

世界政治中心由单一的欧洲中心转向欧亚两大中心并立。20世纪70年代以后,日本和亚洲新兴工业化国家和地区在经济上崛起及亚太经济合作的强劲势头,使亚太地区在世界事务中的地位明显上升,世界各大力量卷入亚太事务的程度逐步加深。如今在欧洲舞台上活跃着的仅是欧、美,而在亚太地区则活跃着美、日、俄、中和东盟五大力量,同时,欧盟国家也渐渐将注意力转入亚太地区。

全球性的两种社会制度对立转为多样性的政治制度并存发展。20世纪50年代,基于不同意识形态的两种社会制度尖锐对立。20世纪60年代,亚非拉等新独立国家逐步形成为一支反对两霸的独立政治力量。苏东剧变后,世界政治一度倾斜,但随着中国等国改革开放成就的取得,社会主义力量逐步站稳脚跟。同时,广大发展中国家特别是东亚各国政治自主意识不断增强,美国等西方国家的强权政治受到了越来越多的抵制。

国际竞争由单纯的军事领域竞争转向由经济、科教、人才为主的综合国力的竞争。两极格局解体后,经济在国家发展中的地位日益突出,经济实力成为衡量各国国际地位的主要因素。因此,各国在决策过程中逐步把经济利益放在首要位置。2008年全球经济出现衰退,美国等西方资本主义国家经济发展出现严重倒退。这一状况,无疑为中国政府开发和利用本国资源、刺激市场需求、吸引外资、引进技术、发展自己的经济提供了有利的国际环境。

当然,中国政府也同时面临着一些不利的国际环境因素,主要表现在两大方面:一是大国霸权主义和强权政治依然嚣张。某些地方的民族矛盾、宗教冲突和领土争端固然威胁着一些地区的安全,但大国霸权主义和强权政治却在不停地威胁着更多地区乃至全世界的安全。美国以世界领袖自居,试图以自己的政治模式和价值观念改造多样化的世界,到处干涉别国内政,"只许州官放火,不许百姓点灯",动辄施加经济和军事压力,许多发展中国家均面临着来自美国的种种压力。二是中国作为社会主义大国,成为美国和西方资本主义国家攻击、颠覆的主要对象。它们迫切希望中国也能像苏联和东欧各国那样出现大的政治动荡。它们通过各种渠道不择手段地对中国施加压力,阻止中国的经济、文化和社会发展进程。如以人权为借口孤立、遏制中国,以各种贸易壁垒阻挠中国贸易发展,等等。这在很大程度上影响着中国同世界更多国家在政治、经济和文化领域的合作与交流。

西方有识之士对美国等西方势力对中国的遏制颇有看法。美国前助理国防部长、哈佛大学教授约瑟夫·奈说,"遏制实在不是与崛起中的中国打交道的恰当政策工具","中国没有追求全球霸权,而中美之间不仅有规模庞大的贸易,两国间往来的学生和游客数量也很可观",因此,"如果美国把中国当作敌人,那就肯定会树立一个未来的敌人;如果把中国当作朋友,那就没有扼杀迎来更和平的未来的可能性"。[①] 有识之士目光远大,但在政客眼里价值几何?

---

① 约瑟夫·奈:《遏制中国不合时宜》,载《参考消息》2013 年 1 月 28 日。

第四章　中国政府经济职能的重塑与再造

　　金融专家路易斯·马尔肯认为:在 20 世纪 80 年代,各国的致命弱点是不了解政府在经济中的职能。美国学者约翰逊在《政府到底应该干什么》一书中亦指出:所有政府都干预经济,且有其各自的原因,但问题在于干预到什么程度,目的何在,这个问题一直是 20 世纪以来政治上的关键。[①] 这些结论,不论是对前市场经济国家,还是对后市场经济的中国,都是切中要害的。本章拟从政府经济职能的历史发展入手,探讨前市场经济国家的经济活动历程带给我们的启示,分析政府职能与市场机制的关系,探寻确立政府经济职能的前提和现实基础,明确政府管理与企业自主经营的边界,研究中国政府经济职能配置等问题。

---

　　① 约翰逊:《政府到底该干什么》,转引自辛向阳:《新政府论》,工人出版社 1994 年版,第 37 页。

一、政府经济职能的历史发展

公共行政伴随着国家的产生而产生,随着国家制度的发展而不断变化。在从传统社会向现代社会和后现代社会转变的历史进程中,政府职能也在不断变化调整。对其我们可以从四个阶段来分析:一是维护共同利益;二是协调社会矛盾;三是赋税预算伴生;四是经济领域的扩张渗透。

维护共同利益

在私有制和阶级产生之前的氏族制度下,氏族和部落的公共事务是由氏族、部落长老会、人民大会等公共组织管理协调的。由于当时生产力水平低、生产关系简单,它们的管理职能也比较单一,主要局限在社会服务和社会管理两大方面。[①] 如为全体氏族和部落成员、家庭提供共同生产和生活所必要的物质资源和精神资源,保持氏族和部落成员及其家庭利益,协调氏族和部落成员在生产生活中可能遇到的矛盾。但是,随着生产力的发展,出现了产品剩余和交换,并随之出现了私有制,这样原有氏族制度中维护共同利益的机制无法适应这种变化了的社会关系,氏族制度也就不得不让位于国家制度。正是从这一角度出发,恩格斯认为:"国家是社会在一定发展阶段上的产物。"[②]国家的产生,拓宽了氏族制度共同利益的范围,改变了氏族制度中维护共同利益的机制和方法,运用公共

---

① 施雪华:《政府权能理论》,浙江人民出版社 1998 年版,第 183 页。
② 施雪华:《政府权能理论》,浙江人民出版社 1998 年版,第 183 页。

权力维护社会成员的共同利益成为社会发展的必然①。

协调社会矛盾

恩格斯曾经指出：国家是"一种表面上凌驾于社会之上的力量，这种力量应当缓和冲突，把冲突保持在'秩序'的范围以内"。② 然而，国家一旦由维护社会共同利益的需要成长为一个独立的政治组织，就会日益同社会相异化，通过获得排他性的经济社会管理权，迫使被统治阶级服从有利于统治者的制度安排。

国家权力的统御者必须运用公共权力维护全体社会成员的共同利益，其中最重要的是经济权利，即维系生产生活的物质基础和条件。如果只是用来维护统治阶级利益，就会引发处于非统治地位者的不满和对抗。如果仅仅依靠暴力强制手段，迫使其服从制度安排则很难保持稳定，更难以持久。

依靠暴力强制手段协调统治阶级与被统治阶级矛盾的根本目的，在于迫使非统治阶级服从，但不是完全剥夺被统治阶级的利益。因此，在履行统治职能的同时，应当充分利用经济职能，通过第一、二、三次调节等手段③，合理分配社会成员利益，实现国家长治久安。

---

① 当然，我们在这里所做出的论述并非忽视国家具有维护统治阶级利益的功能。正如经典作家所言："国家……是建筑在普遍利益和私人利益之间的矛盾上的。"参见《马克思恩格斯全集》第三卷，人民出版社 2002 年版，第 386 页。

② 《马克思恩格斯选集》第四卷，人民出版社 1995 年版，第 170 页。

③ 第一次调节为初始分配调节，主要是依靠市场手段进行的调节，侧重于效率的维护；第二次调节为税收调节，是利益的再分配，一般通过税收、税率设置及征收，建立社会保障体系来实现；第三次调节为社会慈善公益事业，一般通过捐助、救助和互济来实现。

赋税预算伴生

为维护统治阶级利益,保证国家强制力的实施,履行社会公共职能,国家必须建立强大的国家机器,如军队、警察、监狱、法庭和官僚组织等。但其运转要以一定的收入为基础。由于政府本身不生产和提供私人物品,不可能通过交换获得收入来源,必须在社会生产力水平较低、社会剩余劳动产品有限的情况下,凭借国家权力无偿地、强制性地将一部分社会产品和国民收入征归"己有",通过劳役和兵役保证工程的实施和国家机器的正常运行。这是国民收入征收即税收,由此所形成的花钱计划和内部管理制度就是预算制度。可见,伴随着国家的镇压、调解、防御等公共职能,必然产生税收和预算职能。

经济领域扩张渗透

国家所处的暴力强制地位,使其对公共权力具有自然垄断性,并形成扩张之势。社会领域在哪一方面出现矛盾冲突,公共权力就要在哪里告终。纵观国家发展史,所有国家的政府都随着经济社会发展,将其职责和作用扩展到经济领域。如传统国家的财政职能完全是为了满足国家机器运转的需要,而现代国家才将其扩大到更多的领域:一是实现税收杠杆职能,即通过税种和税率的变化调整投资方向和产业结构;二是实现收入再分配职能;三是实现投资职能,加大公共品投资力度,介入高新技术和竞争性行业。① 此

---

① 廖进球:《论市场经济中心政府》,中国财政经济出版社 1998 年版,第 28~29 页。

外,现代国家的政府职能还扩展到产权界定与保护、宏观经济调控、建立社会保障体系、控制外部不经济行为、监控市场秩序、提供信息咨询服务等领域。政府职能向经济领域的扩张与渗透是现代国家经济社会发展的必然要求。

二、前市场经济国家的实践

经济学鼻祖亚当·斯密在《国民财富的性质和原因的研究》(简称《国富论》)中有一段生动描述:"我们每天所需的食品和饮料,不是出自屠户、酿酒家或烙面师的恩惠,而是出于他们自利的打算。"[①]他们追求私利,而且诚心诚意地关心经济活动的效用或利益的极大化。这种利己动机的驱动必然促使他们选择资本和劳动最有利的用途,从而实现资源的最佳配置,引致个人财富最大限度的增长。国家财富是由个人财富组成的,追求私利的行为会带动国家财富的增长。因此,"每个人改善自身境况的一致的、经常的、不断的努力是社会财富、国民财富及私人财富赖以产生的重大原因"。[②] 这实际上就是"看不见的手"的基本内涵。在斯密看来,市场经济是一架功能完善、可以自动调节的机器,即价格机制自动调节商品供求关系,工资机制自动调节劳动供求关系,并能够自行解决经济运行和发展中的各种矛盾,从而达到帕累托最优状态[③]。为此,他提出

---

① 亚当·斯密:《国民财富的性质和原因的研究》(上卷),商务印书馆 1983 年版,第 13 页。
② 亚当·斯密:《国民财富的性质和原因的研究》(上卷),商务印书馆 1983 年版,第 315 页。
③ 帕累托最优(Pareto Optimality)也称为帕累托效率,是博弈论中的重要概念,并在社会科学中广泛应用。它是指资源分配的一种理想状态,即假定固有的一群人和可分配的资源,从一种分配状态到另一种分配状态的变化中,在没有使任何人境况变坏的前提下,也不可能使某些人的处境变好。

政府最好的政策是自由放任,政府职能只是充当维护个人财产和国家安全的"守夜人","政府管的越少越好。"国家干预经济只能使劳动从比较有利的用途转到不利的用途上去,年产品的价值不仅不会顺从立法者的意志而增加,相反还会减少,社会的进步受到阻碍。只有经济自由,才能促使年产品价值增值,加速社会发展。斯密的经济主张在 19 世纪和 20 世纪初得到广泛传播,以这种思想为指导的经济政策也在世界各主要资本主义国家得以推行。

然而,斯密的"天条"并不能长久,很快就为日益加剧的困扰市场的尖锐矛盾所推翻。自 20 世纪 20 年代开始,市场出现了明显增长与衰退交替的周期,但经济并未一下子陷入绝境。每次衰退与萧条出现之后,通过"看不见的手"的作用,经济又重新增长甚至起飞。遗憾的是,增长与衰退交替循环的周期间隔不断缩短,资源浪费现象日趋严重。为此,一些经济学家开始怀疑传统经济理论的前提和出发点,怀疑市场机制的真正价值。直到 1929—1933 年大危机,资本主义国家经济纷纷跌入泥淖不能自拔,凯恩斯革命(Keynesian revolution)大爆发之时,自由放任理论才逐渐偃旗息鼓。

凯恩斯(John Maynard Keynes)出于对资本主义救危扶倾的愿望,出版了著名的《就业、利息和货币的一般理论》一书,提出了改变政治家行为的有效需求(effective demand)理论和加强政府干预和减少失业的就业理论。他认为市场经济具有内在不稳定因素,其自律作用不可能自动实现均衡,保证资源有效配置,实现充分就业。如果政府积极干预经济,主动采取措施刺激需求,那么总需求就能够与总供给保持平衡,实现充分就业。因此,他强调政府必须时时防止祸起萧墙,必要时挺身而出,用行政手段干预经济,实施反经济周期政策,调节经济运行偏差,救民于经济灾难的边缘。受凯恩斯主义的感染,美国总统罗斯福制订并实行了政府调节方案,美国政府因此有了政府干预的基础。其他西方国家也都争相仿效,制定和实施了"充分就业方案"以及其他一系列政府干预经济的法案、政策和措施。凯恩斯政府干预政策,减轻了危机对经济发展的巨大冲击和破坏,避免了20世纪30年代大危机的重演,使西方资本主义经济获得了长达二十年的高速增长。凯恩斯因此被视为"资本主义的救星"和"战后繁荣之父"。"二战"后至20世纪70年代初这段历史被称作"凯恩斯时代"。

不幸的是,自20世纪70年代初开始,西方资本主义国家出现了前所未有的双重社会"瘟疫":一方面商品供过于求,生产增长率下降,失业率上升,经济陷入停滞;另一方面,通货膨胀率上升,货币流通规律使物价居高不下。面对经济上的这种"艾滋病",凯恩斯主义者陷入了"两难选择"的尴尬境地:根治高失业,须增加通货膨胀,紧缩货币又必然提高失业率。真是左右为难,走投无路。在此情况下,以货币学派、合理预期学派、供应学派、费莱堡学派、哈耶克自由主义学派、公共选择学派为核心的新自由主义"市场自发论"者,向"凯恩斯革命"发起了一场声势浩大的"反革命"运动,其中影响最大的是货币学派和供应学派。

货币学派认为,通货膨胀的根本原因是货币供应量太大,是货币供应与国民生产总值的增长不相适应,而货币供应量过多的根源是凯恩斯主义的赤字财政政策。要解决通货膨胀问题,保证经济均衡运行,必须严格控制货币供应量,使其增长与生产增长相适应。因此,货币学派在政策上主张政府减少对经济的干预,实行自由经济政策;根据经济增长率来调整货币增长率,确定货币供应量,为使酒鬼清醒却又不停地让其干杯的做法是荒唐的;政府还应精简政府机构,削减开支,降低税收,以刺激经济发展。货币学派的基调是自由放任,同时辅之以国家干预,而国家干预的主要内容是货币控制,而不是财政政策。

供应学派认为,经济运行的现实状况不是需求小于供给,而是需求大于供给。通货膨胀的原因,是因为政府长期刺激需求,向社会投放过多的货币,而商品供应却相对减少的结果。因此,在政策上主张对凯恩斯主义反其道而行之,由刺激需求转为扩大供给。政府的职能作用是:第一,以减税刺激投资,扩大生产,提供更多的就业机会,"施人钱财,不如给人以工作"。① 第二,减少政府开支,削减以军事支出和福利支出为重点的政府支出,以平衡预算。第三,减少政府对企业的干预,增强经济活力。可以看出,供应学派的理论学说和政策主张,从本质上说是"穿着现代服装的古典经济学",是传统经济自由主义在现代的重演。

在此期间,英国采用货币主义政策,②美国采纳供应学派理论,③试图以此为契机,摆脱"滞胀"困境。然而遗憾的是,力主减少政府干预、实行自由放任政策的新自由主义"市场自发论"并未能彻底挽救处于"滞胀"境地的资本主义市场经济国家,于是逐渐由新奇转为失望和困惑。如今已很难找到哪个国家公开宣称自己属于哪一学派的了。有人喻之,宏观经济学家的境地就像遇难后的船员,幸存者爬在孤岛上为各自的前途沮丧、呐喊。

令人惊奇的是,经过新自由主义自由放任政策冲击后,凯恩斯主义的政府积极干预理论重新得到人们的重视。许多国家纷纷重操旧"器",不断增强政府调控经济、干预经济的能力,使经济在一定时期内得到较快发展,尤其是日本及亚洲一些新兴工业化国家普遍强化政府干预的成功实践,使许多国家和政府形成一个基本共识:增加政府对经济的干预是解决"滞胀"的根本途径,也是世界性趋势。

以上可以看出,从斯密的自由放任论到凯恩斯的国家干预论,从新自

---

① 周开年:《政府与企业:角色如何安排》,湖北人民出版社 1994 年版,第 169 页。

② 货币主义学派代表人物费里德曼以"自由选择"为题在美国广播公司将货币主义理论推向电视后,英国很快进行转播,首相撒切尔夫人及其内阁在此后宣布坚决推行货币主义。

③ 里根总统在竞选和执政期间宣称根据供给经济学行事,并选用供给学派的一些代表人物入主白宫决策机关,故供给主义又称"里根经济学"。

由主义的"市场自发论"再到国家干预的兴起,大致经历了一个循环往复螺旋式演进的过程。对这一过程我们只作了一个简单的描述,即便如此,我们仍可以从中获得以下几点启示:

其一,单纯的自由放任经济不能实现市场经济的均衡,过分强调国家干预又会使经济失去效率和活力。市场经济的运行不能没有国家干预,也不能没有市场调节。问题的关键是如何确立政府与市场的作用程度和范围。而这又恰恰是市场经济国家试图解决而又未能解决的难题。

其二,从总体上看,各个理论学派的长期论争,不是以一方的胜利与另一方的失败为终结,而是相互吸收和相互渗透的过程。斯密的自由放任论否定了原始的政府干预论——重商主义,凯恩斯的政府干预主义又否定了斯密的经济自由主义,当代新自由主义的复兴又是对凯恩斯主义的反叛。这一现象看似水火不容,其实相互融通。政府干预主义者并未否认自由主义者市场机制的作用,如凯恩斯只是要求政府采取宏观经济政策,实现总供求平衡,熨平经济波动;经济自由主义者尽管极力宣传市场机制的妙用,但并不完全排斥政府的干预,只是要求政府成为自由经济的保护者和仆人,而不是运作的直接管理者,争论的焦点是角色的主次及干预的方式、范围和程度问题。

其三,一个时代有一个时代的理论,一个理论反映了一个时代的特征和要求。西方市场经济理论演化的过程体现了资本主义经济关系在不同历史条件下的发展变化,透视出不同发展阶段的矛盾和问题。这本身说明,各种历史结论对现实问题尽管有参考借鉴价值,但不可能完全适合现时代问题的解决,因而决不能把某一理论视为灵丹妙药顶礼膜拜。从这一点来说,国际社会的理论与实践不可能向我们提供一个具体明确而又令人满意的中国政府经济职能模式。

三、政府经济职能与市场机制

政府与市场的关系

对于政府干预,人们习惯地称为"看得见的手",而将市场机制视为"看不见的手"。"两只手"之关系一直是一个多世纪以来众多政治学家、经济学家苦苦探索而又成果甚微的课题。从已有成果来看,人们多是从它的各自缺陷与失灵的角度来揭示它们之间的互补关系。即从市场缺陷角度看政府作用,从政府失灵看市场功效。

作为一种资源配置方式,市场经济较之计划经济有明显优势,但它并不是完美无缺的,而恰恰是由于这种不完美,才提供了政府干预的前提。市场经济的缺陷具体体现在以下六个方面:(1)无法解决经济的宏观平衡问题。(2)规模效益显著的行业易产生垄断行为。(3)单纯的市场调节会导致收入分配中的严重两极分化,并进而影响社会公平和安定。(4)单纯的市场调节易形成"蛛网波动"。① (5)市场下的自由竞争和利润追逐,易产生外部不经济行为,致使竞争主体只关心私人成本和个体效益,损害公共利益。(6)市场无法自动地给社会提供公共品和劳务服务,这是市场普遍存在的短视行为所带来的必然结果。下一节笔者将对以上六点进行详细阐释,故在此不作赘述。

---

① 又称"蛛网理论",即某些商品与产量变动相互影响,引起规律性的循环变动的理论。1930 年由美国的舒尔茨、荷兰的丁伯根和意大利的里奇提出的。由于价格和产量的连续变动在坐标图中犹如蛛网状,故英国卡尔多将其命名为"蛛网理论",所产生的波动称为蛛网波动。

在早期市场经济中,政府的作用是微不足道的,它主要以社会管理者的身份出现,充当"守夜人"的角色,市场主体只是生产者和作为消费者的家庭和个人。这时政府的主要作用是保护本国安全,免受强敌侵入;设立司法机构,保护私人所有权和其他人身权利;建立社会所必需的公共设施等。政府没有调节社会经济活动的职能。其原因是:在早期市场经济中,生产的社会化程度低,各经济主体之间相互联系、相互制约的关系尚未形成,客观上不需要公共权力的渗入;同时,早期市场经济中的市场机制运作灵活、作用明显,缺陷尚未显现;此外,由于社会经济发展水平较低,产业结构和产品结构比较简单,企业的外部性也不明显[1],因此政府的作用只是局限在社会管理领域,政府与市场的关系也很容易厘清。

但是,随着市场经济的发展,生产的社会化、专业化程度不断提高,国民经济规模日趋扩大,生产者与生产者之间以及生产者与消费者之间的关系开始复杂化,对此,市场机制的调节能力日显不足,各种经济和社会矛盾逐渐暴露出来。与此同时,市场拓展空间问题、企业的外部性问题、企业垄断问题、公众对公共品的需求问题,等等,也都开始显现出来,这时,参与经济活动,并要求政府发挥适当作用成为必然。以后在凯恩斯主义理论的影响下,政府的作用范围进一步扩大,干预经济的程度也进一步提高。人们普遍感到,在市场经济中政府与市场的作用同等重要。如果没有政府对市场的干预,现代市场经济是无法有效运转的。

那么,在现代市场经济中,政府应当担当什么角色呢?首先,政府应当是市场秩序的制定者和维护者,通过设立监督主体,规范和监控市场秩序,降低各种交易成本。其次,政府应当是市场运行规则的仲裁者,以权

---

① 卫兴华:《市场功能与政府功能组合论》,经济科学出版社 1999 年版,第 202~209 页。

威性的奖惩手段,保证市场竞争的公平性和有效性。第三,政府应是经济运行过程的调节者,通过微观与宏观调节,保证市场健康运行。第四,政府应是市场经济运行过程中的直接参与者,如直接向社会提供公共品,进行公共采购等,但是政府必须与其他主体一样遵守市场规则,而不能恣意妄为。最后,政府应是经济和社会发展的规划者,即为本国经济和社会发展制定长期规划和发展战略,避免和克服市场可能带来的"短视行为"。[1]

政府与市场的协调互补

对于政府与市场关系的协调互补问题,国内外学者进行了长期不懈的探索。改革开放初期,我国受"计划经济为主,市场调节为辅"理论的影响,习惯上将国民经济分为政府管制的计划经济和市场调节的市场经济两大板块,并视其为此消彼长的对立关系。"有计划的商品经济"理论克服了这一观点的局限性,认为政府的计划调节与市场调节是相互联系、相互渗透的,计划调节需要充分利用市场机制,发挥价格、利率的经济杠杆作用;反过来市场调节领域也需要计划的指导,以保持宏观经济的平衡。该观点提高了市场调节的地位与作用,对于改革的深化和市场化进程的推进起到了积极作用。另一个对实践有较大影响的观点是"二次调节论"。该观点认为,市场机制是第一次调节,政府干预是第二次调节,只有在市场机制失效后,政府才能出面干预。这一观点存在两个缺陷:一是在市场机制失灵后再进行政府干预的优势,难以发挥导向性、全局性作

---

① 卫兴华:《市场功能与政府功能组合论》,经济科学出版社 1999 年版,第 12 页。

用;二是即便市场失灵了,政府的理性和偏好能否进行有效平衡仍然是未知数。再一种观点是自由市场观,主张实行自由的市场经济,反对政府干预,认为政府作用是消极的,只能将其限制在制定竞争规则和保护产权上,经济运作应完全由市场机制来起作用,该理论脱离了中国国情,也不符合西方国家的现实。最后一个观点是政府主导型的市场经济模式,这一观点认为,政府的作用不能仅限于维持社会秩序和保持经济稳定,更重要的是要推动经济的社会发展,实现经济的持续增长,担当起现代化、市场化的发动者和组织者的责任。这一模式在转型国家具有积极而又广泛的影响①。

以上任何一种关于政府与市场关系的观点,都不是刻意和排斥市场机制和政府作用,关键是两者各处于何种地位以及相互关系如何。如果是市场经济体制,市场机制自然要起主要的和基础性的调节作用。市场机制的实质是权力和责任的分散化,风险独立、经济自主,资源配置和利益调节主要通过市场机制完成。政府的作用在于弥补市场不足,为充分发挥市场机制的作用创造适宜的外部条件。政府的干预不是政府进入市场、参与竞争,更不是政府干预代替市场机制,破坏市场机制。市场机制和政府干预应当处在不同层面和不同领域,各展其长,优势互补。政府既不能以投资者或者“企业主”的身份进入盈利性、竞争性的产业领域,也不应当直接规定竞争性市场的价格,政府只能对市场无能为力或较多负效应的领域承担起干预的责任。

---

① 卫兴华:《市场功能与政府功能组合论》,经济科学出版社 1999 年版,第 295~296 页。

四、确立政府经济职能的前提

市场经济是一种由市场自动配置资源的经济制度,它改变的是市场与政府在资源配置上的位置,也就是资源基础配置的主体由过去的政府转为现在的市场,其优点就是在完全竞争前提下能够自动地导向社会范围内资源的合理化和给予每个经济主体以选择的自由。具体来看有这样几个方面:第一,由于决策在结构上是分散的,众多的商品生产者和消费者能够对供求变化作出直接的、灵活的、有效的反应,从而使供求之间实现平衡。第二,市场的动力结构是以个人利益和自由竞争为主,有利于调动人们的主动性和创造性。第三,市场的信息结构是以价格体系为主要特征的,能够使每个参与经济过程者通过价格的变化获取简单、清楚、有效的信息,并能充分有效地加以利用,及时作出决策。第四,市场经济关系是以等价交换、公平竞争、自由开放为主要特征的,有利于打破封闭、保守和狭隘的自然经济生产方式、生活方式和思想观念等。正是由于这些优点的存在,市场经济一直成为最富有活力和生命力的运行机制和资源配置方式,适应了19世纪以来,尤其是"二战"以来资本主义经济发展的需要。事实表明,这是目前任何一种机制都无法代替的一种主导力量。

但是应当清楚地看到,市场经济不是万能的,它毕竟是一种把外部强制减少至最低限度的一种机制,其自发性和消极性是显而易见的。由于过分宽松、放任,商品生产者和消费者,以及其他社会诸要素在各种利益的关隘上便不可避免地陷入种种冲突之中,完全竞争(perfect competition)成为假设,均衡逐渐失去支撑,从而给市场本身带来许多无法顾及的难题,这些难题自然也就成了市场的局限所在。对此,世界各国学者在经济学文献中作过详尽而又符合逻辑的阐述。

无法解决经济的宏观平衡问题。单纯市场调节所能解决的仅仅是微观平衡问题,而对于社会总供求失衡引起的经济衰退和通货膨胀无能为力。这一点在资本主义国家实践中已经得到淋漓展现,在社会主义市场经济条件下,如果没有国家干预,同样会一一重演。企业生产者和经营者为了获取尽可能多的利润,在激烈竞争中站稳脚跟,必然会采取先进设备,改善经营管理,降低生产成本,提高生产效率,这种严密高效的管理无疑使众多企业具有高度自组性。但是在市场条件下,决策结构的分散使企业之间原来意义上的分工合作关系,成为利益竞争关系。作为企业的生产者和经营者,他们并不准确知道社会真正的产需状况,他们只能根据自己的私利和对市场的分析来决定和指定企业生产什么、生产多少以及如何进行生产。因此,整个社会生产不可能实现统一的计划管理,必然处于无政府状态。长此下去,社会总供求关系就会失去平衡,并进而导致经济危机的爆发和通货膨胀的"猖獗"。

规模效益显著的行业会产生垄断行为。市场经济的要求是公正平等的完全竞争,但由于受买卖者比例失调、价格传导机制受阻以及市场信息不完备等因素的制约,这种要求往往成为理想或假设,真实的存在却是垄断。厂商通过对销售商品价格和劳务价格的绝对控制,获取高额利润。这种垄断已由过去市场的自动调节平衡机制变为一定程度的人为操纵,垄断寡头间的默契和妥协代替理想的市场均衡,弱肉强食成为市场竞争中的通行法则,竞争的公平性荡然无存。

单纯市场调节导致收入分配中两极分化。市场机制以优胜劣汰为原则,因而无法保证公平分配,这就像不能保证人的天赋和教育平等一样。在资本主义国家,商品生产者和经营者按资本的大小取得相应利润,劳动者按劳动力的价值得到工资报酬,这实际上已经存在着贫富两极分化现象。在垄断竞争条件下,这种分化将会进一步扩大,并严重损害中小企业和广大劳动者的生产积极性,阻碍乃至破坏市场机制固有的激励作用。与此同时,市场本身无法阻止租金的出现。国家或集体开发基础设施可能会给某些私人带来土地的丰厚收入;通货膨胀或货币紧缩造成的货币混乱,可能会使某些人收入增加,另一些人蒙受损失,等等。这些问题只能由国家通过税收和货币等政策来消除。

单纯市场调节容易造成"蛛网波动"。市场调节是一种事后调节,从价格形成、信号反馈到产品产出有一定的时滞,所以市场调节过程中往往发生"蛛网理论"所描述的波动,这在那些生产周期较长的产业部门,如粮食生产、牲畜养殖中表现得更为明显。粮食生产从谷贱伤农到粮食稀缺,再从价格上扬到普遍种植,最快周期也要一年。粮食系基本生活必需品,生命不可一日无粮。在这种情况下,单靠市场来调节,经济衰退周期就会加快,经济社会稳定性必受影响。

市场下的自由竞争和利润追逐,容易产生外部不经济行为。在市场条件下,有些部门的生产具有较强的外部性,社会成本和私人成本,社会效益和私人效益存在差异。价格机制反映出来的一般是个别成本,而非社会成本,厂商在无止境的利润追求过程中,最关注的是企业内部产品成本,即消耗的原材料、工人工资、水电开销等等,而对于诸如土地肥力的耗竭、大气河流污染、生态平衡等外部效应问题不予关心,甚至百般逃避,推给社会。这显然降低了价格信号的准确程度。因此,西方国家严格遵守生态高于市场原则,把环境保护作为国家的基本国策,并把它置于政府强有力的干预之下。

无法给社会提供公共产品和劳动服务。当代世界的社会化发展,暴露了市场的短视行为。作为市场经济主体的企业关心的是物价、汇率、利率,等等,很少关注公共利益。因此,像高速公路、高速火车、运河、机场等基础设施和公共设施,以及国防、科学技术研究等投资大、利润少和风险大的长期发展项目,不能交给市场去承担或组织。南美一些国家的发展已经为我们提供了良好例证。

以上分析不难看出,市场是有局限性的,并不像有些人说的那么美好,"甚至自由企业制度的忠诚卫士也承认,市场经济不是完美无缺的"。① 可以肯定地说:"没有国家干预的市场导致二元的,甚至四分五裂的社会,它不仅会埋葬市场经济,使市场成为万恶之源,而且还会使自由遭到毁灭。"②正因为如此,现代经济生活中,任何市场经济国家都不得不从典型周期性危机中和一些资本主义国家没落失败的教训中清醒过来,把弥补市场局限与不足作为确立政府经济职能的基本前提。

当代中国是后市场经济国家,除遇到前市场经济国家共同难题外,还不可避免地遇到一些特殊矛盾。(1)西方国家的市场经济体制是在商品生产过程中自发渐进形成的,而中国是在吸收前市场经济国家经验教训的基础上,通过外部的、行政的力量实现体制转换的。在此过程中,既要充分尊重市场经济自身的发展规律,又要发挥政府职能作用。(2)由于历史原因,中国国民经济基础薄弱,市场不完善,发育程度低,法制不健全,经济生活中无序失控现象大量存在,单靠市场机制,困难会比前市场经济国家更突出。(3)由于长期高度集权体制的影响,"一朝权在手,便把令来行"的恶习十分顽固。一些既得利益者粗暴干预经济的"惯性"还难以在短时间内消失,因而难以真正赋予各经济主体以宽松自由的环境。(4)市场经济体制的构建,必定引发社会结构、价值观念和道德规范等一系列变化。人们对政府干预的方式和接受程度也会因国情差异而有所不

---

① 凯斯·费尔:《宏观经济学原理》,经济科学出版社 1989 年版,第 45 页。
② 罗奈·勒努阿:《没有国家的市场?》,载《国外理论动态》1992 年第 41 期。

同。因此,我们在确立中国政府经济职能的范围时,除充分考虑市场失灵这一共性外,还必须深入分析研究中国的特殊矛盾。既要确定市场经济常态下的政府经济职能,还要确定中国特色社会主义国家应具有的特殊职能。

五、政府管理与企业自主经营

如果把市场比作水的话,企业则为水中之鱼。因此,讨论政府的经济职能不能不进一步研究政府与企业的关系,以及政府对企业的经济性管制和社会管理。

不同理论维度的政府与企业关系

政府与企业之间的关系是一个老课题,历来为经济学界各学派所关注,可以说是经济学说中的一根红线。不同时代的经济学家从不同的历史条件和不同历史需要出发有不同的回答。从理论上看,它经历了重商主义、自由主义、凯恩斯主义和新自由主义理论等不同时期。每个时期的主导理论不同,政府与企业的关系也就不一样。从社会实践的角度看,不同的所有制形式,政府与企业的关系也有质的不同。因此,我们的分析讨论也必须是分类的、多角度的。

盛行于16、17世纪的重商主义,为适应君主专制国家和新兴商业资本对外扩张利益的要求,主张通过立法、财政等国家干预手段,引导企业在国际贸易中多卖少买,最大限度地增加本国财富占有量。为实现贸易顺差,晚期重商主义进一步扩大了政府管制企业的范围。在西欧尤其是英法两国,政府对制造业的各个方面都制定了详尽的管理条例;同时实行低工资政策,严禁工贸超"标";禁止技术工匠移居国外和工具设备的出口,以保持本国的出口优势。① 显然,在重商主义盛行时期,政府与企业的关系是十分密切的。

自由主义经济理论认为,企业比政治家、立法者更了解经济变动规律,它们会自动地实现资本在各产业最优配置。因此,一个国家最好的经济政策就是自由放任,政府对企业应奉行不干预政策以便提供尽可能宽松的企业经营环境,让"经济人"自主从事其所选择的经营活动,追求利益的最大化。"让人民自由贸易,有关货物的价格必廉;行使独占,这些货物的价格必贵"。政府的理想角色就是充当企业自由经营的"守夜人",其职责不是直接干预企业,而且给企业的自由经营提供一个宽松而又安全的环境。②

凯恩斯主义以"失业"作为理论出发点,认为失业源于资本主义经济内在机制的有效需求不足,摆脱困境的途径就是放弃传统企业自由经营论,让政府参与经济生活,实行有力的政府干预政策,弥补有效需求不足。其具体内容和方式有:(1)扩大政府投资比例,建立国有企业或国私共有的混合所有制企业,经由政府对部分部门和产业的私有企业进行保护和扶持,通过对这些企业的直接或间接干预,影响或调节整个社会经济活动。(2)通过计划和辅以财政政策、产业政策、金融政策引导和调节企业持续、健康发展。(3)利用财政收支政策、货币政策调节经济结构及企业规模。(4)制定和实施有关促进进出口贸易以及促进政府间政治、经济、文化交往的政

---

① 宋承先:《现代西方经济学》(宏观经济学),复旦大学出版社 1997 年版,第 544~545 页。

② 周开年:《政府与企业:角色如何安排》,湖北人民出版社 1994 年版,第 59 页。

策推进企业贸易发展,同时实行一定的贸易壁垒保持国内产业的发展。

新自由主义大反凯恩斯主义①,主张减少国家干预经济或企业的范围和程度。它们以持久性收入假设反对凯恩斯的"边际消费倾向递减规律",认为扩张性货币政策不会对企业行为和人们的收入水平发生重大影响。它们还以"理性预期假说"、"自然失业率"假设反对凯恩斯主义的理论干预和充分就业理论,认为政府解决就业的能力是有限的。公共选择理论认为在企业问题上市场不是万能的。同样政府也不是万能的,政府是由有经济偏好的官僚组成的,其垄断和寻租行为决定其不可能完全站在公共利益的角度制定和实施政策。因此,政府的职责范围只能限于为企业提供稳定的法律和秩序环境,保证企业间契约的履行,扮演垄断和外部效应的反对者,有限度地充当社会家长等。

新凯恩斯主义是一个主张政府对企业和市场给予更多干预的流派。② 该学派认为基于市场连续出清假设的新古典经济周期模型是不现实的,只有把经济周期模型建立在非市场出清假设之上才有现实意义。③认为凯恩斯主义的国家干预经济主张是正确的,政府政策不仅能改变经济中的名义变量,而且能改变经济中的实际变量,政府不需要愚弄有理性的经济人。在市场中,企业的市场力量是很小的,单个经济人是无力协调

---

① 新自由主义经济思潮是由多个学派组成的。包括以米尔顿·弗里德曼的代表的货币学派,以马丁·费尔德斯曼坦、阿瑟·拉费、保罗·K.罗伯茨为代表的供给学派,以罗伯特·卢卡斯、罗伯特·巴罗等人为代表的理性预срок学派,以及以詹姆斯·布坎南为代表的公共选择学派等。这些流派尽管有各的理论体系和政策主张,但在反对凯恩斯主义、倡导市场作用方面是共同的。

② 新凯恩斯主义学派的主要成员有:格雷戈·曼丘、拉里·萨默斯、奥利维尔·布兰查德、马克·格特勒以及约瑟夫·斯蒂格利茨。该学派对政府干预经济学说的重新表述受到各国政府、经济界和学界重视。

③ 市场出清是指商品价格能使需求等于供给,人们可以在此价格水平上卖掉或买到相应商品,这种状态就称为市场出清,或者叫市场供求均衡。非市场出清则意味着存在短缺或过剩,现行价格下人们买不到或者卖不出。前者如进口婴儿奶粉,后者如多晶硅材料。非市场出清假设是新凯恩斯主义强调政府干预的重要前提。

整个经济行为的。政府的有效干预能够改变协调失灵状况,能够促使资源最优均衡运动,从而实现社会企业间资源的优化配置。

可以看出,不同理论流派对政府干预范围与程度的表述是不同的,由此而产生的政企关系也是疏密不等、形式不一。但政府通过市场对企业所进行的直接或间接干预则为所有流派所认可。

经济性管制和管理

不论是西方还是中国,企业都存在两种形式:一类是私有企业;另一类是国有企业。在西方国家前者为企业队伍中的主导力量。它们为私人所有或由私人操作经营。尽管它们与政府之间不是行政隶属关系,但是仍然要接受政府对其进行的管制。后者,即国有企业,在西方占比较小,在我国则很大。① 政府对它们的管制与管理与私有企业是不同的。由于两者经营自主权不同,政府对私有企业的规制较宽松,而对国有企业的管理则比较严格、直接。

对私营企业的管制与管理

一般来说,私营企业是市场经济中的典型实体。拥有比较真实的自主经营权,政府干预和管制相对较少。但正如经济学家们所说的,企业自主经营权有一定限度,政府政策和法规总是不可避免地或多或少地制约

---

① 我国对国有企业的战略性重组、最大限度地退出竞争行业等政策,使国有企业比重呈下降趋势。但也有观点认为,现在是"国进民退",国有化程度有进一步上升趋势。

着企业的生产和经营活动。(1)政府通过立法控制企业行为,如制定鼓励竞争的反垄断法,制定规定劳动时间、劳动条件和最低工资水平的劳动法,实施环境保护法、产品质量法等,规范企业行为,并通过监督机关保证法律、法规的实施,对于违法行为,严厉打击。(2)强化政府对私营企业宏观指导。一般存在两种类型:一是以德国和日本为代表的指导性经济计划;二是以美国为代表的宏观经济调节。在实行经济计划时,国家、政府把国民经济发展重点、产业结构调整方向等问题列入计划之中,通过中长期发展规划预测国民经济发展态势,引导私营企业的经济活动。但这些计划只是指导性的,对私营企业没有强制性,但由于辅以相应税收、信贷等经济参数引导,对私营企业还是有很大影响力的。① 在实现宏观经济调节的国家,一般是通过经济立法、年度经济报告、国情咨文、倡导实施项目计划等措施确立国民经济发展方向和重点,然后用税收、信贷等优惠政策引导私营企业的投资和经营。(3)对私营企业实行扶持政策。如通过政府贷款、贸易保护、政策采购和订货、公共投资,为私营企业的运行和发展提供资金来源,扩大销售市场,建立基础设施等服务网络体系,有时还用税收优惠政策直接资助一些企业的发展。(4)充当私营企业之间矛盾的协调员。私营企业经营中的无政府状态必然会产生各种各样的矛盾,因此,政府经常通过专门机构协调计划,协调劳动冲突、企业间的技术标准和劳动时间。(5)向私营企业提供服务。如向企业提供经济税收和预测,供企业决策时参考。有的国家还建立监听员制度,建立消费者交谈室,广泛地收集消费者的意见和市场信息,向企业发出指导性意见。有的

---

① 日本对私营企业实行的"行政引导"和"窗口引导"制度也很有特点。"行政引导"制度,是政府有关部门深入到企业内部,利用政府所赋予的权力,如颁发经营许可证、减税等,影响和改变企业经营行为,引导企业研究或选择某种经营内容和方式,使之纳入政府意图。"窗口引导"则是根据政府经济计划意图,告诉银行在放贷时应注意流向和轻重取向,引导私营企业投资。

国家还把私营企业无力或不愿承担的风险大、收益少的基础设施作为服务内容,加大政府投资力度;同时组织科研攻关,进行教育和职业培训,为私营企业的经营活动提供物质、人力和科技等方面的便利条件。最后,根据法律向企业提供服务。通过上述活动,政府既充当私营企业活动的规范者、监督者,又扮演扶植者和服务者的角色。[1]

对国有企业的管制与管理

与私营企业相比,政府与国有企业的关系更紧密,管制也更直接、更严厉。在西方国家,政府对国有企业实行立法控制,政府法案对于国有企业的诸多方面都有明确规定,体现出对国有企业管理的法定性。在具体管理过程中,政府一般通过人事控制、财务控制、价格控制等手段来保持对企业的管制关系。另外企业必须定期向议会或政府主管当局汇报企业经营和财务状况,议会和主管当局对国有企业的各项决策和财务开支拥有否决权,可以派监督员检查、监督企业生产、经营和管理等运作情况,但是,这并不意味着政府可以任意干预企业的微观经营管理。政府除下达某些指标和附加特殊约束条件外,不得侵犯企业所享有的自主权。企业可以自行制定生产计划和销售政策,有权签定私人合同,雇佣或解聘工人,任免中下层主管人员,在就业人数、编制结构、人员培训、晋级和职工奖金等方面,享有自决权。[2] 但是,由于国有企业目标多样化,[3]经营决策

---

① 周开年:《政府与企业:角色如何安排》,湖北人民出版社 1994 年版,第 195~199 页。
② 周开年:《政府与企业:角色如何安排》,湖北人民出版社 1994 年版,第 201 页。
③ 与私有企业不同的是,国有企业往往不是把利润的最大化作为经营目标,而是代表政府意志,追求社会目标,如充分就业、公平公正、提供服务等。有时不得不在政府的压力下雇佣失业人员,不得不以低于成本的价格向公众提供商品和公共服务。

相对集中,以及管理体制官僚化和经营的垄断性,致使大多数国有企业效益低下,亏损严重,并成为政府的财政包袱。为了改变这一局面,西方国家纷纷改革现有体制,进一步理顺政府与国有企业的关系,改变政府对企业统的过多、过死局面,缩小政府管理范围,最大限度地扩大企业经营自主权,使国有企业与私有企业在经营规则上趋向一致。同时,许多国家还都掀起了国有企业私有化浪潮。它们以发行股票的方式全部或部分地出售国有企业资产,让私人持股,使企业与政府的财政支出脱钩,政府不再拥有直接管理企业的权力。当然,这种私有化进程,改变的只是一部分企业的性质,许多国计民生的自然性垄断行业仍然在所有制上归国家所有,需要改变的只是政府与企业的关系形式。

在我国,政府对国有企业的管制更具有特殊性。在长期高度集权的计划经济时期,政府以高度集中的行政命令管理经济,经严格的税收统支控制国有企业的经营活动。国家计划部门按照有关生产资料的市场供求情况、生产技术和生产能力制定详尽的生产计划,然后把生产计划和指标层层落实到各级基层政府及其部门,国家物资部门再按照供给情况制定生产资料分配计划,并逐级将物资指标分配下去。与此同时还要制定资金分配计划,投资项目平衡计划,等等。可以说,从中央政府到地方政府及部门与企业之间完全是一种指令与服从、管制与依附的关系,国有企业在人财物产供销等各个方面都没有自主权,基本上是政府的附属物。

改革开放以来,特别是实行市场经济体制后,政府为有效提高企业的经济和社会效益,使企业成为充满生机和活力的微观经济实体,先后对企业进行了基金制度、利润分成制度、利改税制度、承包制、税制分流以及股份化改造等一系列改革,促使政企关系分开,即把属于企业的权力交还给企业,政府不再干预企业的日常经营活动,并将其以制度和法律形式固定下来,政企关系由此开始朝着健康的方向发展。

我国政府与企业新型关系

多年来,企业对政府的依赖关系有所改变,但深层次问题仍未能从根本解决。政府与企业功能错位、目标混乱状况仍然在一定程度上存在。我国经济体制改革的目标是建立健全社会主义市场经济体制,同时建立"产权清晰,责权明确,政企分开,管理科学"的现代企业制度,使企业真正成为"自主经营,自负盈亏,自我发展、自我约束"的独立经济实体。因此,构筑与市场经济体制相适应的政府与企业新型关系具有重要意义。

改变管理方式。构筑新型的政企关系,必须按照社会主义市场经济体制的要求转变政府职能,推进行政体制改革。(1)转变政府经济部门职能。通过综合经济部门的设立和职能履行,减少对企业的具体审批事务,制订本地区国民经济和社会发展的中长期发展规划,把搞好总量平衡和结构调整作为政府的基本经济职能。对综合部门尽可能地以法律形式界定和规范权利义务关系,政府不能超越法律范围干预企业的正常生产经营活动,企业也不得违法违规经营。政府对企业做好四件事:管理产权代表,加强立法和监督,制定公共政策,建立社会保障体系。(2)对国有企业进行分类指导。垄断性国有企业可以以国有独资或政府控股的形式加以管理和控制,政府推荐任命企业领导人,决定企业的利润分配和亏损处置,对政策性亏损进行补贴。这类国有企业不可能实行严格意义的政企分开。对于竞争性的国有企业一般采用股份制形式,使其与私营企业的法律一致。享有充分真实的法人财产权,能够按照市场规律运作。

政府的作用则主要体现在立法监督、政策引导和选择产权代表方面。（3）取消企业行政级别，改革企业领导人管理办法。企业参用行政级别，照搬行政机关模式，必然导致企业管理的官僚化弊端，因此，大多数国家的国有企业一般都没有行政级别的划分，而且董事长和总经理及其下属也不得来自政府机构。政府部长和议员亦不得参加董事会，政府官员一旦被任命为企业的董事长便不再担任政府职务，这一原则一般称为企业直接经营者的非政府官员化。这些做法值得借鉴。

完善所有制结构，实现企业产权多元化。实践证明，建立新型政企关系必须改变单一的公有制结构，积极调整国有经济布局，深化产权制度改革。对国有企业实行战略性重组，不断强化公共经济领域，将国有资本尽可能地转移到关系国计民生的重要行业或领域，择机退出一般竞争性行业，通过市场盘活国有资本，向优势行业集中。大力发展非公有制经济，为其发展提供适宜的外部环境。加快国有大中型企业产权制度改革步伐，可将少数垄断性、公益性行业企业和生产特殊产品企业改造为国有独资公司，其他大多数国有大中型企业可采取法人或自然人投资参股、债权转股权、产权转让、嫁接外资、技术入股、内部职工持股等形式，组建产权主体多元化的有限责任公司或股份有限公司。原则上政府不再组建由政府独资的国有企业，新建企业都要产权多元化。

建立政企分开的投融资体制。改变企业投融资体制，扩大企业投融资自主权是改善政企关系的关键所在。按照谁投资、谁决策、谁担风险原则，实现投融资的社会化、市场化，形成多元化、多所有制的投资格局。其具体建议是：（1）除少数以社会效益为主的大型公益性项目外，政府不必成为投融资主体。（2）对产业政策鼓励的竞争性项目，除按国家法律规定审批外，政府不再审批可行性报告。（3）加速国有银行的企业化进程，建立适应现代企业制度需要的多元化资本市场、证券市场和产权交易市场等,以满足国有企业转换产权、资产重组和盘活资本的需要。①

六、中国政府经济职能的配置

前面我们对市场局限和现实环境所作的描述,旨在为政府经济职能的确立提供充分理由。从总体上来看,市场机制在解决涉及全局性、公益性的社会经济事务方面是无能为力的。因此,世界各国政府经济职能都是围绕市场管不到、管不了、管不好的基本格局确立的。就我国情况来看,政府经济职能和宏观调控范围,主要集中在统筹规划,掌握政策,信息引导,组织协调,提供服务和检查监督等方面。②

1.保持社会总需求与总供给的动态平衡,确保经济稳定协调发展。在市场经济条件下,社会再生产的核心问题是市场实现,即通过市场机制的作用,实现各地区、各部门、各企业和居民个人之间的实物替换和价值补偿。社会再生产的顺利实现,需要综合平衡,其基本内容就是保持社会总需求与总供给的动态平衡。按照凯恩斯国家干预理论,有效需求不足是市场经济的常态,单靠市场调节是解决不了的,需要政府通过财政政策和货币政策等手段来调节市场供求关系。具体做法是:当总需求大于总供给时,生产高涨、市场繁荣,有经济过热之虞时,政府一般必须采取抑制总需求政策,即紧缩银根,减少财政支出,提高利率等手段来增加社会有效需求;当市场有效需求不足,失业增加时,应提高政府转移支付水平,反之应减少社会福利费用,降低转移支付水平。这种总需求的调节,对于国

---

① 张志坚、唐铁汉:《中国:地方政府机构改革研究》,国家行政学院出版社 1999 年版,第 136~143 页。

② 《中国共产党第十四次全国代表大会文件汇编》,人民出版社 1992 年版,第 26 页。

民经济保持良好态势,实现社会再生产至关重要。

2.制定中长期经济发展计划,实现国家和地方经济发展目标。计划是政府对未来经济发展的倾向和安排,对引导企业生产,保证市场运行具有一定的作用。微观经济决策主体企业是自主经营、自负盈亏的真正独立的商品生产者,因而有其完全独立的利益目标,这些众多的利益目标,必定因其主体上的差异而各不相同,并由此与社会整体利益和长期目标难以吻合,这必然需要政府制定中长期经济发展战略和规划来加以协调。这一职能是各发达国家普遍行使的。如法国、日本、瑞典、韩国都是运用计划管理经济的国家,其中最典型的又数法国和日本的计划。法国深受法约尔计划思想的影响,自1946年起每5年制定一个经济计划;日本除制定一年经济计划外,还制定了"七十年代后期经济计划"等各具职能的计划形式。这些计划一般不具有强制性,因而也不需要借助委员会去实现,只是确定生产规模,调整生产方向,力求国民经济运行受计划的引导和影响。但是这些计划是在综合国民经济整体情况的基础上形成的,反映了政府对未来经济发展的倾向和安排,因而对引导企业生产,保证市场运行具有一定的作用。我国实行的是社会主义市场经济,彻底排斥和取消计划的企图和做法都是十分错误的。

3.制定各种法规和规章,并就执行情况进行监督检查。市场经济从某种意义上说是法制经济,没有法律规范保护和约束的经济必定是混乱的经济,这既是市场经济运行机制的需要,也是商品生产者和消费者排除自身限制和否定的需要。政府履行这一职能,一方面要尽力使管理者有法可依,有章可循,行为规范,减少主观随意性,实现行政管理的统一性和稳定性。另一方面要通过对企业的合法生产和经营情况、税收负担情况以及产品标准、技术标准、技师标准、环境标准等方面的执行情况进行检查,保证企业生产的合理性和合法性。制定法规与实行有效监督检查是一个问题的两个方面,必须全面体现,不能顾此失彼,当前,我们应当积极吸收和借鉴西方发达国家立法经验,尽快制定和完善有利于市场运行的各种法律规范,加速依法管理市场和企业的进程;坚决落实法律所赋予企业的各种自主权,为企业进入市场,提供一种宽松的社会环境。可以说,用整个法律体系保证市场经济的正常运行和市场作用的发挥,是政府的一项基本职能。

4.制定产业政策和重大投资项目政策,优化生产力布局和产业结构。市场本身制定不出产业政策,尽管市场可以推进技术进步,使高新技术产业化,使产业升级换代,实现产业的调整和优化,但都必须在科学的产业政策指引下进行。政府在通过制定和实施产业政策,实现资源的合理有效配置,促进主导产业的快速发展,并引导企业调整产业结构,促进产业结构的合理化,提高经济效益。投资决策权应当放给企业,但重大的投资项目和生产力布局,政府必须控制。如钢铁、石油、煤炭、汽车、化工、电力、飞机等产业的上马,都必须在政府产业政策指导下进行,否则重复投资、重复建设等浪费现象难以避免。

5.实施有效的税收政策,调节行业之间、企业之间、个人之间的收入差距。公平的收入分配,是社会主义的重要社会目标。然而,市场不可能自动实现这一目标,必须依靠政府力量来保证收入分配的相对公平。实现这一目标的途径很多,但最有效的是税收政策。因为税收是政府最易操纵的经济参数,因而也是世界各国共同具有的一项重要职能。为避免贫富悬殊过大,导致两极分化,西方国家一般通过两个途径实施:一是制定累积进税法和高额遗产税法来限制收入者的收入数额;二是采取对低收入阶层的特殊福利措施来提高其收入水平。如美国政府雇员的工资收入必须按照1—18级的等级,按10%—30%的比例累积进税;在日本,幼儿入托的费用要视父母收入高低交纳,等等,都是政府为缩小贫富差距,保证相对公平所采取的必要的税收和收入政策。中国政府理应在这方面做得更好。

6.建立和健全全国统一市场,搞好各种协调工作。政府对于促进市场发育和建立市场竞争秩序负有主要责任,对于初建市场经济体制的国家更为重要。其内容主要是打破地区、部门分割和封锁,建立和完善全国统一市场;协助建立并协调生产和生活资料市场、劳务市场、金融市场、技术市场、信息市场和企业产权转让市场等,促进市场体系的发育和完善,从整体上为企业创造一个公正、自由、平等的竞争和生存环境。

7.直接控制必须由国家经营的某些行业和企业,保证国民经济的有效运转。凡涉及国家安全、国防尖端技术、具有战略意义的稀有金属开采等行业,以及必须由国家专卖的企业和行业,政府应责无旁贷地承担起管理的职责,不能一味地推向市场。同时,对于政府重点发展的能源、交通、邮电和通讯等垄断性较强的行业,政府亦必须重点予以扶持、帮助和管理,这样既可以避免垄断和不公平竞争,又可以避免暂时的瓶颈障碍。

8.提供信息引导,推进市场完善和发展。在市场条件下,经济信息传递和市场反应常常带有时滞性和不确定性,政府通常采用改变市场信息结构,促进信息畅通的办法来减轻市场波动幅度。同时,通过信息发布来引导企业生产,使之更加接近社会需求,朝着符合国民经济发展的方向运行,实现这一目标并不容易,政府应在整个管理系统建设起功能齐全、高度灵敏、富有效率的信息网络系统,包括建立专门的信息机构,使政府系统内部上下左右形成纵横交错的信息网络;建立专门为企业服务的信息库、资料库、数据库等,广泛收集、贮存信息;加强信息预测、收集、研究和传递工作,通过正式、非正式途径发表经济趋势的预测,并搜集消费者对商品的意见和要求,向企业提出改进意见。

9.建立和完善社会保障体系。发展和完善与企业相关的公共设施、公益事业,为企业和社会提供服务,这是市场体制下政府最广泛、最丰富的一项职能。具体来看有以下几个方面的内容:建立和完善社会保障体系,主要包括养老保险制度等;发展和完善与企业相关的公共设施和公益事业,为企业发展创造良好的外部环境;提供科技成果服务,即通过各类科研机构,研究企业急需的各种技术,尤其是高新技术,并及时地加以提供;建立和健全会计师事务所、审计事务所、职业介绍所、律师事务所、资产评估机构等社会组织,为企业提供公正、客观的服务;搞好培训服务,主要是通过完善就业服务体系,培训就业人员,帮助其再就业,同时也帮助企业培养各个层次的管理人才和技术人才。

以上是政府为讲求公平,稳定社会经济秩序,对市场的局限和不足所进行的弥补,就我国来说能否达到这一目标,需要政府逐步实现由微观到宏观,由管理到服务,由直接管理为主到间接管理为主,由行政手段为主到以经济、法律手段为主的转变,这样才有可能从根本上建立起政府宏观调控下的市场功能与政府职能相得益彰的市场经济体制。

七、正确对待西方流行理论

中国政府经济职能范围与程度的确定,不能脱离中国国情,盲目照搬别国做法有百害而无一利。世界银行副行长劳伦斯·萨默斯在中国访问期间曾经指出,世界经济的总趋势在 20 世纪 70、80 年代是强调减少政府干预,但 90 年代则流行强化政府干预。这一结论,是对西方资本主义国家政府经济职能演变过程的准确概括。因为,大多数国家在 20 世纪 80

年代新自由主义影响下,沿着减少政府干预的道路走了很长一段时间。进入 20 世纪 90 年代,市场带给他们的困惑甚至灾难,使他们再次认识到市场的局限和不足。特别是 2008 年世界金融危机的大爆发,使许多国家政府意识到金融监管缺位给经济带来的深重灾难。因此,寻求增加政府干预的经济发展道路成为世界性趋势。这一趋势变化为中国政府经济职能范围和程度的界定无疑起到重要的借鉴作用。但是,如果我们以此机械地塑定中国政府的经济职能模式可能是不切实际的。在此之前,中国面对的不是西方国家过于自由放任而导致的经济滞涨的失败和痛苦,而是固若金汤的计划经济体制下的宏观与微观交汇、政企政事不分、管得过宽过细的长期束缚。对于中国来说,减少政府不必要的干预,下放审批权,减少审批事项,理清各种关系,重塑政府职能仍是中国政府一项长期而又艰巨的任务。如果以世界流行理论来规范和限定中国政府的经济职能,只能为那些把持行政权力拒不松动的既得利益集团继续干预经济提供借口。

中国政府经济职能范围和程度的界定,必须立足于国情,综合权衡国内经济基础状况、社会文化传统、伦理道德规范、法制完备程度等因素。一方面行政过度干预的余威尚未消失,许多应有"看不见的手"来调节的领域,仍然由政府所把持,政企政事不分的现象尚未根本改变。另一方面,该由政府承担的协调职能、服务职能、监督职能要么无力承担,要么不去承担,目前仍然存在许多空白,假冒伪劣、坑蒙拐骗等一系列违反竞争道德的非市场行为肆意猖獗,这些均严重地制约着市场机制作用的发挥。可见,当前中国政府所面临的课题是双重的,即有放有收。一方面要限制、减少乃至取消某些权力;一方面要增加、强化某些权力,中国政府经济职能确定与选择的涵义和难度也恰在于此。有些经济学家认为,目前政府要做的事情,可归结为一个字——"放"。只要政府放手不管,市场的自发力量就会自然而然地发挥作用,这是有失偏颇的。①

我们所强调的政府干预一般是以成功政府作为分析前提的,但是世界各国的经济运行实际上都是在有缺陷的市场和有缺陷的政府两种不完善状态的结合中进行的。政府干预固然可以弥补市场之不足,但并不具有必然性。按照公共选择理论、政府管制俘虏理论、②生命周期理论(life-cycle theory)③和"合谋理论"(conspiracy theory)④的观点,政府及其工作人员在行使职权过程中所暴露的"经济人"特点和"私欲"偏好选择,"看得见的手"往往演变成"看不见的脚",踩住"看不见的手"。⑤ "看得见的手"向"看不见的脚"的转化过程,就是政府失败(government failure)的过程。如果政府以失败面目出现,政府则需在职能范围上缩减到最小限度。权力一旦与经济相碰撞,就会给整个社会带来灾难,市场就会败上加败、雪上加霜。这是目前世界各发达国家重新审视传统官僚体制下政府职能范围和方式的重要理论和实践依据,也是我们在选择和确立中国政府职能过程中不得不涉及的另一个深层次问题。

---

① 吴敬琏:《政府应担当什么样的角色》,载刘智峰主编:《第七次革命——1998年中国政府机构改革备忘录》,经济日报出版社1998年版,第213页。

② 诺贝尔经济学获奖者乔治·施蒂格勒(George Stigler)是该理论的最大贡献者,该理论认为政府管制是为满足产业对管制的需要而产生的(即立法者被产业所俘虏),而管制者最终会被产业所控制(即执法者被产业所俘虏)。

③ 这是政府俘虏理论的一种演变。该理论认为管理机构起初能独立运用管理权力,但会逐渐被企业所俘虏。

④ 该理论认为初始的管制政府就受被管制者与其他利益集团的影响,即假定政府管制者一开始就被俘虏。

⑤ 经济学家佩尔特兹曼认为,在无政府管制的情况下,垄断利润由垄断企业占有;在受管制的情况下,政府管制者被授予法律上的"垄断权",决定如何处置这些垄断利润。这样被管制者就会尽最大努力去影响政府管制者,将其变成金钱诱惑下的"俘虏",成为垄断利润的受益者,反过来,再为企业创造垄断利润服务。只要政府管制者所分享的利润不超过垄断利润,企业的这种"寻租投资"就不会停止。详见王俊豪:《英国政府管制体制改革研究》,上海三联书店1998年版,第42页。

第五章 市县分治:省直接管理县市的构想

　　新中国成立以来,国家对县(市)实施管理主要通过两大主体:一是省级派出机关地区行署;二是地市合并后的地级市。经过 20 世纪 80 年代以来的改革,前种模式仅存于少数欠发达的内陆省份,后种为普遍实施模式,运行于各省区市。这两个层级的设立与划分,对于减少省级管理幅度,加强对地方的统摄管理起到了重要作用。但是,随着市场经济体制的确立,政府权力格局和职能范围发生重大变化,原有层级设置和区划范围已无法适应政治、经济和文化事业的发展需要。多年来,人们对地级改革之目标进行了深入研究,提出许多建设性意见,其中,修改宪法,全部实行市管县领导体制的建议,影响最大。笔者认为,这一主张作为改革的目标选择,无法解决中间层级存在的问题,最好办法是实行市县分治,调整部分省市区划,实现省直接管理县(市)的新体制[1]。

---

[1]　参见孙学玉:《撤销地区、市县分治:行政区划调整新构想》,载《江海学刊》1998 年第 1 期。

一、地级行政建制的历史回顾

论及市县分治必须从地级建制说起。地级建制主要表现形式是行署地区,原称专区,是不在宪法规定行政区划序列之内的一个特殊层次。其直接历史可追溯到 1927 年至 1949 年南京政府统治时期,当时地方法定行政建制为省、县二级。但在所谓"军政"时期,一些响应国民革命的省份废除"道"制后,在省、县设置临时行政机构,如广东省分区各设行政委员,豫陕甘等省分区设置行政长,广西省在边远道区暂设行政督察委员,等等。1928 年秋在进入所谓"训政"时期之前,南京政府明令撤销省、县之间的一切行政组织,由省直辖各县市。但是,当两次"围剿"失败之后,蒋介石感到现行地方行政制度不利于"围剿"行动的开展,于是在"陆海空军总司令南昌行营"设立党政委员会,自兼委员长,并划江西全省为五区域,各设党政委员会分会,"统辖境内各县行政、党务及团队,复以分会委员长兼任驻在地之县长,集党政军权于一处,使负督促区内各县之责,以利剿匪"。[1] 由于试行有效,后将此制移植并推而广之,"或径名之为行政督察专员"[2]。1935 年,南京政府颁布《行政督察员公署组织暂行条例》,行政督察区数量由此大增,至 1947 年达 209 个。

在中国共产党领导的苏区,地方行政建制不尽统一。1931 年 11 月成立中华苏维埃共和国,颁布《划分行政区域暂行条例》,将地方苏维埃

---

① 商伟凡:《我国地区建制的回顾与展望》,载张文范主编:《中国行政区划研究》,中国社会出版社 1991 年版,第 289~293 页。

② 商伟凡:《我国地区建制的回顾与展望》,载张文范主编:《中国行政区划研究》,中国社会出版社 1991 年版,第 289~293 页。

划分为省、县、区、乡四级,与国民党统治区的行政系统对立并存。1937年7月,为了抗日战争需要,中共中央决定将工农政府改名为中华民国特区政府,直接受南京中央政府之指导;同时将陕甘宁边区和陆续开辟的18个敌后抗日根据地的行政建制划分为区、县、乡(村)三级,另设行政专署、专员公署和区公所,分别作为边区政府、县政府的代表机关或派出机关,其中包括90个行政督察区。① 这种格局基本上沿续至第三次国内革命战争时期的解放区。

中华人民共和国成立后,中央人民政府政务院于1950年颁布《省人民政府组织通则》和《县人民政府组织通则》,明确并统一了专区的性质和职能:行政公署(专员公署)是省、自治区人民政府的派出机关,代表省、自治区人民政府和监督县、市政府工作。这时专区数量由1949年的156个增至199个。1952年随着社会事业的基本稳定,专区数量逐步下降,至1958年仅存121个。1960年前后为配合中央关于国民经济"调整、巩固、充实、提高"八字方针的贯彻执行,专区数量恢复至168个。1970年专区改称地区,专员公署改为地区革命委员会(一级政府设置)。1978年宪法又将地区革命委员会改为地区公署。1983年以来,为了更好地发挥中心城市的作用,中央决定试行市领导县体制,一部分地区开始撤销地区公署,使"市"建制的数量、规模和职能足以与"地区"建制"势均力敌"。② 而在

---

① 苏区的行政督察区与国民党统治区的行政督察区在组织、职能和领导关系上是不同的:其一,专区的设置不是照搬南京政府条例,而是各大战略区域自行立法,而且专员既不兼任本区保安司令,也不兼任驻地县长。其二,专区的上级行政不是法定的"省",而是临时设置的"边区"或"行署区"。行政公署是边区政府的代表机关,下辖的专员公署划分为区政府的派出机关。其三,20世纪40年代初期,为适应当时的特殊环境,各抗日根据地多在"精兵简政"活动中扩大了专员公署职权,有的把专员公署对各县的督察权改为领导权,有的授权专员公署可以任免所属县长等。

② 1982年底,我国城市总数为245个,1987年底为381个,1994年底为622个。当然这不全是地区改市的原因,而是这期间加快了县改市的速度。

江苏、辽宁二省地区建制则全部取消。①

　　二十多年来,这种以撤销和合并地区行署为取向的纵向行政体制改革,在全国逐步推广开,并成为主导模式。截止 2001 年底,全国 265 个地级市中有 253 个地级市管辖着 1445 个县级行政区(不含市辖区),占县级行政区总数的 70%。至 2002 年,江苏、辽宁、广东、河北、浙江、安徽、福建、江西、山东、河南、陕西、宁夏以及北京、天津、上海、重庆四市共 16 个省市区已全部实行市管县(市)体制。

二、市管县体制的发生与发展

　　从 20 世纪 20 年代中国市制萌芽开始,市一直是人口密聚"点"上的一个行政建制,市与县、城与乡之间被严格封闭、隔离。建国后,随着城市型政区的发展,市领导县体制开始出现,建制市逐渐演变为一种广域型行政建制。1949 年兰州领导皋兰县,1950 年旅大市(今大连市)领导金县、长山二县。当时设置市领导县体制主要是为了解决大城市蔬菜、副食品基地建设问题,并无设置"带"县之意。"大跃进"、"人民公社化"时期,市领导县体制的范围有所扩大。1958 年,国务院先后批准北京、天津、上海三市和辽宁省全部实行市领导县体制,并逐步在一些经济较发达地区试点推广。1959 年 9 月,为进一步推进 1958 年以来的工农业生产大跃进

---

　　① "地区"与市,从形式上看主要有两大区别:其一是性质不同。地区行政公署是省级政权的分支,市人民政府则为法定的一级政权组织;其二是范围不同。地区是包括若干县的"面",市则为城区与少量郊区组成的"点"。实行市领导县体制后,市的行政区域也由"点"变成了"面",与地区就只剩一个"市辖区"的差别了。但新体制实行后,管理层次发生了变化。地区公署制是省、县、乡(镇)三级,市领导县制则变成了省、市、县、乡(镇)四级。由此也带来了领导体制、行政条件、工作成效、干部制度等方面的变化。

和农村人民公社化,密切城市和农村联系,促进工农业相互支持,便于劳动力调配,全国人大常委会发布了《关于直辖市和较大的市可以领导县、自治县的决定》。此后,这一体制便以法律的形式确立下来,并得以迅速发展。到1981年,全国有57个市领导147个县,分别占全国地级市以上的51.4%和县的6.9%,平均每市领导两个县。

20世纪80年代初期,随着经济体制改革的启动,商品经济进入流通领域,区域经济有了一定程度的发展,但由于传统体制的影响,经济体系的弊端仍然非常突出:

一是块块分割。长期计划经济体制以及20世纪50年代后期和十年"文革"的两次放权,经济体系"小而全"、"大而全",地方分割现象转为突出。每一行政区域几乎都建立了相对独立的工业体系,区域间的专业分工协调受阻,生产资料来源和产品输出依靠上级行政机关调拨,企业之间不通过市场发生联系。随着地方政府经济主体地位的确立,地区间利益冲突加剧,在各自利益最大化的刺激下,地方政府经济行为被扭曲,行政对经济的干预泛化,块块经济不断增多。

二是条条分割。在传统体制下,每个企业都有主管上级,分属于不同行政部门,经济行为受上级行政机关支配。在这种体制下,不但企业缺乏积极性,地方政府也没有积极性。

三是城乡分割。我国城乡关系一直都是各自独立的,城市管工业,农村管农业,城市和农村不直接发生经济联系,一切经济行为都由上级政府计划安排,加上实行严格的户籍制度,城乡经济发展不协调问题十分突出。为了促进地区间的横向经济联合,1980年国务院发布《关于推动经济联合的暂行规定》,提出"扬长避短,发挥优势,保护竞争,促进联合"的方针,拉开了横向经济联合的序幕。1981年,全国人大五届四次会议首次提出"以大中城市为依托,形成各类经济中心,组织合理的经济网络"。

中共中央[1982]51号文件发出改革地区体制,实行市管县体制的通知。此后,城乡一体化建设步伐加快,地市合并,城市升格,建立市管县体制成为行政改革的主要取向。1983年3月,江苏省率先撤销7个地区,全面推行市管县体制,在原南京、苏州、无锡、徐州、常州、南通和连云港7个省辖市的基础上,改盐城县为盐城市,同时把淮阴、盐城、扬州、镇江四地区辖市提升为省辖市。改革后,有11个省辖市代管62个县、2个县级市和41个区。为深入推进市管县体制和行政机构改革,1983年2月15日,中共中央、国务院下发《关于地市州党政机关机构改革若干问题的通知》,要求"积极试行地、市合并"。以后,市管县体制范围逐步扩大,并向西部地区和部分欠发达省份转移。但是,这一措施在后续推行过程中逐渐变异,一些并不存在地区与地级市同城的地方,也强力推行市管县体制,一个个县级市乃至城关镇被升级为地级市,然后再照虎画猫实行地市合并。如江苏省的淮阴、盐城、扬州、镇江四市都是先提升为省辖市后再实行地市合并的。

随着地市合并和市领导县范围的进一步扩大,中发[1999]2号文件进一步明确提出,要深化"市管县(市)"体制改革,加大改革力度。此后地区行署建制进一步式微,目前仅在一些边远省区少量存在。据统计,1983年有138个,到2002年仅存24个,分别存在于山西(1)、黑龙江(1)、广西(1)、贵州(2)、云南(3)、西藏(6)、甘肃(2)、青海(1)和新疆(7)等9省区。相反,领导县的地级市发展迅猛,1982年为55个、1987年为152个、1998年为202个,到2001年则达253个,领导着1445个县级行政区(不含市辖区),分别占市和县级总数的95.5%和70%。①

目前,市管县体制成为各省市区普遍采用的行政区划模式,构成我国

---

① 《中华人民共和国2001年度行政区划统计表》,载《中国方域》2002年第2期。

最基本的纵向权力结构体系。这一体制的实行,使我国行政区划由宪法规定的四级制向五级制转化,也使市建制由 20 世纪 50 年代的城市型政区逐渐演变为广域型政区。

三、市管县（市）体制的机理及效用

行政区经济的产生

行政区经济,顾名思义,是指在一定行政区域范围内运行的经济,有人称为"地方经济"或者"块块经济",学者沈立人称之为"诸侯经济"。最早提出该概念的是华东师大行政区划研究中心的刘君德教授。他认为,所谓行政区经济,是中国改革开放以来,在由传统计划经济体制下的区域经济纵向运行系统,向社会主义市场经济体制下的区域经济横向运行系统转变而出现的一种区域经济类型。[1] 当然,行政区划对经济运行具有直接影响,改革开放前的计划经济时期,行政区就是一定范围的经济区,或者说是一种被扭曲和异化了的"经济区"。[2] 这种被异化了的"经济区"现象在传统体制下有两次大的"异动",第一次是在"大跃进"时期,这时"左"的错误占上风,中央向地方盲目下放管理权,试图通过"块块"体制建立各地独立的工业体系。在具体做法上,过分下放计划管理权、下放

---

① 刘君德、舒庆:《中国区域经济的新视角—行政区经济》,载《改革与战略》1996 年第 5 期
② 周克瑜:《走向市场经济——中国行政区与经济区的关系及其整合》,复旦大学出版社 1999 年版,第 4 页。

基建项目审批权、下放财税权和信贷权以及商品流通和物资管理权。第二次是在"文革"时期，经济管理体制再次受到冲击，中央决定大规模下放企业，实行财政、物资和投资"大包干"。这两次放权使地方政府职能逐渐扩张，也直接导致各地"块块经济"或"行政区经济"的兴起。在中央计划安排下，各地产供销封闭循环，"小而全"或"大而全"，物资配置和流动受到限制，生产成本也大大增加。澳大利亚学者奥德丽·唐尼索恩（Audrey Donnithorne）用"蜂窝状"经济（Cellular Economy）来形容中国当时的经济分割。当然，也有人指出，这时的"行政区经济"带有浓厚的计划经济色彩，还算不上真正意义的"行政区经济"。

计划经济体制松动后，政府向企业、中央政府向地方政府逐步放权让利，扩大地方财权和事权。1982年12月，国务院发出《关于改进"划分收支、分级包干"财政管理体制的通知》，实行收入按固定比例总额分成的包干办法。1985年，国务院在"利改税"的基础上，实行"划分税种，核定收支，分级包干"的财政体制。中央和地方财政关系由过去"一灶吃饭"变成"分灶吃饭"。在向地方扩大财权的同时，中央还将一些原属于中央的经济管理权限下放给地方政府，扩大了地方政府的经济管理事权。这一新的调整，一方面调动了地方积极性，另一方面也产生了负面影响，"行政区经济"再次被放大强化。在利益驱使下，地区分割现象更加严重，行政区间的经济摩擦频频发生，以行政区划为单元的地方经济区由此形成。20世纪80、90年代各地爆发的"蚕丝大战"、"棉花大战"、"啤酒大战"等，根源即在于此。在投资建设上，各地政府为发展地方经济，加大工业投资和对本地企业的行政扶持，助长了地区间的重复建设和产业同构，推动地方投资迅速扩张，也进一步加剧了地方分割。

市场化使企业经济主体地位得以确立，但"行政区经济"的历史痕迹，还难以一下子消退，经济分割现象依然顽固存在，企业对政府的依附性有增无减。在利益驱使下,地方政府为涵养本地财源,加强对本地企业的"行政"保护,同时截留中央下放给企业的权力。为生存发展,企业不得不围着政府转,地方政府取代企业成为地区间竞争的主角,企业转而成为地方政府竞争的附属物。

行政区与经济区的整合

区域经济分割不仅存在于省区与省区之间,在省区以下的县市也表现得非常突出。地区行署作为派出机构,由于缺乏独立法人主体地位,统筹协调能力有限。分割使各县市之间不仅在工业生产、原料供给和产品消费上相互封锁,就连基础设施建设,如通讯、公路交通、自来水供应等也是各据一方,"鸡犬相闻、老死不相往来"。实施市管县体制之前,每个地区(指地区行署)通常都有一个中心城市,但由于缺乏独立经济主体地位,经济聚集和溢出效应难以体现。[1]

市管县体制,即中心地级市对其周围县的领导,实际上也是城市对农村的领导。实施这一体制主要目的:一是为打破条块分割、组织广泛的横向经济联合提供有利条件;二是以中心城市为基地,围绕优势产业实行跨行业、跨部门、跨地区的联合。[2] 由于中心城市的作用,一定程度上缓解了区域间的经济分割,一定行政区范围内的区域经济开始形成。但是由于市场机制不完善,传统体制影响深,区域经济范围狭小,行政区域范围与经济区域范围重合。[3] 区域经济的范围应是开放的,随经济主体交往

---

① 这可能与当时人们的认识有关系,不少人片面认为城市应只管工业,农村只管农业。
② 浦善新:《对市领导县体制的反思》,载《中国方域》1995 年第 5 期。
③ 从严格意义上说,这还不能称为区域经济。

范围扩大而扩大。而市管县体制,在本质上是一种政权存在形式,或者说是一种行政区划管理形式,由其统辖经济区并为其服务,行政干预必多,非经济因素难以控制。

市管县体制效用分析

市管县体制的实施,解决了社会转型初期行政区和经济区的磨合问题,同时也推动了社会其它各项事业的迅速发展。

其一,促进了区域市场的统一。我国长期实行市县分治的行政管理体制,城市脱离周围农村地区孤立发展,条块分割和城乡分割严重,制约城市经济发展。实行市管县体制,城市有了较大的发展腹地,城乡交流摆脱了地方保护主义的束缚,城市发展自主权也同时得到进一步扩大,这在当时计划经济条件下着实不易。通过实行市管县体制,城乡结合优势得到发挥,人流、物流和信息流得到合理流动。城市利用经济优势,通过行政隶属关系,加强了对农业的支持,同时扩大了商品流通,建立了多渠道、少环节的商业体制。这一时期,城市对农村的教育、科技、卫生等工作也都提供了积极支持。

其二,促进了规模经济的形成。市县分治造成的城乡行政隔绝和经济壁垒,阻碍了贸易交流和资源流动,城市资金、人才、技术等优势得不到有效整合。市领导县后,行政区经济范围迅速扩大,市场体系发育不成熟条件下的生产要素在行政区范围内得到优化,城乡、市县优势得以互补,一些乡镇等弱小企业在中心城市支持下,通过联合、重组等形式,迅速成长,技术含量不断提升,经济效益明显提高。

其三,精减了机构、提高了效率。在市管县之前,地区行署基本上对应着每一个省级部门,除了人大和政协等机构外,与所驻市机构大量重复,人员冗余现象严重。以江苏为例,1953 年,8 个专署有行政编制 1633人,到 1982 年底,7 个地区的党政群机关实有编制达 9379 人。1983 年实行市管县体制后,取销了 7 个地区,增设 4 个地级市,地(市)级单位由 14个减为 11 个,县(市)级单位由 68 个减为 64 个。除南京外,其他 10 个市的市级党政机关的工作单位由原来的 1032 个减为 551 个,减少幅度达47%,工作人员定编 31535 人,较过去减少 32%。① 改革后,基本上达到了精减机构、减少层次、紧缩编制、提高行政效率之目的。②

其四,解决了地区行署法律主体地位问题。新中国诞生以来,地区行署地位一直在虚实之间徘徊。我国《宪法》第 29 条规定,省、自治区分为自治州、县、自治县、市以及直辖市和较大的市分为区、县。由于缺少宪法确认,地区行署虽然在很大程度上承担着一级政府的职能,但不具有相应的法律地位。它没有地方权力机关,地区国民经济、社会发展计划、财政预算以及行署官员任免无法经过人民代表大会权力机关的批准程序,政府工作也缺乏必要的监督。尽管市管县体制也没有得到宪法的确认,但对直辖市和较大的市分为区、县之规定给其发展提供了很大空间。实行市管县体制后,省县之间层次由虚变实,市的重大决策、人事安排等都有人大的批准和监督;同时,其税收、财政实现了与省、中央的合理分割,形成了真正意义上的地方财政。

其五,在市制改革基础上推动了城市化。城市化是走向现代化的两个轮子之一,没有城市化就没有现代化。在计划经济体制下,城乡隔离状

---

① 《中共江苏省委关于实行市管县体制的情况报告》,载《江苏改革与发展 20 年(1978—1998)》,南京大学出版社 1998 年版,第 488 页。
② 以后国家机构和人员编制重新膨胀,这主要是政府职能没有得到实质性转变所致。可以说,在当时的制度环境下,市管县体制对国家行政机构的沉疴旧疾是无法根治的。

态严重,城市化发展缓慢,尤其是 20 世纪 60 年代初至 70 年代末,基本上处于停滞阶段。1978 年底,全国城市化水平为 17.9%,与新中国成立初期相比仅提高了 7.3 个百分点。1983 年实行市管县体制后,国务院提出内部掌握执行的设市标准和市领导县条件,大大加快了我国城市化进程。到 2012 年底,城市化水平达到 52.57%,市制发展由 1978 年的 193 个(直辖市 3 个、地级市 98 个、县级市 92 个)发展到 2012 年的 666 个。

四、市管县(市)体制问题分析

局限性

随着我国政治、经济体制改革的深入、市场经济体系的确立和完善,市管县体制逐渐失去存在的土壤,偏离改革初衷,局限性越来越明显。

1.“小马拉大车”问题。市管县的主要目的是以中心城市优势地位拉动所辖县乡的经济发展,但是,并非所有的市都能起到这一作用。事实上,除省会城市和一些中等发达城市带动力量较强外,一些工业基础薄弱的市,或者由县级升为地级规格的市很难带动县乡发展。这些城市一般都远离中心经济区,领导县的数量有时反而更多。按照 2001 年的统计数据,平均每个地级市带 6 个县市,撇开管理幅度因素,这些城市是拉不动周边县区的,中西部地区问题更为严重。就拿经济发达的江苏来说,当时苏北五个地级市中,除徐州为特大城市,人口规模、经济实力较突出外,其它几个皆为中小城市,综合经济实力不强,集聚和辐射能力较弱,难当带县的重任。1996 年江苏省实行“淮宿、扬泰分治”就是对这种弊端进行调整的具体举措。①

2.层次多、成本高。市管县体制实施之前,我国行政层级由中央—省—县(市)—乡(镇)四级组成,这也是宪法确认的结构体系。市管县后,省县之间层次由虚变实,行政层次变由中央—省—市—县(市)—乡(镇)五级组成,这在秦汉以来是不多见的。历史上多级制(超过三级以上)的年限仅有 350 年,占所有年限的 16.5%。② 大量理论研究成果证实,行政组织每多出一个层次,信息失真失落率就会大大增加。从科学管理角度而言,信息传递的中间环节要尽可能减少,以缩短决策层和实施层的行政距离,便于上下沟通,提高工作效率。市管县体制的设计,人为地制造出一个中间层级,省县之间权力层层截留,信息沟通阻滞,这在信息网络高度发达和交通十分便利的今天更显得不合时宜。

3.城市虚化现象。市管县体制虽然推动了城市化发展,但也造成城市化进程中的另一个后果,那就是广域型城市的大量出现。县乡农民变成了“市民”,但城市的农业人口依旧占绝对比重,二、三产业的比重也低于农业。重庆市在升格为直辖市之前,管辖着 11 个市辖区和 3 个县级市及 7 个县,面积 23114 平方公里,人口 1530 万,其中非农业人口 415 万,城市化水平只有 27.1%。升为直辖市后,划入万县、涪陵两个地级市和黔江地区,面积扩大到 8.2 万平方公里,总人口 3002 万,但城市化水平不及20%。当时曾有人说,重庆市是世界上最大的城市,这是对我国城市化的极大讽刺。重庆市虽为直辖市,但仍是一个典型的地域型政区。据 2000年第五次人口普查资料显示,我国市镇人口为 45594 万人,城市化水平(市镇人口占总人口的比重)达 36.09%,接近发展中国家 38%的平均水

---

① 即将淮阴市分为淮安、宿迁二市,将扬州市分为扬州、泰州二市。
② 中国行政区划研究会编:《中国行政区划研究》,中国社会出版社 1991 年版,第 226 页。

平(1995 年数据)。① 但我国的数字统计中包含了大量的市管县以及其它广域型城市的"市民"。2000 年,江苏的城市化水平为 41.5%,但实际上江苏当年的非农业人口仅 2354.97 万人,占总人口的 32.1%,②若按此来计算城市化水平,江苏 2000 年城市化即为 32.1%,这也大大低于发展中国家 38%的平均水平(1995 年数据)。以这种方式统计的数据与实际有很大误差,这应当引起宏观决策部门的高度重视。

4.市"吃"县、市"刮"县、市"卡"县。核心型地区的特点就是以周边地区工业相对较发达的中心城市带领一些经济基础薄弱的县,市与县经济发展差距大、关联度低。这类地区在我国市管县体制中占大多数,具有普遍性。在地区行署领导县时,中心城市和所在地区的县往往就资源和项目等相互争抢,国家工业化政策也倾向于城市。实行市管县体制后,中心城市更是利用其强势地位,截留下放的各种权力,下侵县级权益,制约县市发展。如东部某省,除了 9 个地级市外,中小城市发展严重滞后,县级市与县的数量之比是 14∶45,县级市数量与东部沿海兄弟省份有较大差距,县级城市不仅数量少,而且规模小,区域城镇化结构呈现规模差距,这给全省推进城市化带来诸多不利因素。同时,市管县体制往往由原来的市带县、工农互补异变成重工抑农、厚工薄农。一些地方的"三农"问题迟迟不能解决,不能不说与其有一定关系。在市管县体制实行之前的 1980 年,流向农村地区的财政净值为正 308 亿元,而在实行市管县体制后,其数值即变为负数,且有增大趋势。国务院作出扩大推进市管县体制改革的 1999 年,负值竟达 1169 亿元。拿江苏来说,1999 年前,支农等各项支出费用基本高于城市维护支出,但 2000 年投资方向和重点发生变

---

① 资料来源:国家统计局内部信息网(www.datachina.com)。
② 数据来源:《江苏统计年鉴(2001)》,中国统计出版社 2001 年版,第 16 页。

化,城市维护支出开始明显增大,在总量上一举超过支农等各项支出费用。2001年,全省财政支出总量为782.64亿元,支农等各项支出43.30亿元,仅占总支出的5.53%,比城市维护费64.54亿元还少21.24亿元。而此时正是"三农"问题最突出时期。

5.匀质型地区市管县体制逐渐失效。匀质型地区的主要特点是中心城市和其所辖县(市)有相似的经济实力,各县(市)工业发展、农村工业化都有较好的基础。苏南的苏锡常、胶东的青威烟等都是典型的匀质型地区。1983年实行的市管县体制大大地促进了该地区的工业化、城市化和区域经济发展。推行市管县体制之初,苏南地区只有一个县级市(常熟市),到1986年后,苏南地区陆续撤县建市,现在已无县可言,市管县成了"市管市",严格意义上的市管县体制不复存在。由于市管市在我国宪法中找不到合法依据,目前这些县级市原则上均由地级市代管。从苏南10个市的经济和社会发展水平来看,上述城市(2002年武进市划为常州辖区)无论从人口还是从GDP水平都具备了中等城市规模,有的数据甚至比该地级市还高。工业化率无锡市区为46.72%,而被代管的江阴、宜兴两市分别高达56.175%、53.33%;苏州市区为50.42%,而张家港和昆山分别为55.82%、55.65%,均超过管辖自己的苏州市;更有趣的是,2001年武进市的GDP高达260.64亿元,而代管它的市常州仅为248.36亿元。根据钱纳里"城市化和工业化率发展模型",对照各市的工业化率,其城市化水平应在65%以上,然而实际差距很大,尤其是前武进市,其城市化率只有17.39%。虽然该地区的城市化不高与工业发展模式有一定关系,但市管市体制不能不说是制约其发展的一个重要因素。从行政管理和经济发展的角度看,"市管市"行政体制与苏南市场经济体制发育程度和国际上通行的大都市圈发展模式明显相悖。

五、省直接管理县（市）的战略构想

市管县体制增加了行政层级，带来了政府官僚化和低效率。借鉴当今国外以及我国台湾地区行政区划模式，改革市管县体制、建立省直接管理县(市)的扁平化的行政组织结构，应成为深化行政体制改革的战略选择。

理论依据

市场经济对行政区经济的挑战。在计划经济体制下，经济区的范围就是行政区的范围，区域经济呈封闭状态。市管县体制在一定程度上冲破了行政区对经济区的束缚，但只是经济区范围在原有基础上的增大，形成的是更大范围的行政区经济。当前市场经济体制日益成熟，冲破行政区对经济区的约束，促使经济由纵向延伸走向横向联合成为市场经济发展的必然要求。由于城市和其周围区域之间存在不可分割的经济联系，城市中心的聚集效应和外溢效应自然会得到发挥，以城市为中心的经济区也会随之形成。在市场机制下，经济区的形成是生产要素自由流通的结果，城乡之间、地区之间的经济关系将更突出地表现为商品交换关系，不存在带与不带的问题。区域经济发展以资源最优配置为前提，行政力量导致的结果往往适得其反。同时，市场经济体制的确立与运行，不仅使区域经济关系日益密切，而且极大地冲击了行政区域的经济结构、社会结构、文化结构，原有行政隶属关系必将日益淡化。

扁平化组织结构是现代社会组织管理的主导模式。有这样一个实验:将两只滑轮溜冰鞋,以一个弹簧连起来,用第一只溜冰鞋来控制第二只鞋的移动,这是可以做到的。接着再用另一个弹簧连起第三只鞋,并试着借助第一只鞋的运动来控制第三只鞋,难度进一步加大。接着继续增加溜冰鞋,每只鞋都附上不同弹性系数的弹簧。这样到一定的限度就无法控制末端的鞋子了。[①] 机械运动是这样,组织系统就更为复杂了。这也正是在线的一端下达指令,不可能控制组织中所发生一切的原因。因此,改变多层级线形组织,实现组织结构的扁平化(flat structure)成为组织设计的必然趋势。扁平化设计不是凭空臆想的,它源于两个条件。一是 20 世纪 70 年代以来,市场实现全球化,科技突飞猛进,以计算机信息技术尤其以互联网为支撑的网络化社会逐步形成,现代化办公方式和手段在全社会普及,信息传递已不像过去那样一级一级传达,上层的指令可以迅速地通过电话、传真和网络直接传到组织的各个执行层。同时,便利、发达的交通大大促进了它的功能发挥。这些都是组织结构扁平化的重要物质基础。另一个条件是人员的技术化程度大大提高。现在,组织中各个层级的管理人员基本上都受过专业的技术训练,综合素质较高,能独立处理所面对的问题。同时,信息社会民主化的价值观也是组织结构扁平化的主要原因之一。

作为一个宏观组织结构,在信息化时代更应建立以"地方为主"(lo-calness)的扁平化模式。根据管理学原理,层次少,信息传递速度就快,决策层能够尽快地对信息加以处理,并及时采取相应的纠偏措施;由于信息传递层次少,信息失落失真的可能性较小,有利于保证政令统一,减少官僚主义,提高行政效率。同时,随着层级的减少,基层权力相应增大,便于根据情势变化迅速作出反应。扁平化组织结构还有利于调动基层的积极

---

① 彼德·圣吉:《第五项修炼——学习型组织的艺术与实务》,上海三联书店 1996 年版,第 335 页。

性和创造性。

城乡分治是实施地方行政管理的有效形式。实行城乡分治,省直管县市是前提。市是以工业、商业等为主导产业的人口聚居区,而县则是以农业、林业、渔业等为主导产业的人口分散的广域居住区。性质不同,决定了任务不同,管理方式也有差别。市是一种城市型行政建制,是适域化而非广域化。美国的县是广域型行政建制,3043 个县覆盖了除阿拉斯加、康涅狄格、罗德岛州以外的每一寸国土。县是"面",而市镇则是"面"上"点"。市(City),又称自治市,是一种规模较大的市政自治体(Municipality)。根据美国学者的定义,它是"由指定地区的人们联合起来建立的一个政府,它没有立法权,只是协助州政府来管理地方和社区的事务。"①市与县虽然都是州的分治区,但它们在创设方式上有很大不同。县是州的委任而设立的行政管理分治区,而市则是根据居民自愿申请、经州特许成立的法人团体。市的自治权很大,有的脱离县,实行市县分立制度;有的虽然保留在县境内,但享有特许自治权。美国的自治市从行政区划上看几无等级可言,大小城市在法律上地位平等,各自独立,在经济上则自主发展。同时,市还是一种基层而非中间层的行政建制,市下面不再有其它行政建制(少数大城市除外)。在我国,城市自古以来就是作为统治中心而设置的,其独立发展受到很大限制。虽然 1930 年国民政府颁布过《市组织法》,市自治体有一定程度的发育,但新中国成立后,由于特殊政治环境导致的城市工业化政策,又使城市处于绝对统治中心地位,农村和农业的发展受到很大制约。今天,城乡分治应作为解决我国乡村发展落后的根本途径。

---

① 理查德·D.宾厄姆等:《美国地方政府管理:实践中的公共行政》,北京大学出版社 1997年版,第 64 页。

物质条件

　　减少层次,实行省直管县市的扁平化行政组织结构,不仅要有理论上的支撑,而且要有物质上的保证。管理层次与管理幅度呈反比,实现省直管县市必将带来省级管理幅度的扩大。那么,在现实条件下扩大省的管理幅度是否具有可行性呢? 除上文所说原因外,现代科技革命使交通、通讯等办公手段都有质的飞跃,尤其是现代网络技术的发展使省县之间的时空间距离大大缩短。因此,实现省对县市直接管理条件基本成熟。运用行政度公式[$D=A \cdot f(N、P、S、E)$]就能比较清楚地说明这一点。[1] 江苏陆路交通相当发达,合计有 2015 公里长的 10 条国道通过全省,同时还建有沪宁、宁马、宁合、宁宿、宁高、锡澄、广靖、淮江、沂淮等高速公路贯通境内外,此外还有宁通、宁连等一级公路线贯通全境,高速和二级以上公路网密度分别居全国第二和第三位。在铁路方面,除了原有的京沪、陇海、宁铜三条近 1000 公里的干线外,还有国家新建的 636 公里长的一级铁路纵贯省境南北,连接 21 个县、市、区。在长江天堑上,除原有的南京长江大桥外,还相继建成了南京长江二桥、江阴大桥、润扬大桥、南京长江三桥、苏通大桥以及常泰大桥等。便利的陆路交通,使各地市与省会南京间都可以在一天内往返。因此,在公路、铁路和现代通讯、网络等支撑下,

---

　　[1]　行政度公式:[$D=A \cdot f(N、P、S、E)$],D 为行政度,A 为管理体制系数,f 为管理工作量,N 为下级行政单位数量,P 为辖区人口,S 为辖区面积,E 为经济发达程度。D 与 N、P、S、E 呈正相关,即在 A、N、P、S 不变的情况下,E 不断增加,D 也会不断增大。随着经济的发展,必然要增加行政度,这就给增设中间管理层次提供了借口。但是 D 又与交通、通讯、条件的不断改善呈负相关,更为重要的是,随着我国市场体系的不断成熟和政府职能的转变,政府由微观管制变为宏观调控,这样管理体制系数 A 也降到足够小,从而使 D 变小。参见王庭槐、卞维庆:《市管县行政体制剖析及改革设想》,载《南京师大学报》1995 年第 4 期。

加上现代科学管理方法,实行省对县市直管体制,条件是成熟的。

国际借鉴

　　行政区划的层级结构设计是国家权力在地域上的分配,即中央与地方、地方与地方之间的配置关系。行政区划体制受国情影响,即受国土面积大小、人口多少、社会经济发展水平以及历史文化传统、民族特征和政治体制的影响。通过对国外一些国家行政区划结构的考察,无论是联邦制国家还是单一制国家,无论是发达国家还是发展中国家,也无论是面积、人口大国还是小国,它们的行政区划特点都有以下共性。

　　少层级的行政区划体制设计。行政区划层次设置的科学与否是一国政府实行有效管理的基础。从世界大多数国家来看,减少行政层次、实行扁平化是行政区划改革的趋势。美国国土与我国相当,其行政层级只是三级,即联邦政府—州政府—地方政府;日本在1926年撤销中间层次的郡级建制,形成都、道、府、县—市、町、村二级行政区划体系;印度在1977年提出取消村级建制,实行邦以下县、乡二级制的行政区划制度,等等。法国是个例外,1982年实行大区制,地方政府层次由原来的省—市镇二级制变成大区—省—市镇三级制。但我们不能以法国的例子来否定少层级的行政区划体制,法国大区制的设立是经济一体化和城市化以及法国国土整治的必然产物,有其特殊的历史背景,与我国的行政层级也是有区别的。实行少层级行政区划体制的国家在世界上占多数,一般以二级、三级最为常见。不仅联邦制国家,就是单一制的日本也是实行二级制。

　　纵观我国历史,自秦汉以来,少层级的统治年代占多数,达1700多年,多级制只有350年。新中国成立后,行政大区由实变虚直至取消也是减少行政层次的举措,但省与县以及县与乡之间准层次的设立给我国行政区划体制穿上了臃肿外衣。

行政管理幅度的扩大。扩大幅度与减少层次是相辅相成的,层次少必然扩大管理幅度。现代科技的发展和管理手段的进步为扩大管理幅度提供了可能。法国 20 世纪 50 年代为配合国土整治合并了一些小村镇,设立专区,大大改善了法国基层行政结构过于细小分散的状态。德国在 20 世纪 60—70 年代的区域整治中,为了合理安排行政、经济和生活区域,对县市和乡镇进行了全面调整,仅从 1968—1978 年的 10 年间,原西德境内的县从 420 个降为 237 个,市从 139 个降到 91 个,乡镇从 24000 个降为 8500 个左右,这一改革大大提高了地方政府的行政效率。日本则是通过法律手段,推动市町村合并,一部《町村合并促进法》使町村从 9800 多个减少了近三分之二。日本实行二级制后,中央政府直辖 47 个行政单元,每个一级行政单位又下辖 69 个基层单位,有的县竟多达 90 多个。①

我国省级政区平均管辖 10.7 个地级单位,而地级政区平均管辖 8.6 个县级单位,这其中还包括一些地级市辖区。这种小幅度的管理与国外相比形成明显反差。

我国管理幅度较小的主要是省管地单元和地管县单元,其根源即是省—县之间地级市的设立。目前,地级市只是起到上传下达的作用,没有实质性功能。用一级庞大的政府架构来组织协调地区间的联合,只会造成更大范围的行政区经济,同时也不符合成本和效益原则。解决途径是建立半官方性质的区域协调组织。世界许多国家有这样类似机构,如美国的大都市区政府和一些政府协会,法国的跨市镇协商会、市镇联合体、

---

① 刘君德:《中外行政区划比较研究》,华东师范大学出版社 2002 年版,第 350~351 页。

都市共同体、跨市镇合作委员会等市镇组合体,俄罗斯的跨地区协调组织以及日本的特别地方公共团体,等等。这些组织有的是综合性的,有的是专门性的,其职能就是承担地区间共同面临的社会和经济问题,如协调利益冲突、提高资源共享性。它们有的是在上级政府组织协调下形成的,但大多数是地区间的自愿联合,对一些共同问题需持续解决的有时设立常设机构,对一些短时间即可解决的则设临时机构,其性质类似于企业的项目组,问题处理完毕即自行解散。

基本思路

政区发展具有历史承继性,容易在心理上形成强烈认同感。我国地域辽阔,各地经济、文化差异较大,对现有行政区划体制进行改革,难题不少,必须根据各地情势,积极稳妥,相机抉择,灵活推进。

(1)在江苏、辽宁、广东等市管县体制实行较早的省份进行省直管县市体制改革试点。尤其在苏锡常、辽中南和珠江三角洲等匀质性地区取消市管县体制,改由省直接管理县市,以便为中小城市成长拓展空间。

(2)保留现有地区行署建制,不再审批新的市管县体制,使这些地区的行政区划符合宪法规定,待条件成熟后再取消地区建制,直接过渡到省直管县市体制。

(3)对一些已实行市管县体制,但条件不成熟又不能进行省直管的地区,可暂时维持现状,但应根据中心城市经济实力,按地域经济联系,合理界定辖县范围,防止出现"小马拉大车"现象。

当然,改革市管县(市)体制,应同省级行政区划改革相配合。划小省区、增设一级行政区划是目前行政区划改革的最好选择。早在1941

年,国民政府就拟定了缩小省区计划,把原有全国 28 省区扩大到 66 个。[1] 新中国成立后,许多学者借鉴国外行政区划设置模式(一级行政区划单位多,管理层次少,即"多—少"模式),提出把全国一级行政区划增加到 50 个左右。20 世纪 70 年代,美国总统尼克松也曾提出过类似建议。贾谊曾写道:"众建诸侯而少其力,力少则易使以义,国小则亡(无)邪心"。此言在当下仍有现实意义。不过[2]现代社会应多从有利于经济发展的角度来考虑区划的多少问题。

建议增设第一级地方管理幅度,这是世界各国普遍采用的行政区划模式。一是有利于各地更好地因地制宜,灵活、合理地实行中央与地方、地方与地方的分级管理,使各地区更有效地制定和采取切合实际的政策和地方法规,避免"一刀切"。二是有利于形成更有力的竞争态势,使个体之间相互竞争,形成活力。一个省如果过大,容易形成官僚主义以及工作上的惰性和僵化。三是有利于增加工作透明度,便于自上而下、自下而上地相互监督,从而有效地避免工作上的主观性、随意性。四是有利于解决省与省之间比例失调、大小不均的问题。海南省和重庆直辖市的设立及所取得的成果就是这一发展趋势的很好说明。若省区区划划小变为现实,建构省直接管理县市的公共行政体制也就水到渠成了。

---

① 胡焕庸:《我国行政区划的过去、现在和未来》,载中国行政区划研究会编:《中国行政区划研究》,中国社会出版社 1991 年版,第 144 页。

② 贾谊:《陈政事疏》。

第六章　公共行政组织：现代社会的成功发明

　　荀子在《王制》中曾言："人力不若牛,走不若马,而牛马为用。何也? 曰:人能群,彼不能群也。"群者,组织也。人类能够战胜洪水猛兽,成为万物之主宰,是因为创设和完善了具有聚集、转换和释放功能的社会组织。可以说,组织是人类社会最为成功的发明。行政组织是组织的一个重要类别,它是国家为有效管理公共事务、按照一定法律程序建立起来的公共机构体系。其设置与运行是否科学直接影响行政绩效水平。因此,行政组织始终成为公共行政学研究的基本问题之一,并被列入国家宪法和法律规范范畴。

一、公共行政组织概念阐释

公共行政组织的涵义

在古代中国,"组织"一词意为将丝麻织成布帛,如"饬国人,树桑麻,习组织。"现代意义上的"组织",一般用"群"来表示,如荀子"人能群,彼不能群"句。在西方,"组织"一词源于器官,属生理学范畴,意为具有特定功能的细胞结构。从汉语来看,由于"组织"具有名动两种词性,所以人们一般从静态和动态两个角度来考察其内涵。从静态意义上看,它是指人们为实现某种目标和功能,按照一定形式组建起来的、具有特定结构的整体。从动态意义上看,则是指人们为实现一定目标而进行的活动过程。完整的组织涵义是动与静的结合,是目的、结构和活动方式的统一。

公共行政组织是组织系统中的一个子系统,是国家为推行政务和管理社会事务,按照法定程序组建起来的组织实体,以及籍此实现一定目标的运行过程。它包括两层涵义:(1)机构设置的实体。它包括从中央人民政府到乡镇人民政府以及它们的部委、厅局、处科等职能部门的行政组织。在理论研究上,主要考察其职能确立、职权划分、职位和人员数额编制等,目的是尽可能地使其设置科学化。(2)机构的运行过程。即组织实体为实现目标和履行职能而进行的活动过程。研究考察的着重点在于制定工作程序,沟通协调关系,确定行为规范,履行行政职责,监督行政行为等,目的是使行政组织运行高效化。

公共行政组织以其实体定位,决定了它在国家机器中的地位和作用。

在本质上,它是统治阶级推行政令、管理事务的工具;在形象上,它是社会公众推出的服务者,是社会公众利益的代表。因而,它对于维护统治阶级地位,发展社会生产力,协调各方面矛盾,促进社会和谐安定,调动各个方面积极性,具有举足轻重的作用。

公共行政组织的特征

行政组织是国家机构体系的重要组成部分,除具有一定阶级利益、体现统治阶级意志的政治特性和管理社会公共事务的社会属性外,还具有以下几个方面的特征:

系统性。行政组织有极强的整体性,其权力关系、组织结构和工作流程具有纵横交织、层级分明、上下沟通、统分有据、密切配合等突出特点。当今各国政府组织皆是这样一些规模庞大、结构复杂的整体。它作为一个大系统,不仅有纵向层次的上下级机构,而且有横向的职能部门,它们共同构成一个完整的公共组织体系。

服务性。这是行政组织行为的出发点和基本属性。行政组织作为上层建筑的重要组成部分,必须适应和服务于经济基础,为国民经济发展服务;行政组织作为立法的执行性机构,必须服从立法,为执行宪法和法律服务;行政组织作为一种社会存在,它必须施益于社会,服务于社会公众。

权威性。行政组织依照宪法和法律设置,按照宪法和法律行使职权,是国家权力机关的执行机关,因而,可以对各种社会组织、公民和广泛的社会生活进行管理,具有普遍约束力。不论是行政组织自身,还是企事业单位、社会团体和公民等,都必须接受这一约束。当这一权威受到威胁、抵制和违背时,行政组织可以以国家名义和有力措施,促使其接受义务,履行职责。

法治性。这一特性主要体现在三个方面：一是行政组织的设置具有法治性。它的成立主要依照宪法和法律原则、程序和要求来进行，不得随意设置；它的变更要按照编制要求、变更程序和预算承受力来确定；它的撤销要经过法定程序审批。二是行政组织的运行具有法治性。行政组织在行政管理中的所有行政行为，都要符合宪法和法律精神，要依法行政。三是行政组织实施行政管理的始终都要接受国家权力机关、司法机关和社会公众的法制监督，防止滥用职权，违法行政。可以看出，行政组织的法治性贯穿于组建、运行和变更的全过程。

动态性。行政组织受制于特定的行政环境，必须适应统治阶级意志、社会文化传统和现代科学技术变化等因素，不断地调整其结构形式、管理方法、人员素质和技术条件等，始终与行政环境相互协调，保持平衡，使组织具有生命力。

行政组织的要素

行政组织是一个由若干个要素构成的整体。要素即构成组织的部分或条件。行政组织的构成要素一般来说具有 8 个方面：

职能目标。即行政组织存在和活动的指向。任何行政组织的存在总是要有一定的目的，承担一定的事务，履行一定的职责。如劳动行政组织，就是要合理配置和开发劳动力资源、促进劳动就业，维护劳动者和用人单位的合法权益，提高社会劳动生产率，等等。职能目标的作用在于：保证组织设置合理化；增进组织的协调能力和整合能力；确保考核制度公平合理；促使组织成员自我引导，努力工作。完整的组织目标是一个层级分明的网络,它由总职能目标、次职能目标、子职能目标和个人目标组成。

机构设置。行政机构是行政组织的实体,也是行使行政权力、履行行政职责的载体。它包括从纵向到横向的机构网络,其合理程度、完备程度,对组织效力的实现具有重要影响。因此,人们一般认为机构是组织的核心,也是影响效率的关键。

人员构成。这是行政组织履行职能活的灵魂。任何活动都是由人来推动的。人员构成,一般分为两类:一是领导者;二是一般公务人员,他们的素质高低、数量多寡、协调程度以及组织文化状况,对行政组织运转有着直接影响。

权责分配。行政组织目标不同、功能各异,与此相适应,权责关系也必须进行合理配置,以确保公务人员权责分明、各司其职、各尽其责,科学有效地进行管理活动。

资金设备。指行政组织运行所需要的费用开支、物财设备等,这是构成行政组织的物质条件。任何行政管理活动都必须以一定的财力物力投入为前提,否则,就无法实施行政管理。但是,由于行政组织缺乏自律性,必须以有力措施降低行政支出,减少各种消耗。降低行政投入、提高管理效率,是世界各国公共组织的共同难题。

管理方式。组织行为总是以一定的方式加以体现的,行政组织对社会公共事务的管理也是通过具体方式来实现的。管理方式是行政组织最基本要素之一,是实施有效管理的重要手段。

运行过程。从动态角度看,行政组织是一个由办事程序和信息流程组成的运行过程。程序,即办事的路线和步骤。现代行政组织要求行政管理尽可能地减少管理环节,缩短运行路线,提高管理效率。

法制规范。行政组织依法组建,依法运行,依法接受监督,始终体现法治要求。失去法制或违背法治精神,行政组织就会失去生存保障。行政组织的法治完备程度,标志着行政组织的规范化科学化水平。

行政组织的类型

　　行政组织是一个体系庞大、职能精细的系统。以我国行政组织为对象,按照不同标准,从不同角度,可以将其分为若干类型。

　　按照职权和管辖范围大小,可分为中央人民政府和地方各级人民政府。中央人民政府,即中华人民共和国国务院,是最高国家权力机关的执行机关,是最高国家行政机关。它由全国人民代表大会产生,对其负责并报告工作。在全国人民代表大会闭会期间对全国人民代表大会常务委员会负责并报告工作。它在全国人民代表大会及其常务委员会的监督下,统一领导和管理全国的行政事务。国务院由总理、副总理若干人、各部部长、各委员会主任、审计长和秘书长组成。国务院实行总理负责制。地方各级人民政府(含自治机关)是中央人民政府领导下的地方国家行政组织,又是地方各级人民代表大会的执行机关。它们分别对上一级人民政府和本级人民代表大会负责并报告工作,负责组织、领导和管理本行政区域内的社会公共事务,贯彻执行上级政府的指示、决议和决定。地方各级人民政府实行首长负责制。

　　按照工作性质、内容和作用,可分为以下几种类型:

　　(1)领导机关。是指各级人民政府的行政首脑机关、统率机关,是行政组织各层级的中枢,其主要任务是对所辖区域内的公共事务进行统一领导、指挥、协调和控制等。其工作具有统率性。

　　(2)职能机关。亦称本部机关或执行机构,它是在统率机关直接领导下,独自执掌某一方面行政事务的机关。它们是根据行政需要,按照法定程序设立的,是领导机关的组成部门。我国国务院所属各部、委、办,各级地方人民政府负责专业行政管理的厅、局、处、科等,均为职能机关。这些机关,按照政府职能划分,掌管具有独立性的产业部门和社会事务,对上受行政首长指挥监督,对下行使其管理职能。其工作具有局部性。

(3)直属机关。指根据需要而设置的主办各项专门业务、为领导机关直接管辖的单独机构。它不是领导机关的组成部门,级别比职能机关低,主要负责人不列入政府组成人员。如国务院下属的国家海洋局、国家专利局、国家气象局、国家能源局等,其工作具有专业性。

(4)辅助机关。指协助行政首长处理专门事项,或分掌政府机关内部综合、平衡、协调等工作的办事机关。如国务院和省级人民政府的办公厅、县市人民政府的办公室等均属此类。辅助机关没有特定的专业事务,不能脱离行政首长而独立存在,因而也不能直接对各专业职能部门行使指挥和监督权,只有在特别授权情况下,才可代表行政首长行使一定的权力。辅助机关在工作特点上具有综合性。

(5)咨询机关。亦称智囊机关或参谋机关,是指专为各级人民政府出谋划策的机关。它的出现体现了现代行政组织特征。现在我国各级人民政府所属的各种研究室、研究中心等基本上属于这一类型。咨询机关不是执行机构,也不是秘书班子,其职能就是出主意、当参谋、提建议,其工作具有参谋性。

(6)派出机关。指一级人民政府为减少管理幅度,依法定程序,在所辖区域内设立的代表机关。它不是一级政权机关,其权力是上级人民政府的委派与延伸。如省人民政府的地区行署、城市市区人民政府的街道办事处、县(市)人民政府的区公所、以及公安、工商管理、税务在不同区域设置的局、所等。派出机关的主要任务是执行和督促执行上级行政机关的决定、决议,反映下一层级的意见和要求,发挥承上启下作用,其工作具有辅助性。

二、公共行政组织结构框架考察

从一定意义上说,行政组织结构是指将组织目标、行政职位、层级制度等各要素组合起来的方式。它一般将其内部机构划分若干层次,并按其职能进行一定分工,这种组合的表现形式就是行政组织结构。依据这种结构,人们可以确定组织的职责范围、权力关系、决策程序、活动方式以及控制方法等。

行政组织纵向结构分析

行政组织体系纵向分层、横向分部,二者的统一构成行政组织结构。行政组织的纵向分层,即行政组织的纵向结构,它是上下级政府之间以及上下级政府所属部门之间所形成的关系形式。它是按照等级原则设计而成的,其职权和职责从最高层向最低层沿直线垂直分布。上级与下级、领导与被领导关系是这一结构形式最突出的特征。

行政组织纵向结构中的每一层级都有相应的机构、职位、人员和责任、权力的等级划分。一般来说,在同一纵向结构上的不同层级所管辖的业务性质大体相同,只是管辖范围随层级的降低而缩小。换句话说,层级越高,管辖范围愈大,职责与权力也愈大。就中国来看,行政组织体系一般分为中央政府和地方政府,地方政府又分为省、县(市)、乡三级。如果将实行市管县体制的市作为一个层次来看(《宪法》并未授予市管县(市)

的法定权限），那么，我国行政组织的纵向层级则有五级。

不可忽视的是，在同一层级政府内部，同样也有不同层次的行政机构。如国务院各部委，向下又有司（局）、处；省级政府各委、办、厅，向下又有处、科等。其差异只是规模和管理范围大小不同而已。

纵向层次的设置必须适中适宜。层次过多，程序必杂、手续必繁，带来公文旅行、官僚主义等问题，不仅延缓信息传递速度，而且容易推诿扯皮，造成人、财、物浪费；层次过少，事务过于集中，又会导致分工不明、权责不清，领导者疲于应付、难以控制。

管理幅度是行政组织纵向结构中的一个重要概念。它是指一级行政组织或领导者直接领导和指挥的下级组织数目或人员数目。如一个行政机关直接领导十几个部门，一个局长直接领导几名处长等等。对管理幅度也有量的限制问题。过宽，领导者管不过来，浮于表面、顾此失彼；过窄，则会管理过细，干涉下级事权，挫伤下级机关和行政人员的积极性和创造性。

管理层次和管理幅度都必须适中适宜，但其中任何一个因素的变化，都会导致另一方的变化。因为管理层次与管理幅度之间呈反比例关系，管理幅度小时，管理层次就多，这时呈尖三角形；管理幅度大时，管理层次就少，这时呈扁三角形。有人将管理幅度作为自变量，认为中层的管理幅度以 9—12 为宜，也有的主张 8—9 个为宜。这些观点，严格来说是缺乏科学依据的。因为，影响行政效率的因素很多，我们很难在不分层次、不分地域、不分能力的情况下，作出量的统一规定。但在具体处理管理层次与管理幅度之间关系时，有一些最基本变量关系可加以考虑：第一，管理对象的复杂、难易程度；第二，被管理者的素质高低；第三，管理者本人能力的大小；第四，管理手段的现代化程度；第五，法律规范和运行机制的完备程度，等等。如果事务简单、被管理者素质高、管理者能力出众、管理手段现代化程度高、运行机制完备,管理幅度就可以大些;反之,就应当小些。当然,行政管理活动是错综复杂的,随时可能出现新的变化因素。因此,管理者要善于审时度势,适时调整管理幅度。

行政组织横向结构分析

行政组织的横向结构,又称部门化、分部化结构,是指同一层级各部门之间构成的分工合作关系形式。在某一层级政府中,除领导统率机关外,一般需要按照行政目标和业务性质对总职能进行分解,确立职能部门。这种结构特征是分工合作、相互协调。分部化的各行政部门在一级组织的领导下,履行各自范围内的职责业务。横向分部是现代社会分工加剧的必然结果,尽管有人对"项目政府"提出批评,但是随着社会分工的加剧、专业化程度的提高,职能部门仍会以各种新的形式出现。

对于职能部门的划分标准和方法,西方学界曾做过详细研究,其中,L.古利克的四标准理论影响最为广泛。他指出,要在归类中将工作任务分配给各单位而又不违背同类原则,就必须依照目标、程序、人物或事物、地区来建立机关。这一理论,一直成为世界各国划分部门和有效分工的基本依据之一。

按职能目标划分。这一方法是将管理目标进行分解,把事物同类、职能一致者划为一个部门。如中央和地方人民政府下设的工业、农业、贸易、民政、公安、人事等部门都是依职能目标设置的。它能够较好地体现专业化分工原则,有利于组织内部的指挥统一,有利于行政人员专业技术水平的培养。但这一方法也有一些缺陷:一是职能界限难以把握,很难一下子划分清楚,留下推诿扯皮后患;二是不同职能部门间的关系容易冷漠、僵化,易非人格化,难以协调。

按程序划分。即以工作路线、流程或设备为标准设置机构。该划分方法有利于及时吸收运用现代技术成果,发挥专业特长;有利于加强技术合作,节省单位成本,提高行政效率;有利于培养和造就行政管理人才,促进公务员队伍专业化。其缺陷是,容易导致内部管理人员和公务员重技术轻政策、重手段轻目的的倾向。

按管理区域划分。该方法主要适用于按地区范围分工的机构,一般以地点命名,如各省、市、自治区,水利部下属的各大跨境流域指挥部,城市工商、税务、公安各派出机构等。这种划分有利于因地制宜、发挥区域优势,缺陷是容易产生地方主义、分裂主义、号令难以统一等弊端。

按服务对象划分。该方法主要适用于工作性质相同但深浅程度有别的机构,一般以服务对象的名字命名。如国家教育部内设的高等教育司、基础教育司、成人教育司,国家人力资源与社会保障部内设的公务员局、专业技术司等。这种划分讲究对口、服务方便,但容易办事杂乱、出现专权现象。

以上划分方法各有利弊,如何选用,宜根据行政环境来确定。其基本思路是,首先要把总的机构按职能进行配置,之后再根据需要采用其它划分方法。但不论采用何种方法,都要以方便服务、功能齐全、结构合理、完整统一、运转协调、适应发展为前提。

三、公共行政组织体制的一般理论

行政组织体制是国家根据社会经济发展需要,通过法定程序将行政组织各层次、各部门的行政关系制度化的表现形式,其实质在于保证行政组织整体功能的实现。以行政权力的归属为标准,一般可将行政体制分为三种类型,即首长制和委员会制、层级制和职能制、集权制和分权制。

首长制和委员会制

首长制和委员会制是依照行政组织拥有最终决策权承担责任人数的多少来划分的。首长制,亦称独任制,系指行政组织的最终决策权和责任集中于一人承担的体制。美国的总统制是首长制的典型。有次林肯总统召开内阁会议征询意见,七名内阁成员均表示反对。林肯宣布:七票反对,一票赞成,反对无效,赞成有效,方案通过,这就是首长制。这种体制,行政首长对行政事务享有最终决定权,对其所负责范围内的工作承担全部责任。委员会制,亦称合议制,系指行政组织的最终决策权力和责任由两人以上的集体承担。瑞士联邦政府是委员会制的典型。这种体制,一切重要行政事务都由联邦委员会集体讨论决定。联邦委员会主席只是充当会议召集人或主持人。首长制和委员会制的最大区别在于,前者是多数服从行政首长一人,行政首长可以不采纳多数人的意见;后者是少数服从多数,委员会核心人物必须听从多数人的意见。

在首长制体制下,行政首长权力集中,责任明确,因而指挥高度统一,命令上下贯通,控制坚强有力,行政纪律严明,保密程度高,信息沟通和行政决策速度快。各国政府和具有行政特点的组织一直推崇并广泛使用这一体制。但是首长制也存在许多缺陷,一方面,行政首长面对日益庞杂多变的行政事务,可能因个人智力、能力和精力的限制而疲于奔命、顾此失彼、贻误工作。另一方面长期大权独揽,容易导致行政首长偏执己见,独断专行,营私舞弊;如若政治品行不端,还会拉帮结派,培植势力,置公共利益于不顾,破坏行政组织的公正廉明。

委员会制是民主精神的一种体现,其优点主要表现在:易于博采众长、集思广益,实现民主决策、科学决策;易于分工合作、减轻领导者负担;易于相互牵制、防止权力专断和营私舞弊。其缺点也十分明显,体现在:事权分散、决策迟缓、协调困难;责任不明、职守不清,相互争功诿过;力量分散、行政迟缓,易贻误战机;易泄密,保密制度往往形同虚设。

首长制与委员会制各有利弊长短,没有绝对好坏、优劣的划分,其选用应视特定行政环境来确定。自古以来,中外政治家和管理者对此都有过深刻论述。东汉末年的仲长统指出:"春秋之时,诸侯明德者一卿为政,爰及战国亦皆然也……夫任一人则政专,任数人则相倚。政专则和谐,相倚则违戾。和谐则太平之所兴也,违戾则荒乱之所起也。"①明张居正认为:"天下事虑之贵详,行之贵力,得在于众,断在于独。"②外国学者对此也有论及,孟德斯鸠认为:"行政贵乎迅速,与其付托于多数人,不如付托于一人;立法要深思熟虑,与其付托于一人,不如付托于多数人。"③美国行政学者认为,执行与指挥的事务应采用首长制,制定决策、决定法令宜采用委员会制,因为集体智慧常高于个人智慧。可见,对于两种体制的选用要趋利除弊、扬长避短,使之相互配合。一般来说,凡属执行性、事务性等带有速决性质的行政事务宜采用首长制,以收行政快、效率高之效;凡属立法性、决策性、顾问性的组织宜采用委员会制,以集中多方智慧,体现各方利益,反映各方诉求。

我国行政组织原为委员会制,1982年《宪法》规定实行首长负责制。但这一体制同一般意义上的首长制有一定区别。它实际上是在首长制基

---

① 仲长统:《廿四史》中《昌言·法诫篇》。
② 张居正:《陈六事疏》。
③ 孟德斯鸠:《论法的精神》(上册),商务印书馆1961年版,第160页。

础上吸收委员会优点形成的一种混合制。其意旨在于使其既兼备首长制和委员会制优点，又避免首长制和委员会制的缺点。国务院实行总理负责制，在总理负责制下的国务院会议只开展讨论，不进行表决，最后决定由总理在集体讨论的基础上做出。与此相适应，国务院各部、委实行部长、主任负责制，地方各级人民政府分别实行省长、自治区主席、市长、州长、县长、区长、乡镇长负责制。这种体制既事权集中、责任明确，又决策民主、分工合作，是一种较为理想的模式。

层级制和职能制

层级制和职能制是依照行政组织体系内部各构成单位的职权性质和范围划分的。层级制亦称分级制，系指一个行政组织纵向分为若干层次，每个层次所管辖业务性质完全相同，其管辖范围随层次的降低而缩小。比如省、市、县都负有管理经济、教育、农业、民政等任务，种类几乎完全一样，只是管理范围和领域大小不同。职能制，亦称分职制，系指一级行政组织平行划分为若干部门，每个部门所管辖的业务与其它部门不同，但其管辖范围大体相同，如省级人民政府分设各委办厅局，其工作内容各异，职责大小相同。

层级制和职能制，作为一种体制，各有优缺点。层级制是典型的层级节制结构，在实践上与首长制相联系，其优点在于指挥统一，事权集中，节制分明，成一系统，便于指挥。但层级制往往因节制过严抑制下级的首创精神和主动精神；行政首长常常管辖过多，事繁责重，既无暇顾及大事，又容易出失误。职级制有利于发挥组织的技术专长，使之合理分工、相互配合；同时可以使首长把主要精力置于整体和长远目标，不致独任其劳、陷入冗杂琐事之中。但是,如果分职不当,分工过细,则又容易造成机构部门林立、机构松弛、分工不合作、甚至相互制约等弊端。正因为如此,现代行政组织中没有一个是单纯采用层级制或职能制的,事实上它们也不可能单独使用,而是把两种制度有机结地结合起来,形成"级职综合体"。其具体程序是,先按管理范围划分组织层级体系,之后再按管理性质对每一层级划分部门,形成纵向分层、横向分部格局。

我国的行政组织是层级制和职能制的结合。从层级上看,从中央到地方按范围大小划分为国务院、省(直辖市、自治区)、市(州)、县(旗)、乡(镇)若干层级;从职能上看,每一个层级又分设为若干部门,如国务院设立若干部委署,省市自治区政府设立若干委办厅局等,构成的是一个纵横交错、相互配合的层级职能体系。

集权制和分权制

集权制和分权制是依照行政权力归属而划分的一种组织体制类型。所谓集权制,是指行政权力集中于上级机关,下级机关没有或很少有自主权,一切措施、法令均由上级机关决定,下级机关必须按照隶属关系、按照上级指令被动地从事各项管理活动。与此相反,分权制的下级在其管辖职权范围内,拥有采取行政措施、开展行政活动、作出行政决策的自主权,不必事事听命于上级,上级亦不随意干预,中央或上级仅处于监督地位。

集权制有利有弊,其优点是政令统一、标准一致,层层节制、指挥灵便;同时,有利于统筹全局、成一系统,符合行政统一之精神;就国家而言,还有利于推行大型建设项目和完成综合性的社会治理。但是,如果权力过于集中,组织就会趋于僵化,缺乏环境适应力;监控不力时,专制与独裁就会盛行;层级节制过多,下级就会消极待命、唯命是从,缺乏自主精神;只顾整齐划一,因地制宜则无法实现,等等。

分权制在管理方式上具有灵活性和适应性的特点,它有利于分权分工、分级治事、分层负责、因地制宜,避免政策上的"一刀切";有利于充分发挥下级个性、特长,使体制富有弹性、适应性。但是,如果过度分权而不加以适当集中,就有可能破坏行政统一,出现各自为政、本位主义,甚至分庭抗礼、割据称霸现象,导致行政体系功能紊乱,难以控制。

实践表明,集权与分权既相互排斥,又相互依赖。一个组织既要集权,又要有适度分权,否则,不是专断、独裁、僵化,就是相互冲突、相互残杀。因此,在实际运用中必须有机地加以统一,使其统中有分、分中有合,统分结合、相得益彰。就一般情况来看,凡是涉及全国整体利益,对全国具有普遍意义的事情;凡属立法、军事、外交、国家安全、公安等政治、法律方面的重大事务;凡是在变动不居的历史时期,都应实行集权制。至于那些关系地方利益的事务,如地区经济建设、民生保障、基础设施建设、文化教育事业、环境保护和社会治安,等等,都应分权归地方管理。

我国是具有高度集权传统的国家。经过几十年的改革,现在已有很大变化,如赋予地方较大的行政立法权和行政管理权,在少数民族聚居区实行区域自治,在经济特区实行特事特办,香港特区、澳门特区实行"一国两制",赋予中心城市计划单列体制,等等。仅此还远远不够,尚需在"还权社会、还权于民"的历史进程中渐进调适、逐步扩大。

四、跳出怪圈：公共行政机构改革

公共行政机构改革的意义

我们这里研究的机构，主要是行政机构。它是国家为推行政务和管理事务依法组建的行政机关体系。它具有自身特殊性和相对独立性，其发展主要取决于推动社会历史进程的终极动力——生产力。这是上层建筑发展规律的必然反映。随着经济社会发展，按照经济基础内在要求，所有国家都会不断地对行政机构进行调整改革。

对于机构改革的内涵，人们的认识并不完全一致，它经历了从个别到一般、从特殊到普遍、从不确定到相对确定的发展过程。1981年以前，人们一直用精简机构来代替机构改革，认为机构改革就是精简机构和人员，是定理，并普存于人们心间。党的十三大报告正式使用机构改革表述时，人们一下子还很难理解。今天，我们所进行的机构改革早已不是过去意义上的增减盈缩了，而是以适应经济社会发展变化，以转变职能为核心所进行的政府制度创新。其内容主要包括：按照市场经济体制要求，重塑和再造政府职能；撤销、合并与新体制、新职能不相适应的机构；理顺上下之间、左右之间的组织结构和隶属关系；精简领导职数，紧缩人员编制，提高人员素质；建立健全各种工作制度、领导制度和人事制度，加强机构的法制建设，等等。

关于机构改革的范围，理论和实践上的使用不尽相同。有的使用广义概念，认为机构改革就是行政体制改革；有的使用狭义概念，认为机构改革主要是政府机构的改革。笔者主张使用后一种观点。因为,行政体制是一个十分宽泛的概念,与机构改革之间是大系统与小系统的关系,不加区别地使用,容易引起混乱。但是我们也应看到,大规模的机构改革,不可能不触及行政体制改革,因此,我们在推进机构改革时,必须对行政体制改革给予足够的关注。此外,党的机构我们也姑且列入行政机构改革的范畴,这是基于目前党的机构所具有的特殊职能模式、活动方式以及现有的党政机构关系状态来考虑的。目前,如果撇开党的机构,研究机构改革则无法准确反映我国机构改革的全貌。

公共行政机构改革回溯

新中国成立以来,随着国家政权的巩固,政治、经济、文化等因素的不断变化,我们对国家行政机构进行了几次较大规模的改革,内容十分丰富。为了深刻认识改革的意义,更好地吸取经验教训,我们有必要对各个阶段的改革背景、改革进程以及改革成效进行回顾总结。

1952年至1956年的第一次大规模机构改革。1952年,国民经济恢复时期的任务提前完成,即将启动新的大规模经济建设与文化建设。根据形势任务要求,特别是为完成近百个大型项目的建设任务,中央政府对各项工作实施集中管理,防止权力过于分散,弥补地方能力缺陷。从1952年底开始,全面借鉴学习苏联管理体制,进行大规模机构改革。首先,将各大行政区人民政府(军政委员会)改为行政委员会,作为中央人民政府在各地进行领导和监督地方政府的代表机关;其次是加强中央人民政府机构,增设国家计划委员会,调整政务院工作部门,由重工业部分设出第一、二机械工业部,建筑工程部、地质部;由教育部分设出高等教育部、体育运动委员会、扫盲工作委员会;撤销新闻总署和情报总署。到1953年底,政务院工作部门达42个。

1954年,为加强中央对省、市、区的统一领导,减少管理层次,中央决定撤销各大区行政委员会。同年,依照宪法成立国务院,即中央人民政府。按照《国务院组织法》规定,对原政务院的组织机构进行改革,国务院的工作部门在原政务院的基础上由42个增加到64个。具体内容是:撤销政治法律、财政经济、文化教育3个委员会,设立国务院政法、文教、重工业、轻工业、财贸、交通、农林、对外改造8个办公室,协助总理掌管和处理国务院所属各部门工作。设立20个国务院直属机构,主办各项专门业务。调整部分部委机构,即:撤销人民监察委员会,设立监察部;增设国防部、国家建设委员会和地方工业部。国家计划委员会改为国务院组成部门;将中国科学院调整为国家最高学术机构,不再作为政府工作部门。

1955年和1956年,"一化三改"运动进入高潮,工业、农业和商品流通业日益发展,各大中型工业建设项目进展顺利。为推动国民经济有计划按比例地均衡发展,加强对整个工业经济的指导,中央对所属财经部门的组织机构进行较大范围的调整,增设工作部门17个,其中绝大多数为经济管理部门,如国家经济委员会、国家技术委员会、第二机械工业部、电机制造部、森林工业部、产品采购部、农垦部、水产部、物资供应总局、城市建设总局,重工业部分解为冶金部、化学工业部、建筑材料工业部,燃料工业部分解为煤炭工业部、石油工业部和电力工业部。这时的国务院部门达81个,形成了新中国成立以来机构膨胀的第一个高峰。与此同时,省级和省级以下政府也比照国务院的工作部门对口设置机构。至此,体现高度集权,实行部门管理,按行业和产品设置机构的行政体制基本形成。

1957年的第二次大规模机构改革。新中国成立之初形成的机构及管理体制,对稳定政权,保证和促进国民经济持续发展起到了积极作用。

但是权力高度集中,抑制地方积极性的弊端逐步暴露出来。1956 年 2 月初,毛泽东用很长时间听取 4 个部门的工作汇报,感到权力集中、统得过多过死的问题较严重,指出:"应当在巩固中央统一领导的前提下,扩大一点地方的权力,给地方更多独立性,让地方办更多的事情,这对我们建设强大的社会主义国家比较有利。我们的国家这样大,人口这样多,情况这样复杂,有中央和地方两个积极性,比只有一个积极性好得多。我们不能像苏联那样,把什么都集中到中央,把地方卡得死死的,一点机动权也没有。"①他建议党政机构必须进行大精简。1957 年,国务院决定对经济体制进行改革,拉开了第二次大规模机构改革的序幕。从 1958 年开始,中央向地方下放权力,把以条条管理为主改为以块块管理为主。如将工业、商业和财政的一部分权力下放给地方和企业,将原由中央各部门管理的企业、事业单位下放给地方政府。与此相适应,国务院经济管理部门也随着职能目标的改变与消失进行了较大幅度的合并和调整。到 1959 年,国务院工作部门比 1956 年减少 21 个,其中主要是经济管理部门。

这一阶段的改革,开始触及到行政体制中权力高度集中的弊病,对于调动地方积极性无疑是重要的。但是,机构改革是一个复杂系统,人们的认识水平很难理性地顾及全部。由于当时社会生产力水平提高较快,小生产的生产规模和方式开始向社会化大生产转化,由此带来的问题日益突出:一是专业化分工愈来愈细;二是在分工基础之上的合作与协调需要加强。然而,这一阶段的改革无法面对这样一个现实。由于政企之间高度合一,行政机构必须按照专业分工要求不断地增设,致使各部门分工不合作和人员严重超编。如果精简机构和编制,就会影响甚至削弱中央宏观控制力。这是计划经济体制下机构改革的两难选择。这一阶段的机构

---

① 《毛泽东文集》第七卷,人民出版社 1999 年版,第 31 页。

改革在当时历史条件下只能是摸索前行，教训多于经验。

1961年到1965年的第三次大规模机构改革。为贯彻"调整、巩固、充实、提高"八字方针，中央开始上收50年代后期下放给地方的一系列权力。与此相适应，在机构设置上逐步恢复权力下放时被撤销和合并的中央经济管理部门，增设了一些新的经济管理部门，如二轻工业部、对外经济联络委员会等。到1965年底，国务院设部委49个，直属机构22个，办公机构7个和1个秘书厅，共79个单位，机构数量接近1956年的水平。在调整机构的同时，还大批精减下放国家机关人员。1961年到1963年间，共精简下放机关干部80万人。这一阶段的改革是在国民经济受到严重破坏，并难以为继的情况下所采取的应急措施。经过这次改革，人们开始关注行政体制，如政企分工、企业自主权以及中央管理经济的职责范围等问题。

"文化大革命"开始后，国家机关普遍受到冲击，机关工作陷于停顿、半停顿状态。在"斗批改"中，机构撤并，人员下放。1970年国务院将79个部门撤销合并为32个，其中包括划归军委办事组管辖的国防部，第二、三、四、五、六、七机械工业部和划归总参、空军、海军领导的体育运动委员会、中国民用航空总局、国家海洋局以及归中央文革和中联部领导的新华通讯社、广播事业局、外文出版发行事业局等13个部门。实际上归国务院领导的部门只有19个，即：外交部、国家计划委员会、国家基本建设委员会、公安部、农林部、冶金工业部、燃料化学工业部、第一机械工业部、轻工业部、交通部、水利电力部、财政部、商业部、对外贸易部、对外经济联络部、卫生部、科教部、文化部和国务院办公室。这次机构变化，杂乱无章，逻辑混乱，极具破坏性。

"文革"后，国家进入新的历史发展时期，各条战线拨乱反正，党的思想路线、政治路线和组织路线重新得以确立。尤其是广大干部高度重视国民经济发展,主动提出加强自己所主管的工作,要求恢复在"文化大革命"中被撤并的机构,或者增加新的机构。此后,国务院工作部门急剧膨胀,无论是增加的速度,还是数量,都远远超过建国以来任何时期。到1981年,机构由1976年的52个猛增到100个,达到建国后的最高水平,其中经济管理部门就有65个。

1982年的第四次大规模机构改革。1980年邓小平明确指出:"我们的各级领导机关,都管了很多不该管、管不好、管不了的事",①"机构臃肿,人浮于事,办事拖拉,不讲效率,不负责任,不守信用,公文旅行,互相推诿……等等,都已达到令人无法容忍的地步"。② 邓小平在文中所列举的这些现象,是伴随着经济体制改革深入,商品经济迅速发展,政治体制改革不配套,政府职能转变滞后逐步暴露出来的。如果不对现行机构进行改革,"不论党和政府的整个方针政策怎样正确,工作怎样有成绩,我们都只能眼睁睁地看着党和政府的机构这样缺少朝气、缺少效率,正确的方针、政策不能充分贯彻,工作不能得到更大的成绩,我们怎能得到人民的谅解,我们又怎能安心?"③在此背景下,新一轮的机构改革悄然启动。

这次机构改革的主要内容是:第一,把调整领导班子、实现干部队伍的"四化"放在突出位置;同时,明确干部离退休制度,打破干部职务终身制。第二,根据重叠机构撤并、业务相近机构合并的原则,撤委并部,削减直属机构。经过改革,国务院工作部门由100个减少到61个,其中部委减为43个,直属机构减为15个,办事机构减为3个。第三,紧缩人员编制。如国务院工作部门由5万余人减少到4万人。第四,在撤并经济管理机构的同时,在经济较为发达的广东、辽宁、江苏等省试行地、市合并的

---

① 《邓小平文选》第二卷,人民出版社1994年版,第328页。
② 《邓小平文选》第二卷,人民出版社1994年版,第327页。
③ 《邓小平文选》第二卷,人民出版社1994年版,第397页。

市管县体制,尝试打破城乡之间、条块之间分割。此外,还加强了综合部门、智囊机构和统计、监督等反馈机构的建设,如增设审计署等。这次改革在调整领导班子、废除干部终身制、实现干部新老交替等方面的做法和经验很值得总结。

1988 年的第五次大规模机构改革。此时正值经济体制改革逐步深入,扩大企业自主权的呼声日渐增高,政治体制改革被提上议事日程的时候,人们试图通过改革,建立一个具有中国特色的功能齐全、结构合理、运转协调、灵活高效的行政管理体制。这次改革带来三个方面的变化:一是调整国务院机构总体格局,强化综合部门、经济调节部门、监督部门和社会保障部门,适当弱化专业经济管理部门。国务院常设机构由 72 个缩少为 66 个,非常设机构从 75 个降为 49 个。工作人员由原来的 5.28 万人,精减至 4.48 万人。二是按照党政分开原则,对党中央直属机构进行了改革,应由政府部门承担的职能移交给政府,不再设置与国务院职能部门工作交叉重叠的办事机构。三是地方政府机构改革,尤其是试点县、市的改革试点各具特色。如山西省隰县围绕主导产业、兴建服务实体的做法;山东省昌邑县转变政府职能、理顺各种关系的尝试;湖南省华容县减少部门中间层次、在精简上的突破;内蒙古卓姿县实行“三分开”、“三转变”的举措,等等。

1993 年的第六次大规模机构改革。这次改革距离上轮仅有四年时间,可是国务院常设机构增长过快,由 66 个增至 86 个,非常设机构由 49 个增至 85 个,平均每年增加 14 个常设和非常设机构。① 在外部环境上,经济体制改革步伐不断加快,社会主义市场经济体制目标正式确立。这就迫使行政体制和机构必须进行深刻变革。这次改革,保留国务院组成

---

① 鲁牛:《建国后的历次政府机构改革》,载《工人日报》1993 年 7 月 9 日。

部门 41 个,直属机构、办事机构 18 个,共 59 个,比原有的 86 个减少 27 个,人员减少 20%。由于经济体制改革处于变动不居状态,机构改革虽然目的清楚,但目标不明,许多深层次的问题没有触及。建立社会主义市场经济体制的一个重要前提是撤销工业经济主管部门,但结果却是合并撤销的少,保留增加的多。能源部是在 1988 年合并三个专业经济部门的基础上建立的,此次又将其撤销,分拆成电力部和煤炭部。不过这次改革全面推行国家公务员制度,实现了公务员队伍"进、管、出"的法治化,应当说是重要收获。

1998 年的第七次大规模机构改革。这轮改革着眼于市场经济需要,以撤销专业经济部门为目标,加大政府职能转变力度,为实现政企分开釜底抽薪。如,精简计划经济时期保存下来的专业经济部门,将这些部门转变为国家经贸委下属局的有 9 个,2001 年又将其中的 7 个局撤销,国家煤炭生产局改称国家安全生产局,保留国家烟草专卖局。中央各部委办直属局公务员从 1997 年 3.4 万人减少到 1.7 万人,国务院人员编制总数减少了 47.5%。一些市场监管机构得到强化,并提高了规格,如国家工商行政管理总局、新闻出版总署,国家质量技术监督局和国家出入境检验检疫局合并成为国家质量监督检验检疫总局,成为正部级单位。一些部门还增设了很多司局级单位,比如外贸部建立了世界贸易组织司,成立了中国政府世贸组织通报咨询局、进出口公平贸易局等。此外还成立了一些正部级单位,如国务院信息化办公室等。为了加强国家对重点企业、重点大学的管理支持力度,一些国企和重点大学校长书记按副部级管理。

2003 年的第八次大规模机构改革。改革核心是建立决策、权力、监督"三分制"体制,这是这轮机构改革的一个突出特点。其内容是:(1)深化国有资产管理体制改革,设立国务院国有资产监督管理委员会;(2)完善宏观调控体系,将国家发展计划委员会改组为国家发展和改革委员会;

(3)健全金融监管体制,设立中国银行业监督管理委员会;(4)继续推进流通管理体制改革,组建商务部;(5)加强食品安全和安全生产监管体制建设,在国家药品监督管理局基础上组建国家食品药品监督管理局,将国家经济贸易委员会管理的国家安全生产监督管理局改为国务院直属机构;(6)将国家计划生育委员会更名为国家人口和计划生育委员会;(7)不再保留国家经济贸易委员会、对外贸易经济合作部。

2008 年的第九次大规模机构改革。这轮改革的重点是尝试推行大部制。通过整合职能交叉重复部门,进一步理顺政府部门间的关系。主要做法是,合理配置宏观调控部门职能,减少微观事务和具体审批事项,完善公共财政体系,加强金融监管部门的统筹协调;加强能源监管机构,组建国家能源局;组建工业和信息化部、交通运输部、人力资源和社会保障部、环境保护部、住房和城乡建设部,国家食品药品监督管理局改由卫生部管理。调整后的国务院组成部分 27 个,直属特设机构 1 个,直属机构 15 个,办事机构 4 个。

2013 年的第十次大规模机构改革。情况在变,问题在变,机构不可能固定不变。近些年,各种新组织如雨后春笋,层出不穷,社会管理难度进一步加大。"几十个大盖帽对付不了一个草帽"、"八个部门管不好一头猪"、"管理就是收费,协调就是喝醉"等群众困惑,反映的都是政府职能缺位、错位问题。这轮改革,围绕进一步转变政府职能,加强社会管理,深化政企、政事、政社分开,推进部门整合,形成大交通、大社会、大卫生、大文化、大能源和大市场监管的大部门体制。实行铁路政企分开,整合、加强卫生和计划生育、食品药品、新闻出版和广播电影电视、海洋、能源管理等机构。调整后的国务院组成部分由之前的 27 个减少到 25 个。

公共行政组织的低效与症结

通过改革能不能克服行政组织现存弊端,能在什么程度上克服这些弊端,首先取决于我们的认识达到什么程度。为此,我们有必要从分析组织弊端入手,探寻产生问题的原因。

纵向层次过多,机构规模庞大。按照效率效能原则,纵向层次应尽可能地适中适宜,层次不可过多,以缩短领导层与实施层的行政距离,便于上下沟通,降低信息失真失落率。实践表明,管理层次每多出一级,信息的失真失落率就会大幅增加。我国目前情况是:在宏观上,从中央到地方依次要经过省—市(地区)—县(市)—乡(镇)五个层次,个别省份,县与乡(镇)之间还有派出机关——区公所,使层次在整体上虚虚实实高达六级。这在世界上是绝无仅有的。据有关资料显示,在世界 168 个国家中,有 8 个国家设中央一级(即无地方政府,无层级可言),有 25 个国家地方仅设一级政府,有 67 个国家地方上只设 2 级,如澳大利亚、比利时、荷兰、加拿大、日本和巴西等国。当然这与国家幅员大小、人口多寡有着直接关系,但像美国这样的大国,地方政府也只有两级或三级(美国是两级制和三级制并存)。① 这是值得我们研究的。在微观上看也是叠床架屋。繁多的层次,不仅大大降低信息上传下达速度,而且给机构臃肿、人员膨胀提供了条件。

横向部门划分过细,职能交叉重复。现代组织理论告诫人们,横向职能部门宜粗分不宜细分,要尽可能地在总目标的统帅下归类、裁并专业管

---

① 陈嘉陵主编:《各国地方政府比较研究》,武汉出版社 1991 年版,第 67 页。

理部门,紧缩管理幅度,业务相近的要尽可能合并,能合署办公的合署办公,否则就会引发职能交叉重复、扯皮掣肘现象。以两个圆的关系喻之,就是相切不相交。目前,我国职能部门的分设与职权划分普遍过细。以农口为例,一些地方普遍设有农业局、农垦局、畜牧局、林业局、农机局、水利局、农业资源开发局等部门,行政执法面对的都是那"一亩八分地",必须导致重复执法、重复检查。过细的分工,还会造成职能不清,互相推诿。有幅漫画:一人中箭,到外科就医,外科医生把箭杆锯掉,要求病人到内科去诊治。如此荒唐之事,在行政组织系统司空见惯、屡见不鲜。

管理幅度失当、比例失调。管理幅度是指一级行政组织管辖的一级行政单位数目。它还有广义的理解,即一级组织所管辖的区域和人口。我们这里所讨论的主要是后者。管理幅度的大小对于提高效率至关重要。过大,容易顾此失彼,产生官僚主义;过小,则容易事事干预,下级难以适从。当前,我国行政组织幅度失调表现在:从中央来看,由于层次过多,管理幅度偏小,难以适应社会事业发展需要。我国地域辽阔,人口众多,民族种类复杂,各地情况变化快,差异大。但政策往往是"一刀切",无法具有普遍适应性。

机构自我服务现象严重。按照国家有关编制规定,省级党政机关厅(局)级机构的数额为 40 个左右,地级市为 40 个左右,县(市)级 35 个左右。而目前的状况是:全国省级党政机关厅(局)级机构多达 2100 个,平均每个省设置 70 多个,超过中央编制部门规定的机构限额 15 个左右;地县直属机构和单位分别达到 65 和 45 个,非常设机构更加泛滥。某省的一个地级市近几年所设置的非常设机构多达 130 多个。这些机构大多因人而设,普遍缺乏职能目标,经常制造无用劳动,干扰企事业单位和社会群众。机构膨胀,财政负担自然沉重。据报载,现在吃财政饭的人员总数不会低于 3800 万,加上离退休人员总数将逾 4000 万,这在古今中外都是绝无仅有的。① 如此庞大臃肿的供养队伍,使本来有限的财政更加紧张,"生之者寡,食之者众"的矛盾日益加剧。县级情况更为严峻,财政赤字率高达50%以上,且呈扩大趋势。剩下的县也多是"有钱养兵,无钱打仗"的"吃饭财政"。

公共行政机构改革成效不彰

早几年,有人把我国建国后推行的屡次机构改革,尤其是20世纪90年代前的历次改革形象地称为"割韭菜式改革"、"刮胡子式改革"。认为"机构改来改去,只是多挂了几块牌子,多添了几张桌子,多增了几个位子,多造了几幢房子,多购了几部车子",结果是"肥了刻章的,好了配锁的,忙了印刷的。"此言对于某些阶段的改革而言有几分逼真,但从总体上看,还有失偏颇。从研究的角度来看,比较国外一些国家的做法,我国的机构改革很像"万花筒",让人眼花缭乱。

没有抓住主要矛盾。即没有抓住行政权力这一核心问题,并根据行政权力的纵向和横向定位来确定政府职能。细察以往,改革多是在不触动政企、政事、政社关系的格局下进行的,基本模式是进行裁并,基本内容是权力在各级政府和政府各部门之间上下左右的转移,而政府与企业、与事业、与社会的权力关系没有实质性改变。在这种体制下,政府必将把经济与社会生活的诸领域纳入自己的管理范围,使政府始终处于高速运转状态。不难预料,过不多久,一些机构还会死灰复燃,减而复增。

---

① 从汉、唐、宋、明、清五个朝代财政供养人员与老百姓的比例来看,汉1∶7945,唐1∶3927,宋代滥设官吏,但仍达1∶500左右,清代1∶911。目前,日本约为1∶150,美国的马里兰州约为1∶180。

干部人事制度改革不配套。机构改革是一项复杂的系统工程,涉及社会生活的各个领域,它除转变职能、划分权责关系、精简裁并机构外,还要与干部人事制度的改革结合起来,既要考虑宏观人事调控,又要考虑微观人员转移。公务员制度推行以后,入口问题得以解决。但是干部"能上不能下,能进不能出"的新陈代谢机制尚未建立起来,党政机关尤其是事业单位人员增长问题仍然无法控制。再如,由于职级序列未能跟上,机构升格、人员升职,因人设事、因官设署风气盛行,企事业单位、社会团体的行政化、官僚化现象日趋蔓延。由于职级制度没有建立起来,造成千军万马奔官位,领导职务和非领导职务同步增长,"五官科"、"八大处"、"十羊九牧",甚至"九羊十牧"的现象司空见惯。

缺乏深入理论研究和科学论证。机构改革是一项复杂工程,也是一场深刻革命,它涉及政治体制、经济体制、文化环境等各种因素,需要统筹规划、配套设计,从理论和实践方面深入研究、反复论证。西方资本主义国家对这一方面是十分重视的。像美国,自 19 世纪以来进行了一系列改革,每次都要组成专门性的、享有极高权威的研究机构。1947、1953 和 1993 年三次成立"政府行政部门研究委员会",深入调查研究,精确严密论证。我们的历次机构改革与此是有不小差距的。有时只注意埋头搞"方案",以主观意志代替理性抉择,很少吸收专门人员介入研究。在机构名称上表现得最典型。一些机构名称重复混乱,不讲修辞,甚至存在逻辑语病。像人口与计划生育委员会、住房与城乡建设部、人力资源与社会保障部、新闻出版广电总局、交通运输部,等等,在修辞上都值得细究。此类问题,完全可以集中多方智慧作充分论证。中国古代吏、户、礼、刑、兵、工六部之表述,精辟精要,堪称典范,值得借鉴。

组织法制不健全。机构改革成果缺乏法律保护,尤其是编制法,既立法不够,又执法不严。一是欠缺太多。新中国成立初期,我们比较重视组织法制建设,不仅在宪法中规定各级机关组织建设的一般原则,而且制定了国务院和地方人民政府组织法。此外,还制定颁发了不少单项组织条例,如《内务部组织条例》。后来由于众所周知的原因,这项工作被忽视了。如今除宪法、国务院组织法、地方各级人民政府组织法规定政府组织的一般原则外,其余的单项组织法规尚不健全,而且国务院和地方各级人民政府组织法的规定也过于原则、笼统,执行起来很难把握。二是组织立法不及时,改革成果难以巩固。三是执行不力。有的部门一方面严厉批评机构臃肿,人浮于事;另一方面又不断地为机构升格,扩大编制。"编制就是法律","超编就是违法"的观念,还有待进一步强化。

传统思想文化根深蒂固。部门本位、好大喜"高"、只上不下的心理影响,范围大、程度深。机构改革是在特定历史文化环境下进行的,不可能不受管理主体因素的制约,其中消极心理因素是助长和推动机构反复膨胀的一个重要原因。有的部门本位严重,总是片面强调自身重要性,愿管实不愿管虚,希望大而全、上下对口、自成体系,甚至利用编制立法和执法漏洞来扩大规模,或者向下施加压力,要求增设对口机构。这种"只能大不能小,只能上不能下"的消极心理,给机构改革带来不少难题。

公共行政组织的精简、统一、效能原则

《宪法》规定,"一切国家机关必须实行精简的原则"。马克思主义经典作家也都作过精辟论述。1871 年,马克思针对资产阶级政府的庞大、臃肿和巨额耗费,指出这种政府实际上是补充直接经济剥削的第二剥削

人民的手段,设想社会主义的国家机关应当是真正的"廉价政府"。① 列宁曾在不少文章中严厉批评国家机关的官僚主义弊端,坚决主张精简机构,紧缩编制,并尖锐地指出:"宁肯少些,但要好些"②,要求那些"贵族老爷式的玩具性的机构"要一律撤销。毛泽东在《抗日时期的经济问题和财政问题》一文中也曾指出:精简机构"必须是严格的、彻底的、普遍的,而不是敷衍的、不痛不痒的、局部的……必须达到精简、统一、效能、节约和反对官僚主义五项目的"。③ 勿庸置疑,精简原则在机构改革实践中一直具有普遍意义。

精简机构的数量和规模。行政机构设置的前提是职能目标。职能目标清晰确立后,机构改革才有科学依据。目标不存在或不清晰,机构就不应存在或设立。总之,应从行政任务的需要出发来确立机构的层次、部门和规模大小。无水产业的地区对口设置水产局,无畜牧业的地区对口设置畜牧局,都是与机构设置原则相悖的。能一级履行职能的不设两级,一个部门履行的不设两个,这是贯彻精简原则的基本要求。一些国家的大部制经验很值得借鉴。日本的通商产业省,既管工业、商业,又管外贸和国际经济合作,其工作范围相当于我们几个部委的工作。美国的运输部涵盖我国几个部局的职能内容。澳大利亚近几年把大量职能相近的部委加以合并,使中央机构数量大大减少,收到很好效果。

精简领导者职数。④ 翻开历史不难看出,"官冗"之患是各封建王朝头痛至极的问题。西汉近 6000 万人口,官僚骨干队伍不过 7500 人。明初,全国总人口大致相同,但官员比西汉扩大了 2.29 倍。到清初发展到

① 《马克思恩格斯文集》第三卷,人民出版社 2009 年版,第 157 页。
② 《列宁选集》第四卷,人民出版社 1995 年版,第 784 页。
③ 《毛泽东选集》第三卷,人民出版社 1991 年版,第 895 页。
④ 高文浩:《略论"简政"与"精官"》,载《管理科学》(人大复印报刊资料)1997 年第 6 期。

2.7万人,是西汉的3.6倍。清朝后期,一个县的胥吏高达3000人之多。由于冗官庞大,封建统治内部门户纷争,妒贤忌能,假公济私,贿赂公行。人们叹道:治民难,治吏尤难。历史发展到今天,问题不能小觑。据有关报道:一些省级机关厅、处级干部数占全干部总数的40%左右,某县的乡镇干部中,副乡级以上者占65%,县直机关副乡级以上干部占55.7%。传统的"金字塔"结构形态已开始倾斜、倒置。当前,最迫切的问题,不再是精兵简政,更确切地说是要精"官"简政。要改变副职多、闲职多、兼职多的"三多"现象,为领导职数设定一个适中比例。如果精简一下有难度,可在名与份上做些文章,有些可只给名不给份,以最大限度地减少财政支出,用好纳税人钱财,维护好执政党形象。

精简机关工作人员数量。R.B.苛希纳公式得出一个结论,如果在编人员超出实际所需人员的3倍,工作时间就要多耗费2倍,管理成本就要加大6倍。我国编制管理的一个重要原则是"任务大于编制",一个人的饭可以供三个人吃,但一个人的活不能交给三个人来干。西方国家和我国一些地区在精减人员上有一些成功做法,如通过冻结录用、最高年龄任职限制、提前退休、辞职辞退、买断工龄、鼓励从事企业经营等政策,精减冗官冗员,震动较小。

精简行政程序和办事环节。这是简政的重要内容之一,也是体现组织功效的根本所在。行政程序繁杂、办事环节多是市场经济的大敌。有时行政干预不尊重经济规律,权力代替自主,政府陷入微观事务。这除体制原因外,与设租、寻租也是分不开的。因此,机构改革应科学划分权责关系,合理配置政府职能,坚持有所为有所不为,把不该由政府管的事放出去,把该由政府管的事管起来,做到不越位、不错位、不缺位,给市场和社会留出足够空间。若此,层层请示、层层审批、层层报告、层层盖章等旷时低效现象,自然会得到遏制。

统一原则包含四层意思。(1)领导体制统一。我国是单一制社会主义国家,在中央与地方关系上,必须坚持中央统一领导,地方服从中央,下级服从上级。宪法明确规定:国务院统一领导全国地方各级国家行政机关的工作;地方各级人民政府除对本级人民代表大会负责并报告工作外,还要对上一级国家行政机关负责并报告工作;全国各级人民政府都是国务院统一领导下的国家行政机关,必须服从国务院领导。(2)机构完整统一。即按照管理功能原理,把行政机构逐步建成一个中心、四个系统的完整体系,不短缺、不重复,运转协调、功能齐全,尽量使决策系统精干,执行系统有力,咨询系统善谋,监督系统相对独立,反馈系统快捷灵敏。[①]目前,我国决策和执行系统臃肿庞大,冗员过多,咨询、监督、反馈系统相对薄弱。特别是监督系统,存在虚监、空监现象,许多涉及国家全局的社会问题、环保问题等无力解决。调整机构格局,形成功能完整统一的机构体系,势在必行。(3)权责对应统一。一个组织机构拥有多大的权力,就应承担多大的责任,缺乏约束就会滥用权力;反之,承担多大的责任,就应赋予与责任相匹配的权力,否则无法履行职责。机构的设置与改革,应高度重视权力与责任的配置,理顺权责关系,使之对称统一。(4)指挥命令统一。按照分工原则,将行政组织划分为不同部门,形成分工合作体系,是行政组织设置的基本规律之一。如果职能分工不清,部门职责很容易交叉重叠,或致政出多门,或致多头领导。有人认为,一些地方党政部门,设置重复,既职能交叉,又规模庞大,在一些决策、执行问题上矛盾层出不穷。有学者建议,参照纪检委与监察部门合署办公模式,将党委组织部门与政府公务员部门、宣传部门与政府文化部门、统战部门与政府部分相近职能部门合署办公,实行"一套人马,两块牌子"。这既能避免职能交叉

---

① 潘小娟:《政府机构设置浅谈》,载《中国机构的沿革》,中国经济出版社 1988 年版,第118 页。

重复,又可精简机构人员,可谓一举多得。

　　效能,是机构设置与改革的核心问题,也是行政活动追求的终极目标。它像一根红线贯穿于行政的各个环节、各个层次之中,是行政体系多种因素的综合反映。所有国家和地区,不论是决策系统、执行系统、信息系统、咨询系统、监督系统;所有行政人员,不论职务高低、权力大小;所有管理部门,不管是财务、人事、机关自身管理;所有行政环节,不论是决策、执行、协调、控制,等等,都把提高效能作为最高目标。实现这一目标,必须从体制和结构上着眼。其一,从现实要求上看,应有利于功能齐全、运转协调、富有效率的行政目标的实现,打破传统设置模式,建立起适应市场经济自主性、多元性、时效性、竞争性要求的新模式。其二,从长远目标上看,应以创造性思维重新审视已有的和即将建立的政府机构职能体系,准确把握信息社会的基本要求,敏锐观察当代西方国家政府机构的变革趋势,逐步告别线形组织体制,压缩管理层次,①限制官僚体制传统结构的膨胀,以一种新的设计促使政府机构变得更经济、更有效。② 其三,从结果上看,任何一项改革都不得以牺牲工作效率为代价,不论是着眼于长远还是立足于当前,都要有利于生产力的解放与发展,有利于市场经济体制的建立、完善与运行,有利于政治、经济和社会的稳定,有利于整个行政管理工作效率的提高。如果仅仅出于财政上某些因素的需要,或者仅仅出于迎合某些舆论的要求,一味地偏执于大部制,信奉越大越好,简单合并;或者迷信"小政府",一味地撤销机构、裁减人员,忽视政府功能作用,

---

　　①　告别线形组织体制的主要途径,是通过建立"学习型组织"发展以"地方为主"(locaness)的扁平式组织。以"地方为主"的组织,决策权往组织层移动,尽量让地方、基层决策者直面问题。也就是说给人们行动的自由去实现他们自己的构想,并对所产生的结果负责。参见彼德·圣吉:《第五项修炼—学习型组织的艺术与实务》,上海三联书店1996年版,第332页。

　　②　鲁伯特·肖尔茨:《未来属于机构精简的国家》,载《法兰克福汇报》1997年11月18日。

都是对效能原则的极大违背。

五、机构改革的程序和模式选择

机构改革除注意原则性要求外,还应当把握好诸如时机、模式、策略等方面的规定,这对于搞好改革同样具有重要意义。

科学的程序和步骤

做任何事情都得有程序、有步骤,机构改革也不例外。机构改革是一个动态过程,但这个过程究竟包括哪些环节,并未有固定的分析框架。多年来,西方许多学者曾进行过大量研究,形成了一些比较有代表性的观点。这里主要介绍四种。

唐纳利程序。[①] 包括 8 个环节:改革力量,包括外部力量和内部力量;认识改革的需要,不能到发生大的灾难时才认识到改革的必要;对问题进行分析诊断,即分析问题症状,发现问题实质;找出组织发展的方法和战略;认识限制条件、范围及其影响程度;选择方法和战略,确定各种改革策略及与改革的相对关系;实施计划,既要考虑时机,又要注意规模;评价计划,即不断评价改革的成效和不足,及时修改调整。

罗希程序[②]。这一程序包括 4 个环节:制造或形成需要变革的知觉;

---

① 詹姆斯·H.唐纳利、詹姆斯·L.吉布森、约翰·M.伊凡赛维奇:《管理学基础》,中国人民大学出版社 1982 年版,第 324 页。

② 胡爱本等:《新编组织行为学教程》,复旦大学出版社 1993 年版,第 193 页。

分析诊断环境,营造改革环境,明确改革方向;沟通协调改革中所涉及的人际关系;监督控制改革结果,并及时调整修正,使其更加符合改革目标要求。

艾诺芬程序①。包括 10 大主题:清楚地了解组织的变革力量;衡量并决定变革能力;创造并形成变革的环境或气候;选择参与人员;为变革组织提供有效活动;引发变革的动机;规划变革的内容范围;执行变革计划;降低风险,减少冲突;提供领导。

克利程序。涉及 9 个阶段:确定问题;准确诊断;制定可行性方案;制定决策准则;选择解决问题的方法;计划组织变革;执行变更方案;评估改革效果;积极反馈、修正。

根据以上类型,我们可以把改革过程概括为以下几大环节:

认识机构改革的必要性。对于机构改革的主体和参与者来说,最重要的是认识改革的必要性,激发对改革需求的认知。公共行政机构是国家机器的主要部分,是政府职能的最终承载体,属上层建筑范畴,本身具有很强的结构性和可变性,它除受经济基础的决定性影响外,还始终受其他一些因素的制约:一是行政职能的变化。随着市场经济体制的确立与完善,计划经济的观念、机制及管理方式会逐步消亡。这意味着政府对经济社会的干预范围和程度已经发生重大变化,政府原有的职能一部分取消,一部分交给市场,空缺弱化的部分职能要增加或强化,这样许多管理经济的专业部门要大大削减,履行规划、协调、监督和服务职能的机构大量增加。二是管理方式的变化。经济体制的变化导致管理方式的变化,以行政手段为主的管理方式过渡为以经济手段、法律手段为主,行政组织机构也必然要随之转轨变型。三是新的社会问题的出现。市场经济体制一旦定型,新的社会问题便应运而生,如限制外部不经济行为,加强公共服务和社

---

① 胡爱本等:《新编组织行为学教程》,复旦大学出版社 1993 年版,第 193 页。

会保险,等等,都需要政府有相应的机构承担。四是行政权力的集中与分散。这是行政管理的经常性活动。在当前主要体现为政企、政事、政社权力划分。随着政府权力的转移、分解、调整,政府机构必须随之进行改革。

以上是导致机构变革的外部因素,从内部上看,它还会受诸如组织目标、人员素质、价值观念以及管理水平、人际关系变化等因素的影响。西方管理学家西斯克曾作过细致研究,认为在组织内部,只要面临以下任一情形,就应当着手改革:决策过程过于缓慢,或时常作出错误决策,错失良机;沟通不良,信息系统失灵;组织功能无效或得不到有效发挥;缺乏创新,组织停滞不前。

诊断机构病根,确立改革目标。在采取改革行动之前,必须分析机构症状、进行机构诊断。所谓机构诊断,是指运用科学方法,对组织机构现状进行调查研究,找出机构在功能、结构、权责、人员与程序等方面存在的问题,并对其进行定量和定性分析,查明病因,提出改革方案。机构诊断专业性、技术性很强,在西方已经形成一门专门学问——组织诊断学。其活动一般由政府委托行政学专家来进行,目的在于对行政机构进行评估,提出意见,为改革提供依据。这一阶段首先要解决三个问题:本质问题在哪里? 改革什么? 改革结果是什么? 如何衡量? 其次是把握诊断方法。第三是明确改革目标,使人们对改革有一个明晰取向。在目标确立过程中,既要制定长远的,又要制订近期的。就我国历次机构改革来说,中央制订明确目标。如,根据政企分开和精简、统一、效能原则,逐步建立一个符合现代化管理要求,具有中国特色,功能齐全、结构合理、运转协调、行为规范、灵活高效的行政管理体系;机构改革的目标是理顺关系,转变职能,精兵简政,提高效率,等等。这些规定为机构改革提供了明确方向。

制订并选择科学的改革方案。在目标约束下,制订并选择科学方案非常关键。首先,对改革方案有一个轮廓设想,即从不同角度设计可行方案,为决策提供选择余地。其次是精心设计方案。轮廓设计只是方案毛坯,进一步加工后才能对改革产生实际价值。这一阶段的工作,一是确定机构方案细节,二是分析机构改革方案可能产生的结果,第三是评估选择改革方案。评估方案,主要是看改革方案能否具有可行性,各有哪些限制条件和不利因素,如政治、经济、社会、心理等。选择方案,就是要在前期评估基础上,运用合理标准和科学方法,对既定方案进行挑选,以最大限度地减少改革阻力。

贯彻实施改革方案。这是机构改革最重要也是困难最多的一个环节。因为,改革是对权力格局和利益关系的调整,涉及各地区、各部门、各单位,甚至每个人的利益,人们的心态不同,价值观不一样,稍有疏漏都会给某些阻挠者以可乘之机。因此,在实施机构改革方案过程中,要注意把握以下环节:其一,明确目标任务,创造最佳改革环境,激发人们改革的愿望,让更多公务员和社会群众欢迎改革,支持改革,投身改革。其二,选准改革突破口。有人主张先拆"庙",后搬"神",有人主张先搬"神",后拆"庙";有人主张先改专业经济部门,有人主张先调整综合管理部门等等,这些主张反映出不同的突破口,其科学合理程度,直接影响改革的进程。其三,善于并及时协调各种矛盾,改革中必然要遇到许多矛盾,纵向上的上下级之间,横向上的党政之间、政企政事之间、"议行"之间等等都会因为机构的撤并、权力的调整发生这样或那样的矛盾,改革者必须始终注意化解矛盾,把改革的负效应控制在最小范围内。其四,及时制定各种法律、法规和规章制度,巩固改革成果。其五,总结评估改革结果。改革结束之后,各改革主体要认真总结经验教训,看其是否达到预期目标,看其有无负面影响。[1] 对于经验要及时总结推广,对于负影响要采取补救措

---

① 许文蕙主编:《行政管理学》,红旗出版社 1992 年版,第 314 页。

施及时消除。

选择适宜模式

模式,有时亦称类型,是相对固定的、人们可以比照做的标准样式。从不同角度,按照不同标准,可以把机构改革模式划分为很多种,这里我们仅从改革范围、与外部诸因素关系以及进程等方面分为以下几种:①

外延型改革与内涵型改革。这是从改革涉及范围划分的一种模式。所谓外延型改革,是指以精简机构、裁减人员、改变机构外部形态为内容的改革。这种改革,内容单纯,易于操作,适宜于在体制相对合理、职能较为明确、权力关系统一的情况下,解决机构臃肿、人浮于事、行政经费开支过大等问题。这种模式是以精兵简政、控制机构规模为主要目的的,一般不触及诸如权力、体制等深层次问题。所谓内涵型改革,是指以调整行政职能,改变权力结构,变革组织关系和工作关系,完善领导制度和工作制度为内容的改革。这种模式实质上是对行政体制的变革,尽管改革也涉及机构撤并和人员精简,但不是直接目的。这种模式规模大、范围广、程度深,难度要比外延型改革大得多。我国在 20 世纪 80、90 年代进行的机构改革,基本上都是外延型的,改革内容较少触及矛盾实质,因而迭陷"精简—膨胀"怪圈。1998 年特别是 2003 年以来的进行改革,基本上属于内涵型的,或者是外延与内涵相结合型的。科学的改革模式,应将二者有机地结合起来。

单一型改革与复合型改革。所谓单一型改革,是指在关系上不涉及

---

① 许文蕙主编:《行政管理学》,红旗出版社 1992 年版,第 315~316 页。

机构以外要素而进行的改革。从某种意义上说,这种模式是就事论事,所引起的震动及其他反应相对较弱。因而适用于范围窄、程度浅的机构改革。所谓复合型改革,是指必须与外部要素相互衔接而进行的改革。如改变行政内部权力关系,必然涉及党政关系、政企政事关系等。在一般情况下,有效的机构改革,必须充分考虑政治体制和经济体制等因素,周密研究,协同推进。

一次型改革与渐进型改革。所谓一次型改革,又称突变式或激进式改革,是指在短时间内对机构所进行的一次性变革。其特点是解决问题迅速,见效快,但容易引起社会震动,同时也容易因改革措施不配套导致"夹生"甚至"夭折"等问题。因而,改革的外部环境要求较高。渐进型改革,是指有计划有步骤地实现改革阶段目标,通过阶段性调适实现总目标的机构改革。其特点突出地表现在:(1)改革是一个"链条"。每项改革、每个性步骤都是总过程和总目标的起点,前后相继,一环接一环,聚沙成塔,集腋成裘。(2)随时调适。每个阶段都及时地总结经验教训,调整和修改下一阶段改革目标,通过反馈调节避免改革失误。(3)社会震动小,风险小。"大型设计常常会立即把维持现状的卫道士们动员起来。每个卫道士通常只反对计划的某一部分,而对其余部分并不关心。如果将计划一揽子提出,把所有的反对意见在同一时刻集中起来,将足以使这一揽子计划来不及争取支持就遭到毁灭之灾。"①而渐进式改革把改革总目标分解为若干子目标,这就等于把引起恐慌的阻力肢解并"释放"出去了,从而避免可能引起的"共振现象"。(4)见效慢。由于改革需要较长时间,加之改革是分阶段进行的。因此,后阶段的改革都要受前一阶段改革进程的制约。同时,由于时间过长和目标隐蔽,可能使改革"失去一面聚

---

① 赫伯特·考夫曼:《对行政改组的一些看法》,载 R.J.斯蒂尔曼:《公共行政学》(下册),中国社会科学出版社 1988 年版,第 202 页。

集支持者的旗帜,失去一种激发热情的手段,失去一种成就感,失去将聚零为整的憧憬。从而使支持者可能减少为一小批人"。① 可见,渐进型的机构改革方式,宜在社会发生重大转折,客观上需要,但现实条件,如政治、经济和社会心理能力还不能一下子适应的情况下采用。

上述 6 种模式并不是绝对的,它只是从某种意义上给我们提供一种分析和认识问题的角度。在实践中很少有哪一个改革主体机械地被某一种模式捆住手脚,常常是相互融通,兼而用之,灵活取舍。即使最终偏重于某一模式,也只是部分,而非全部。

六、政府职能转变与机构改革误区

为适应市场经济体制之要求,我国政府在转变职能和机构改革方面做了大量工作,取得了阶段性成果。然而,我们清醒地看到,这一庞大复杂工程背后亦暴露出许多认识上的误区,值得进行理论上的再思考、再认识。

误区一:转变政府职能就是转变经济职能

政府职能主要包括两大方面,即政府统治职能与社会管理职能,后者包括经济、文化、服务等内容。与国家工作重心相比,政府职能没有中心与非中心的区别,尽管政府职能结构存在着"重心"。政府职能转变的内涵是指政府职能结构"重心"的位移。政府职能结构是职能的构成及各

---

① 赫伯特·考夫曼:《对行政改组的一些看法》,载 R.J.斯蒂尔曼:《公共行政学》(下册),中国社会科学出版社 1988 年版,第 202 页。

类职能在政府职能总体中所占比重。由于历史传统、经济状况、文化背景、社会价值观、分权与集权程度以及社会现代化"时空差"等因素的影响,不同国家的政府职能结构是不同的,即便是同一国家的政府职能结构在不同的历史发展时期亦存在差异。在战争时期,政府职能结构重心位移于政治统治职能,和平时期则位移至经济和社会职能。因此,不能因为国家以经济建设为中心,就只把政府管经济视为"正业",只青睐经济职能,"旁落"社会、文化等职能。处于政府职能结构重心地位的经济与处于其他位置的社会职能是同等重要的,这是其一。其二,强调处于职能结构重心地位的职能,并不忽视其他职能。处于职能结构重心地位的职能不等于全部职能,其他职能(处于职能结构非重心地位的职能)虽退居次要位置,但仍然与重心职能一起构成职能体系,共同行使其职责,而不是这些职能的销声匿迹。同时,这些职能同重心职能共同构成一个整体,它们之间相互联系的、相互渗透。我们不能仅仅把政府职能转变理解为经济职能的转变,否则,政府工作就难以协调发展,就有可能厚此薄彼、顾此失彼。

误区二:先转职能后改机构

　　政府机构改革必须把握转变职能这一核心,这是机构改革成败的关键所在。但是,在实际执行中,人们将"先转变职能,后进行机构改革"作为一个具体操作程序来遵循,则是一个很大的误区。机构是职能的载体,皮若不存,毛将无所附;同样,一个机构若不存在明确具体职能,则将成为无毛之皮、无肉之骨,失去存在意义。因此,职能和机构是相互统一、相伴相生、不可分离的整体。机构改革必须以职能转变为前提,但这只是观念上的前提,而非具体步骤上谁先谁后的问题。在具体变革过程中二者必须同步进行。这是因为,职能转变是缓慢、复杂的过程,涉及政治、经济、文化等各个领域的变革,而这些变革往往要靠机构改革来推进。从职能转变形式看,有的职能要分解,有的要转移,有的要合并,有的要取消。不论是分解、转移还是合并,都要有相应的机构予以承载,否则,政府职能转变难以进行下去。此外,"先转变政府职能,后进行机构改革"这一提法还隐含着一个逆定理,即机构改革的完成意味着职能转变业已实现。事实并非如此。有的机构改革虽告一段落,但职能转变并未了结;有的机构改革完成了却不涉及职能转变。情况比较复杂,这已为多次改革实践所证明。

误区三:机构改革就是削减政府权力和精简机构

政府职能强弱取决于行政权力大小,转变政府职能必然导致行政权力变化。但是我们不能据此认为转变政府职能就是要削减政府权力。由转变政府职能而导致的行政权力变化是非常复杂的,从形式上看,有的权力需要重新划分定位,如中央与地方政府、部门与部门、政府与企事业单位的权力关系等,都要随政府职能的转变作适当调整;有的权力需要强化,如在"市场失灵"的领域,则需政府配置相应权力予以干预;有的可能需要削减,如职能目标消失的事项,某行政权力也就不应存在;再如原由政府把持的权力移交市场机制后,职能范围自然也得到削减。也就是说,由于职能转变引起的权力变化,可能是减弱,可能是调整,也可能是增强。

政府职能转变要适应市场经济的内在要求。从经济角度看,它的转变目标是把资源基础配置权由政府交给市场,把政府不该管、管不了、管不好的领域交给市场;政府要把对企业、事业的直接干预权放掉,使企业成为市场主体,成为独立的、具有自我约束能力的商品生产者和经营者。

仅此而言,转变政府职能就是要削减一部分政府权力。与此相适应,政府应精简一部分机构。

但是,市场不是万能的,它存在着自身无法克服的局限,如宏观平衡问题、公平分配与社会安定问题、规模效益显著行业或企业的垄断问题、外部不经济行为问题、生产周期长的商品生产的"蛛网波动"问题、公共产品的供应和社会服务问题等等,都是市场无法解决的难题。随着市场经济体制的建立和完善,这些问题不仅不会消失,反而会更加突出。因此,政府必须有目的地强化规划、协调、监督、服务等权力,加强对这些领域的管制。与此相应,政府应增设某些机构。

误区四:机构改革就是减少行政消费总量

选择机构改革、定编定员是减少行政支出的有效之举,然而这并不意味着机构改革一定要减少行政消费。行政消费的涵义十分广泛,它是指政府维持公共权力行使与职能履行所需要的消费,分为直接消费和间接消费两种。直接消费是指维持政府自身存在与活动所需要的消费,属于需要削减和控制的部分。人们抱怨机构林立、层次繁多、人员冗多所造成的浪费现象,主要是针对政府直接消费而言的。卢梭曾指出:"随着层次的繁多,行政负担也越来越重:因为首先每个城市都有自己的行政,这是人民所要负担的;每个州又有它自己的行政,又是人民所要负担的;再则是每个省,然后是大区政府、巡政府、总督府;总是愈往上则所必须负担的也就愈大……如此大的超额负担,都在不断地消耗着臣民。"[1]为此,政府

---

① 卢梭:《社会契约论》,商务印书馆 1980 年版,第 63 页。

必须削减、节制自身的直接消费,减轻人民负担,更好地为民谋福利。间接消费是指政府主要用于公共设施建设和社会福利投入等方面的消费,从社会发展趋势看,政府间接消费将会日趋增大,不会减少。因此,机构改革、减少编制、减轻财政负担,只是对行政消费结构上的调整,不能机械地理解为行政消费总量的减少。

误区五:政府越小越好

"大政府"结构复杂,层次林立,问题突出,多为人们诟病。正如经济学家哈罗德·德姆塞茨所言,"政府部门相对规模较大,其有害之处也较多"①。因此,人们多将"大政府"模式视为过度消散社会财富的低效政府,推崇适宜经济自由发展的"小政府"模式。人们在情感上不接受大政府是客观事实,但我们不能受其左右,把大与小作为衡量政府好坏的标准。构建一个适宜的政府应从它所管辖领域内的社会价值观念、集权与分权程度、经济、文化、科技、教育等发展状况出发,以有力的政府行为、有效的管理机制、正确的政策和完善的法律体系作为评价标准,在此基础上确立相对应规模、人数,等等。国家不同、体制不同、阶段不同,政府在规模、人数上也是不同的,即使是同一国家的中央政府与地方各级政府在规模、人数上亦存在差异。大政府固然不是理想模式,但政府也不是越小越好,它必须有"度"的限制,即在贯彻精简统一原则时始终把牢效能之宗旨。

---

① 哈罗德·德姆塞茨:《竞争的经济、法律和政治维度》,上海三联书店 1992 年版,第 85 页。

第七章 群众公认:行政领导者选用的重要准则

选人用人要注意社会公论、坚持群众公认原则,是《党政领导干部选拔任用工作暂行条例》就干部选用问题所作的重要规定。2012 年党的十八大再次强调干部选用要坚持群众公认。如何深刻领会其思想意蕴,如何按照公论公认的要求培养选用领导干部,如何在选人用人中真实体现社会公论、群众公认要求,如何正确处理好与公论相关的一些重要关系,等等,都是政治性、实践性很强的问题,需要作出深入细致的思考。

一、行政领导者的选用要注意社会公论

党的纲领性文献反复指出,"选人用人要注意社会公论"、"多数群众不拥护的,不能提拔",这不仅是对干部工作的一种规范,更重要的是体现了社会主义民主政治制度的本质要求。在现代社会,除"那些漠然呆

板,孤僻厌世以及毫无行使个人权力能力的人"①可能超然于社会之外,都必须"将领导者与群众统一起来","将其直接置于人类发展和政治行为结构与过程之中"。② 领导者的作用并非"由报纸剪辑"出来的,而是由社会的实际支持和影响来判定的。③ 为使人们群众充分行使选人用人民主权,党和政府采取了许多积极有效措施。如缩小等额制范围,实行无记名投票、差额选举办法;对基层企事业单位领导实行职工直接选举办法;建立和完善干部考核制度;由群众推荐与领导提名相结合选拔干部等,都取得了良好社会效果。

但是,我们也清醒地看到,当前在选人用人问题上,人民群众的参与范围、影响程度还很不够。由于对内外主体不作科学分类,许多地方过于依赖组织选人、少数领导选人,干部选干部、干部荐干部、干部评干部。从某种意义上说,这体现的只是"干意"而不是民意。其问题:一是封闭。选用过程以领导为圆心,以内定为半径,在一个封闭的圈子里画圆。群众不晓,神秘莫测。二是视野狭窄,缺乏公平竞争。由于少数人定干部,大量优秀人才难以进入视野,参与竞争。三是不正之风难以避免。有的利用职权任人唯亲,搞团团伙伙,扶持亲信,"壮大"小圈子。四是助长一些干部搞人身依附,谋"人"不谋"事",丧失事业心和责任感。五是好人主义盛行,只栽花不栽刺,无视政策原则,有的甚至拉票贿选。邓小平指出:"不少同志只是看到周围熟悉的一些人,总是在原来的一些人中打圈子,不会深入到群众中去选拔人才"。④ "有些企业和事业,群众自己选举出的干部……很快就做出了成绩,比单是从上面指定的干部合适的多"。⑤

① 詹姆斯·M.伯恩斯:《领袖论》,中国社会科学出版社 1996 年版,第 4 页。
② 詹姆斯·M.伯恩斯:《领袖论》,中国社会科学出版社 1996 年版,第 4 页。
③ 詹姆斯·M.伯恩斯:《领袖论》,中国社会科学出版社 1996 年版,第 4 页。
④ 《邓小平文选》第二卷,人民出版社 1994 年版,第 326 页。
⑤ 《邓小平文选》第二卷,人民出版社 1994 年版,第 325 页。

以后他又一次语重心长地指出："中国的事情能不能办好,社会主义改革开放能不能坚持,经济能不能快一点发展起来,国家能不能长治久安,从一定意义上说,关键在人。"①邓小平认为,要选好人、用好人,一定要寻找人民相信是坚持改革的人,在选人问题上,要注意社会公论,不能感情用事,要用政治家的风度来处理这个问题,要选人民公认是坚持开放路线并有政绩的人。

习近平对选人用人也有明确要求,指出:要拓宽选人用人视野,坚持五湖四海、任人唯贤,特别关注各条战线、各个领域的基层和一线,特别关注环境艰苦、工作困难、矛盾复杂、长期默默奉献的岗位,特别关注那些心系群众、埋头苦干、不拉关系、不走门子的老实人、正派人,使选出来的干部组织放心、群众满意。② 这些重要思想为我们进一步做好干部工作、完善社会主义民主政治指明了方向。

二、行政领导者如何赢得群众公认

把是否赢得人民群众公认作为选人用人原则,反映了群众呼声,体现了民主政治发展方向,具有重要理论意义和实践意义,但是怎样才能赢得群众公认,需要树立明确标杆,提出严格要求。

首先,要有持续的事业心和责任感。这是一个领导者努力奋斗、施展才华的原动力。它要求领导者善于超越自我,对所从事的事业孜孜追求。"不仅要想干事、肯干事、敢干事,还要会干事、能干事、干成事,特别是对

---

① 《邓小平文选》第二卷,人民出版社 1994 年版,第 380 页。

② 习近平:《把党的建设和组织工作做得更实更好,以优异成绩迎接党的十八大胜利召开》,载《人民日报》2011 年 12 月 19 日。

事业要始终保持奋发进取的精神状态,不仅仅是上级推着干、群众推着干,首先是自己要始终充满激情、充满干劲,这样去干事业,才能更加主动、更加自觉。"①这样去干事业,才能以天下为己任,更好地尽心履责,富有精气神。

其次,要有领导力和影响力。有领导力才能有影响力,但这个"力"不是简单的能力相加,而是一种综合力量。它来自于领导者的思维习惯。思维决定思想,思想决定出路。领导者不必成为思想家,但必须有思想,有独特的哲学理念,有完备的价值体系,善于把思想转化成理想。有人认为权力就是影响力,有多大的权力就有多大的影响力,此言是有失偏颇的。领导的基本条件是权力,但有权不一定有影响力,群众不一定认可。领导者只有将思想力、决策力、协调力、执行力有机统一起来,形成有效的领导力,才能有影响力,得到群众的认可。

第三,要有务实求新、开拓进取的精神。一个群众公认的干部,绝不会是只会说、不会干的人,更不是擅长搞形式主义,心浮气躁、精神懈怠的人。群众公认的是那些兢兢业业,真抓实干,不搞花架子,不吹喇叭抬轿子,不做表面文章的务实干部。当然,真抓实干并非循于古道,囿于陈规,而是要解放思想、富于创新、开拓进取。要善于打破条条框框和陈规陋习,敢当风险,敢担责任,不怕挫折,不怕失败。那种为保"乌纱帽",不求有功,但求无过,平平庸庸,碌碌无为的"官混子"、"官痞子",不仅得不到人民群众的公认,反而会遭到人民群众的鄙视。

第四,要有清正廉洁的道德风貌。各级党员干部如何看待和正确使用手中的权力,保持清正廉洁的良好形象,是关系到国家兴衰、人心向背的大问题,也是赢得社会公论、群众公认的关键所在。因此,领导干部要

---

① 习近平:《之江新语》,浙江人民出版社 2007 年版,第 256 页。

严守法纪、廉洁奉公，一心为公、不以权谋私，厉行节约、不奢侈浪费，自觉抵制拜金主义、享乐主义和极端个人主义等腐朽思想的侵蚀，始终把国家和人民的利益放在首位，"先天下之忧而忧，后天下之乐而乐"，"利归天下，誉属黎民"，一身正气，两袖清风。若此，"民莫敢不敬"，"民莫敢不服"，"民莫敢不情"。

第五，要有反对和克服官僚主义的勇气和作风。领导者就是负责者，而官僚主义最大的特征就是不负责任。沾染上官僚主义习气者，常常是高高在上，衙门作风、老爷态度，脱离群众、脱离实际，饱食终日、无所事事，对人民群众疾苦视而不见，对事业漠不关心；工作中相互扯皮、相互推诿，甚至相互拆台，管理秩序难维持，党和政府形象受损害。显然，这是与人民群众利益背道而驰的。领导者只有有效克服和抵制这种顽疾，才能顺民心、合民意，赢得人民群众的支持和信赖。

三、选用过程如何体现社会公论

当前，落实"选人用人要注意社会公论"原则，体现社会公论要求，可从以下五个方面入手：

首先，科学规范选人用人标准，树立正确的用人导向。用人是风向标，也是标杆，重视使用什么样的人，就会有什么样的干部形象和干部行为。可谓用对一人，带动一片；用错一人，带坏一串。正确的政绩观，实质上就是人民观。干部有了正确的政绩观，想问题、做事情的出发点和落脚点就会聚焦于人民，这样的干部自然也能赢得群众公认。实现这一状态，必须以正确的选用为前提。对忽视民生改善、放纵环境污染、片面追求 GDP 的干部，群众是不认可的，但为何仍然有大量干部一意孤行呢？究其根源，在于干部选拔任用的实际或者说事实标准。新加坡国立大学邓永恒曾对我国 283 个中小城市的市委书记和市长的政绩和升迁进行跟踪研究,发现市委书记和市长任期内 GDP 增速比上一任提高 0.3%,升职概率高于 8%。如果任期内持续把钱花在民生和环境上,那么升职的几率是负值。这就意味着群众满意的、"民生干部"、"绿色干部"不一定被选用,而为群众诟病的 GDP 崇拜者可能一升再升。可见,选人用人标准的确立和执行很重要。如果标准上失之偏颇,执行上南辕北辙,群众公论也就无法真实体现。

其次,让人民群众参与选人用人,反对和抵制按照少数人、甚至个别人主观意志选人用人的不良倾向,使选人用人民主化科学化。目前,多数单位在选拔干部时能在一定范围内通过民意测验、个别谈话等形式听取群众意见。这在一定程度上拓宽了知人选人渠道,增强了选人用人的准确性。但是,也有相当一些部门,群众参与程度很低,过分依赖少数人选人;有的虽然讲参与、讲民主,但缺乏有效手段;有的形式上吸收群众参与,实质上却没有尊重他们的意愿,等等。这使得干部的选用存在许多缺憾。

让人民群众参与选人用人,首先是要通过群众识别干部。党员干部工作生活在群众中间,他们是否德才兼备,是否务实为民清廉,是否干出了政绩,等等,群众最清楚,最有发言权。可谓"干部好不好,群众最知晓"。其次是要通过群众推荐干部,光有干部的评价还不够,重要的是让群众来推荐干部,即把他们认为廉洁奉公、政绩突出的干部推选出来,从事社会管理、承担更大责任。第三是让群众拥有用人监督权,藉此来有效地反对和遏制按照个别人或少数人的主观意志、凭个人感情用干部的不良倾向。可以说群众参与选人用人是体现社会公论的基本前提,也是加快选人用人民主化进程的重要举措。

再次,拓宽视野,打破封闭,使选人用人公开化。选人用人模式历来有两种,一是封闭型,二是开放型。前者是以上级组织部门为圆心,以内定为半径,在相对狭小的范围内划圆。其程序是自上而下的单向选择,上级部门既是起点又是归宿。这种模式弊端十分明显:一是具有排他性,未被列入内定的圈外人士,即使政绩再突出也难以得到选用;二是助长只对上负责不对下负责的恶习,使一些干部"眼睛长在头顶上"。三是选用结果上下不通融,群众不满意。后者是一种面向社会、全方位开放的用人模式。在范围上不分圈内圈外,在程序上自下而上,这样,真正德才兼备的领导者得到选用,于国于民有利,而人民群众的意愿也到了尊重。

第四,严格依照党的组织制度和组织程序办事,使选人用人制度化。选人用人是政治性、政策性很强的问题,对此,我们党制定了一系列明确规定,如:选拔任用党政机关领导干部,首先必须公开推荐,广泛听取意见,提出选拔对象;其次组织人事部门要对选拔对象进一步考察;最后提交党委讨论审批。这里第一步骤就是充分走群众路线、体现人民意愿、注意社会公论。按照这一程序办事,既能准确地揣量出群众的认可程度,作出正确选择;又能置选人用人工作于人民群众监督之下,防止投机钻营取巧者得利,避免用人上的不正之风。然而,仅限于此远远不够,还需要我们根据不同经济组织形式特点,按照社会公论要求,加速干部选用的立法进程,抓紧修订、补充和完善有关干部选用工作的法律、法规和政策,以便进一步规范选人用人工作,避免随意性。

第五,不断研究新方法,使选人用人更加科学化。"伯乐相马"、领导委任,一直是我们选人用人的重要方法,也起到了一定的积极意义。但是这些方法视野过于狭窄,大量德才兼备的领导人才难以得到使用。为此,人们不断寻找新方法来促使各类人才脱颖而出,如动员、组织社会各界推荐优秀人才,实行"双推双考制度"(组织推荐、社会推荐包括个人自荐,考试与考察相结合),结合换届、配班子,在一定范围内广泛地民主推荐干部,注意从关键岗位和复杂环境中发现和选拔年轻干部,全方位选拔年轻后备干部等等,都是对传统方法的探索和突破。组织人事部门应积极而又满腔热情地总结推广这些体现群众路线、尊重民意的成功做法,并在实践中不断地修正完善,同时还应继续探索新方法,使选人用人工作能更直接、更有效、更科学地体现社会公论。

四、应着重处理好四个关系

选人用人体现社会公论和群众公认原则,涉及诸多关系要素。

首先是党管干部与群众参与的关系。党管干部的具体内容是,党通过制定干部工作路线、方针、政策,对干部工作实施宏观管理和统一领导;同时做好部分重要干部的推荐和培养、监督工作等。做好这些工作,并不意味着排斥群众评判、评价的基础性作用。坚持党管干部原则与"选人用人要注意社会公论"、吸收人民群众参与选人用人之间是不矛盾的,它更有利于全面准确地了解干部,管好用好干部。我们反对以坚持党管干部原则为由排斥和否定群众参与选人用人的做法。从另一个角度看,为尊重民意、体现社会公论,及时把公众评价反映到组织人事部门,保持干部工作的组织性、统一性和严肃性,必须加强党对干部工作的统一领导,否则,就有可能放任自流,出现极端民主化倾向,把推荐票与干部的政治素养、工作能力、工作业绩等同对待,简单以票取人。

其次是领导用人与群众选人的关系。选人用人是各级领导者的基本职责,也是履行各项管理事务的基本环节。忽视或放弃选人用人职责无异于失职。但是,这并不意味着领导者选人用人可以不走群众路线,任人唯亲,独断专行。群众选人是领导选人的基础,领导选人是群众选人基础上的集中。群众选人与领导选人的统一,是干部选拔工作民主化、科学化的正确途径。我们既不能否定领导对干部任用的提名权和使用权,也不能否定群众对干部的评价和判定,而是要使二者有机地结合起来。

三是社会公论与零散议论的关系。社会公论,是大多数群众对其所关注的人或社会现象进行评议、评价而形成共识的议论。从一定意义上说,社会公论是人民群众正确意见的集中反映。但是,由于组织人事部门对信息的占有程度和群众对事实了解程度不同,加之网络过度开放,言论形形色色,鱼龙混杂,"社会公论"所反映的情况可能十分复杂,其中未免夹杂着失真之议论。因此,我们一方面要对社会上各种评价和议论进行科学分析,辨明真伪,不简单草率从事;另一方面要以积极态度,广开言路,使社会公论化暗为明,纳入健康发展的轨道,使一些不谙事理或别有用心之人无机可乘。同时,还要以实事求是的态度对歪曲事实的零散议论、走调变型的意见进行引导,提高群众对领导班子建设规律性的认识,使其能够以积极健康的态度支持干部选用工作。

四是平时考察与集中考察的关系。平时考察是在相对较长时间内对被考察者所作的连续性、动态性的评议;集中考察则是在较短时间内所作的评价。二者都是在吸收群众参与、注意社会公论基础上进行的,对于干部的评定和取舍具有重要作用。目前,我们的考察工作较多侧重的是集中突击考察,这样,有可能使我们静止地、一时一事地看待一个干部,甚至被一些假象或歪曲事理的议论所迷惑。因此,一个干部在过去、现在和今后的表现往往是不一样的,群众的议论也是处于动态之中的;同时,由于考察时间短,群众参与的深度和广度无形中会受到一些限制。因此,要想准确地吸收社会公论、体现群众意愿,需功在平常,不能寄于一朝一夕、一时一事。

当然,强调平时考察,并非不要集中考察。集中考察是对平时考察的一个总结,是对社会公论情况的定性过程。忽视这一环节,无法给干部以真实、准确的评定。古人说的好:"临时而选,仅取其才;平日之选,在择其德"。我们只有把平时考察和集中考察结合起来,才能准确地把那些有德有才,且群众公认的优秀人才遴选出来。

第八章　中国公务员制度的实践与发展

公务员是行政行为的主体,是影响行政效率的核心要素。公务员制度是关于国家公职人员合理配置及其管理的制度,是政治文明的重要成果,是国家政治架构的重要内容,也一直是公共行政学研究必不可少的重要组成部分。

一、公开考试、职位分类：公务员制度运行的两只轮子

公务员制度作为一种制度设计,应具备哪些一般特征,怎样的人事制度才能称作公务员制度;或者说,用什么样的概括才能准确反映公务员制度实质,等等,研究结论并不一致。一个时期以来,人们大多习惯于用静态罗列方式,将公务员制度描述成由录用、考核、奖惩、培训、升降、工资福利、辞职辞退、退休等环节组成的制度体系。这种描述,直截了当、易于理

解,但也存在缺陷。它容易使人们的认识碎片化,缺乏系统性,混淆理论设计与实际运作之区别。科学的概括,必须运用动态方法,舍去具体枝节,着眼于逻辑关系整体,从根本上把握特征,使理论描述贴近本质、符合规律。

毫无疑问,撇开具体政治环境和人文特征,能够相互借鉴、相互融通,并得以广泛实施的"因子"才是公务员制度的普遍性特征。1989年,撒切尔政府人事局长摩根说:英国建立文官制度初期,大量吸收中国古代吏治经验,并且把这些经验应用于英国的具体实际。美国卡特总统人事顾问、人事总长坎贝尔说:在我们的政治教科书上,都把文官制度的创始者归于中国。[①] 人们普遍认为,英国文官制度渊源于中国,美国文官制度借鉴于英国做法,日本的公务员制度则效仿美国。20世纪80年代,我国官员及一大批学者西行学习借鉴英国经验,研究构建中国公务员制度框架。说明公务员制度具有可以相互吸收、相互借鉴、相互融通的普遍规律和一般特征。笔者这里把它概括为四个方面:一是公开考试制度;二是分类制度;三是功绩制度;四是法治管理。

公开考试制度

这是公务员制度的核心内容,也是人类文化发展的共同产物。可以说,如果不以考试来体现公开、竞争、择优,那么不管他采用其他什么制度,都不能算严格意义上的公务员制度。

中国科举制之所以被称为文官制度,最根本原因就是它废除九品中正制实行开科取士。曹丕建立九品中正制的本意是想通过察访举荐,按

---

① 这里所讲的文官制度的创始是指中国古代的科举制度。它兴起于隋代,形成于唐代,发展于宋代,完善于明代,衰败于清代,对现代意义上的文官制度产生广泛而深刻的影响。

实际能力高低赋予等级,使真正贤能之人列于上品,为执政者选用人才提供依据。但是由于大地主、豪阀垄断地方政权,对人才的品评"多视门阀官资为爱憎,不依士人贤愚为品别",致使中后期"上品无寒门、下品无世族"。公元587年,即开皇七年,隋文帝诏令废除九品中正制,向科举取士过渡。以后经过唐、宋、明、清各代,这一制度由萌芽到形成、发展、完善、衰亡,经历1300多年,逐步形成由童试、乡试、会试、殿试所构成的完整考试体系,为历代统治阶级网罗天下精英、稳定政权统治,为广大知识分子实现抱负,提供了有效途径。1905年科举制度寿终正寝,1911年辛亥革命爆发。

当科举制行将灭亡之时,世界的另一方却把考试嫁接过去,形成现代意义上的考试制度。第一个运用这一方法的是英国。从现有材料看,在1570到1870年间,介绍中国科举考试的英文版书籍就达20多种,其中《文官考试制度》、《中国杂记》等有关内容一直成为西方文官制度的摹本。

当然,公开考试是手段不是目的。其目的在于创造公平择优的机制。它保证每个报考者,不受种族、家庭、个人身份、经济状况等因素的限制,一律享有平等竞争机会;要求主考机关考前考后要公开,以便广而告之,接受监督;要求用人单位必须按照考试成绩、工作表现以及其他综合要求进行科学评估,好中选好、优中选优。考试,作为一种手段,不是万能的,但废除考试对公务员制度来说是万万不可的。

职位分类制度

最早的人事分类方法是把官吏分为文武两班,一直延续几千年。今天的人事分类制度已得到长足发展,并在各单项制度中处于基础地位,成为各国考试录用、工资福利、退职退休的主要依据。

当下实行人事分类制度的国家大致有两种类型:一种以美国为代表,实行以岗位为核心的职位分类;另一种以英国为代表,实行以人为核心的品位分类。职位分类的依据是职位的工作性质、难易程度、责任大小和所需资格条件。品位分类的依据是公务员个人所具备的条件(如资历、学历)和身份(如官职地位的高低、工资的多少等)。前者,等级、工资随职位而定,职位变,待遇变;后者,等级随人走,职位变,待遇不变。

职位分类是人事管理中最难、最复杂的一项工作。它首先把混乱的职位群,按照工作性质同异作大致归类,形成职门,然后根据工作种类和性质作出较细划分,确立职组。在此基础上,再把工作性质相同、能够独立的专门职业区分为职系。由此,几种职位构成一个职系,几个职系构成一个职组,几个职组组成一个职门,若干职门涵盖所有职位。

再推进一步,即是将所有职系中难易程度、职责轻重、所需资格条件相同的职位划分成相互可以对比的职位等级。所有职位都被归入适当职等,同一职等内不同的职位在任用、地位和工资上相同。

最关键环节是就同一职系中的职位按职务的难易程度、责任大小等因素排列等级。不同职级所包含的职位数量不同,少则一个,如总理,多则成千上万个。

职等是职位分类中纷争多且极为繁杂的环节,是对所有职位横向上的全面划分。有了职等,才能进行职责比较,确立相应的等级和工资结构,便于相互交流。对每个职位归级、归等后,还要进一步对每个职位制定说明书,将职位名称、定义、编号、所需资格、升迁方向、工作内容、工资水平、能力要求、职等,等等,一应俱全地交待清楚,并与任命书一起发至当事人手中,供任职者参考,或作为考核依据。

从某种意义上说,职位分类是政府职能的详细分解,是其进一步规范化精细化的过程,在整个公务员制度中处于基础地位,对其他各个单项制度具有决定性影响。一方面,它为公务员管理提供了客观依据,具有鲜明的非人格"客观主义"特征,它所界定的职位规范严格遵循"因事择人"原则。另一方面,它为实现公务员制度科学价值提供了规范化保障。这一科学价值集中体现为利益原理和交易费用原理。它通过对公务员权利与义务的明确界定来完整地执行政府职能,节省交易费用,抑制和减少官僚主义,防止和反对腐败。因为,它能在很大程度上消减责任不清、权责利背离、人与事脱节等孳生官僚主义的诱因,切断个人私利与公共利益相互混淆的"寻租"通道。

功绩化自致取向

实行文官制度的各西方资本主义国家,均把反对"恩赐官职制"和"政党分赃制"、实行功绩制作为一项普遍性原则来遵循。这里所说的恩赐官职制是指盛行于专制统治时代的一种任用制度,其做法是:官员的任用、晋升、惩戒,或取决于他们的身世,或取决于他们对王室的忠诚程度;当政者对下属有生杀予夺之权,与被任用者存在着一种恩赐与被恩赐的关系;同级官员之间不能公平地竞争更高一级的官职官位,其升迁由高职位者决定;官吏队伍水平的高低、清正廉洁程度取决于当政者的英明或昏庸。较之前朝职位荫及子孙传宗接代的世袭制来说,恩赐制向前进了一步,广大中下层人士被委以重任的机会大大提高,但是,这仍然是一种以个人先赋、人身依附为特征的用人制度,因而不可避免地导致官场的混乱腐败。所谓"政党分赃制",又叫"政党分肥制",是在资产阶级君主立宪政体确立以后,随着多元政治的形成而产生的一种用人制度。在两党或多党制的资本主义国家,竞选胜利的一党,把政府中的官职交给那些为竞选出力的本党人员。由于两党或多党轮流执政,每次大选后,政府公职人员都要遭受一次清洗,政局动荡不稳,工作连续性受到破坏。这也是资本主义国家文官制度肇始的政治原因之一。

以美国为例,托马斯·杰弗逊总统正式提出政党分赃的概念,他也是这一理论的第一位实践者。他在 1800 年大选获胜后即宣告清洗上届总统约翰·亚当斯在位时任命的一大批官员。1829 年,"马背将军"安德鲁·杰克逊上台,认为政府工作是最简单不过的事了,任何一个理智正常的人都可以当官。总统应该任命与自己观点一致的人来推行政策。参议员马西尔说:"政治上要像爱情上、战争上一样公平,胜利的一方就应当分得战利品"。杰克逊上台三个月撤换了近千名官员,8 年内撤换了近 1/5 的官员。如果说根据政治倾向任用和更换政府人员的做法在此之前只是一项政策的话,之后则成为一项制度长久不衰。

有人认为政党分赃制好得很,可以增强党的凝聚力和生命力,节省竞选支出。但更多的是反对声音,认为它导致政治上的周期性动荡,使行政效率受到损害,甚至带来矛盾和灾难。就总统分官来说,就足以令人触目惊心。1841 年哈里森当选总统一个月便因忙于职位分配劳累而死。1861 年,南北战争结束,共和党和民主党的斗争炒到白热化。林肯一上台就投入大量精力更换官员、扶植亲信。他用"如果前院着火,我都无法去救"①

---

① 林肯对络绎不绝的求官者深恶痛绝,想尽一切办法应对。有天,林肯身上长水痘,便对手下的人说,求职者都进来吧,今天我有东西给他们了。有一次,求职者很多,林肯指桑骂槐,给求职者讲故事:有个国王想外出打猎,请宫里气象师预测天气。气象师说,明日好天,可以出猎。国王收拾行装,带着随从,赶赴猎场。途中遇一布衣,牵头小驴。布衣拦住国王,告之今日会有暴雨。国王不信,径直来到猎场,尚未开弓,暴雨突降。国王回到宫中,怒气之下杀了气象师,并安排仆从速寻路遇布衣。布衣来到宫中,国王欲封其为气象师。布衣不从,说:"知道天会下雨的不是我,而是我的那头小驴,因为下雨前,它会两耳下垂。要封就封它吧。"国王采纳了布衣的意见,让小驴做了气象师。然而不久,全国所有的驴都闻讯跑来谋取这一职位。国王应接不暇。听完"故事",求职者明白了林肯的用意,一个个悻悻而去。

来描述自己当时的窘境。1880年3月,新任总统加菲尔德对分官忧心忡忡:一些老练的谋官人掏出求职书,就像劫匪掏出手枪。次年7月2日他在火车站被一位求职未遂者开枪打死。① 霍华德总统分官后总结说:"分肥制使10个人里头,9个成了敌人,一个成了忘恩负义者。"分肥制在朝野上下怨声载道。贯彻功绩制原则,实行政务官与事务官分途,保持绝大部分官员的稳定性,成为上下一致呼声。

贯彻功绩制原则,必须打破恩赐官职制和政党分赃制,使公务员的晋升、授职、工资待遇等内容,以其所具备的条件、能力及实绩为依据,在评判考核其思想水平、工作能力、贡献大小的情况下决定去留和升降,不受先赋性条件的制约。它强调的是行政活动中的成绩与贡献,不是年资、亲属、党派、经济状况等其他因素。那些论资排辈、宗法势力至上、任人唯亲等做法都是与公务员制度这一基本特征相违背的。

法治化管理

这是公务员制度的另一个基本特征,也是人事管理科学化、现代化的一个重要标志。为确保这一制度落到实处、富有实效,各国一般都采取以下措施:一是制定适用于一切公务员的总法规。有的甚至是以基本法律形式予以确立,同时制定各环节的具体规定、实施细则和操作方法。二是依照法律规定依法行政。文官行使职权、执行公务必须以法律为准绳,如果超出法律范围或违反法律规定,则构成违法渎职行为并受到制裁。三是公务员的权利地位受法律保护,非因违法、失职不得免职、停职和开除。

---

① 加菲尔德总统被刺杀的场面被制作成大型油画,悬挂于阿尔巴尼市纽约州公务员部一楼大厅。

法治化管理是对人治管理的一次彻底革命,既避免了选人用人的不正之风,又保证了政府工作的连续性、稳定性。

二、中国公务员制度纵横差异比较分析

1987 年 10 月 19 日,党的十二届七中全会批准了《干部人事制度改革方案》,"公务员"作为一个法定概念正式进入我国政治生活。1988 年,全国性的以省级为单位的录用考试在政法、工商、税务、银行、保险等 13 个部门开始试行。1993 年 8 月 14 日颁布了《国家公务员暂行条例》,同年 10 月 1 日起在全国施行。2005 年 4 月 27 日,十届人大常委会通过《中华人民共和国公务员法》,将暂行《条例》条款规范化、系统化,为进一步完善公务员制度提供了权威依据。

扬弃与再造:与西方文官制度差异比较分析

在国家公务员制度设计、修改和实施过程中,我国吸收借鉴了西方文官制度的有效做法,因而在国别上具有一些共同特征,如前面所讨论的公开考试、择优录用、职位分类、功绩制、法治化等内容。但是我们并没有拘泥于西方框框,照搬他们的模式,而是立足我国政治制度、经济制度和历史文化传统,摸索并制定出一套具有中国特色的公务员制度体系。

1.鲜明的政治性与政治上保持中立。我国公务员必须坚持党的基本路线,必须与党中央的路线、方针、政策保持一致,公务员中的党员尤其要模范地遵守这一要求。西方文官制度要求公务员政治上保持中立,不偏

不倚,这是西方文官制度的核心思想之一。它要求文官不得加入党派,不得以文官身份参加政党活动,也不能以任何形式支持某一党派,要与所有政党保持等距离;同时,也不得以文官身份参与某一政党的游行和示威活动。我国公务员制度与西方文官制度在这一点上的区别是由不同的政治制度所决定的。西方资本主义国家基本上实行的是两党或多党制,一党执政,另一党或多党在野。为避免政党更迭前后的动荡不安,保持政府工作的稳定性和连续性,政党之间相互作了妥协,同意绝大多数官员、职员不受政党更迭影响在机关连续工作。这正是西方文官制度产生的政治气候和直接推动力。目前,政治中立制度已经不像一开始那样受到严格遵循了,[①]但其基本要求和精神实质没有改变。

2.党管干部与超然独立。我国国家公务员制度是按照党的干部路线方针政策和政府工作特点进行管理的。公务员中的重要人员、重要职位由各级党委进行管理。政府组成人员也都是由党委提名、经法定程序任命的,这些都是党管干部原则的重要体现。西方文官则独立于党派之外,任何党派都无权插手和干预文官队伍,更无权推荐文官,否则就是一种违法行为。美国原文官委员会成员同属于一个党派的不得超过两人,其他一些州甚至规定委员会成员不得是同乡、同学,以保证公正原则得以贯彻实施。显然这是实行两党或多党制的必然结果。有人借此指责我们党管干部原则,推销西方国家的所谓"政治中立",这是毫无道理的。我们实行的是共产党领导的多党合作制,不存在轮流执政问题。换句话说,如果执政党不管理干部,那么执政党地位如何得到体现。

3.人民公仆与独立利益集团。我国公务员制度强调,公务员是人民公仆,要接受群众监督。这一特征是由社会主义性质所决定的。恩格斯

---

① 参见《美国公务员制度改革及其启示》部分。

曾经指出:"社会为了维护共同的利益,最初通过简单的分工建立一些特殊机关。但是随着时间的推移,这些机关——为首的是国家政权——为了追求自己的特殊利益,从社会的公仆变成了社会的主人。"①"无产者在全社会面前负有消灭一切阶级和阶级统治的新的社会使命,只有在这一使命激励下的无产者才能够把国家这个阶级统治的工具,也就是把集权化的、组织起来的、窃据社会主人地位而不是为社会作公仆的政府权力打碎。"②这就是说,打碎旧的国家建立起来的、人民掌握政权的社会主义国家机关及其公职人员必须是社会的公仆,而不是社会的主人。相反,建立资产阶级政权基础之上的西方文官队伍则是一个与政务类官员完全不同的独立利益集团,他们受政治人物、政党派别雇佣,有自己的工会或其他代表组织为其利益服务。工资额的确立都是工会与政府内阁谈判讨价还价确定的。在他们看来,常任文官是政务官的雇员,雇员与雇主之间就像工商企业界一样是一种雇佣关系,必须划清利益界线。有一年英国常任文官举行游行示威,要求增加工资待遇,令政府左右为难,不得不作出妥协。这一现象在我国是不存在的。我国公务员不论是领导职务类还是非领导职务类;不论高级公务员,还是初级公务员,都是人民的公仆和勤务员,共同对人民负责,不能也不允许成为独立利益集团。

4.相互融通与"两官分途"。"两官分途"同"政治中立"一样是西方文官制度的重要思想支柱。①两官就是政务官和事务官。政务官是从事政治活动的、与内阁共进退的政治家、政客。他们在竞选胜利之后随执政党的政府班底上台,同时,也随执政党竞选失败全部离开政府。如奥巴马一上台,即把共和党的政务官全部赶走,代之以民主党的人员。事务官即真正意义上的文官,是通过竞争考试进入到公务员队伍的。事务官不能

---

① 《马克思恩格斯选集》第三卷,人民出版社1995年版,第12页。
② 《马克思恩格斯选集》第三卷,人民出版社1995年版,第94页。

直接转入政务官队伍中去。如果要进入,必须辞去文官职位,参加某一个党派,再随其党上台执政进入政务官队伍。②事务官的最高职位,在英国是常务次官即副部长,他不可能当大臣。政务官的职责主要是从事政治活动,一般不管理具体事务。事务官则是一种职业,同工程师、教师、医生一样。③政务官薪俸很高,其工资收入不是维持生活的主要部分;事务官的收入则是用来维系家庭生计的主要来源。像美国总统年薪 40 多万美元①,而一般事务官则要少得多。西方文官队伍是一个封闭的管理体系,一个人一旦经过公开竞争考试进入事务官队伍,非经法定程序不得辞退、开除。他们实行常任制,其系统内的所有官位都是从内部逐级产生的。

我国公务员队伍是一个相对开放的系统。公务员在内部可以上下左右移动、转换,同时跟系统之外的群众团体、企事业单位的人员之间可以按照一定规则和程序相互交流,但主要是处级以上领导职务的公务员。同时,领导职和非领导职的划分也是相对的。政府组成人员和其他工作人员都属于公务员,下至办事员,上至国务院总理,没有界限,可以逐级晋升,上下流动。如一个科员可以担任副科长、科长乃至处长,不存在退党参党再参政的问题。

突破与发展:我国传统人事制度差异比较分析

我国公务员制度是对传统干部人事制度的重大突破。其特点体现在

---

① 世界各国领导人年薪大致如下:(单位:美元)美国布什 40.08 万,日本小泉纯一郎 42.12 万,德国默克尔 37.32 万,法国希拉克 11.84 万,西班牙萨帕特罗 12.84 万,爱尔兰玛丽·麦卡利斯 40.08 万,意大利普罗迪 32.52 万,英国布莱尔 26.76 万,秘鲁托莱多 24.48 万,墨西哥福克斯 18.96 万。根据 2006 年 6 月 5 日墨西哥媒体资料整理。

以下几个方面：

1.实行分类管理机制。我国公务员制度是对高度集中统一的人事管理制度的重要改革，是按国家行政机关特点设计的。所有公务员，不论是领导职务的还是非领导职务的，都是代表国家执行国家公务的人员。在国家行政机关，公务员行使行政权是以国家权力为后盾的一种执行性权力，带有显著的法治性和权威性特征，可以令一切客体为一定行为和不为一定行为；对于不履行义务者，公务员可以采取行政措施，促使其履行。同时，公务员对国家政务和社会事务进行的管理活动是对公共事务和公共利益的管理和维护，决不是部分人的利益或者个人私利的代言人。正是在这种基础上，每一个公务员应向全体公民敞开，每个公民都有参与政府管理的机会。政府的工作性质和职位的这种特殊性决定着它的人事管理制度必须具有相适应的特色。表现在录用上，它必须面向社会公开竞争、择优录用。而事业单位、企业单位，其性质与国家机关不同，没有必要按照政府模式去管理。

2.引入激励竞争机制。邓小平针对干部人事制度所存在的弊端反复强调，我们的干部队伍是干好干坏一个样，干与不干一个样，能上不能下，能进不能出，整个队伍死水一潭，必须加以改革。我国的干部人事制度改革，一直把建立和完善激励竞争机制视为改革的灵魂，并贯穿于公务员制度的各个方面和推行的全过程。首先把住"大门口"。在入口上，打破过去统包统配、人际介绍的选人用人格局，代之以面向社会、公开考试、严格考核、择优录用制度，充分利用行政的垄断性和政府的单方面意志性来调动各方面积极性，引导社会人力资源积极投入竞争，接受挑选。其次是把紧"楼梯口"，严格考核、晋升唯"功"。以考核为例，每年要对公务员进行平时和年终考核。考核称职者可以正常晋资，不合格的不能晋资；连续3年考核优秀的，连续5年考核称职的可以晋升一个级别。一年考核不称职者要降职、降级,连续两年不称职的要辞退。其他方面,像职务的晋升、奖励和纪律处分等条款也都体现出激励竞争的原则。

需要指出的是,对公务员的激励不能仅限于一些法规教条,更多的还需要辅之以科学的领导方法。因为,公务员的逐利动机具有多样性。在市场竞争中,竞争主体的主要动机是追求利益的最大化,其动机是单一的,而公务员参与竞争的动机则是多重的、复杂的。有的可能是出于工作和生活安全感,有的则可能是追求一种成就感,也有的可能看中的是权钱交易的机会⋯⋯这里我们除要遏制不良动机外,需要在公务员管理过程中,从不同角度、不同层次来确立竞争机制的完善问题。

3.强化新陈代谢机制。在传统干部人事制度中,进了机关就等于有了砸不碎、摔不烂的“铁饭碗”,调出或赶出一个人很不容易,即使是正常的离退休制度也没有严格建立并执行。公务员制度解决了这一问题。

首先,规定某些职位的最高年龄限制和任期限制。到一定年龄或超过一定任职期限就不能继续担任现职或晋升,或担任非领导职务,或到其他机关或企事业单位,以使各级领导群体保持适当的梯度结构,避免班子同步老化或“少年化”。

其次,实行辞职、辞退制度。一个人有权当公务员,也有权不当公务员,不愿干就可以辞职。如果不履行公务员义务,不遵守公务员纪律,完不成工作任务,行政首长和主管部门,则可以以辞退形式使其离开公务员队伍。开除辞退公务员是最棘手的问题。为减少当事人的压力,使辞退工作顺利进行,一些人主张采取较灵活柔性的办法。如《公务员法》规定,连续两年考核不称职的要辞退。但可以采取一些变通手段。如让其以辞职形式离开机关,政策是允许的。年度考核中有三位被列为不称职,按规定必须予以辞退,但处理时可根据不同情况,采取不同方法。一位女同志54岁,身体不好,处理意见是,提前退休;第二位能力、业务都不错,但不适合在机关工作,处理意见是,调企事业单位,以人尽其才;第三位不干工作,且态度极差,对此人的处理意见是自己联系单位,限其6个月调离,超过期限,停发工资。总之,在辞退问题上,可求"形"似,不苛求"神"似。

第三,实行刚性与弹性相结合的退休制度。对于年满60岁的男性和年满55岁的女性必须强制退休,不可随意延缓,确实需要的必须严格报请组织部门批准,此为刚性退休。对于年满30年工龄,本人提出申请可提前退休;对于满25年工龄的,男55岁、女50岁,经申请和组织批准亦可提前退休,此两类称为弹性退休。此外还有一些弹性退休规定,如国家级领导人可任职满届退休,正部长级可以65岁退休等。

4.建立廉政保障机制。建设高效廉洁的公务员队伍是世界各国共同追求的目标。过去我国的干部人事制度对此没有完整的法律要求,欠缺很多。公务员制度在廉政保障机制设计上作了深入研究。

首先,增强内心信念,使其不去贪。公务员贪污受贿,在很大程度上取决于一个人的道德水平。解决这一问题,需要重视塑造公务员的公共精神,使其用诚实、正直、积极向上的道德观念代替腐朽思想,通过内心信念的驱导,做到廉洁自律。为此,一方面要在进"口"上严格把关、严格考核,使道德素质不过硬的人员难以混进公务员队伍。二是在晋升时严格考核,把廉政状况当作重要标准,促使公务员严格自律、清正廉洁。

其次,依法行政,使其不能贪。贪污腐败行为往往是从行政行为不规范、行政干预过多造成的。要消除腐败,必须从体制上寻找治本之术,避免和根除贪污腐败的条件。按照公共选择理论,公务员是人,而且可能是经济人,常会把个人利益最大化作为追求目标。腐败,从经济学的观点来看就是权钱交易,是一种寻租行为。20世纪80年代实行经济双轨制,贪赃者通过滥用权力攫取其中的 5%，数额也在 150 亿元以上。① 现在双轨制早已取消，但在项目审批、政府采购、土地出让、公共项目发包、信贷、股票、进出口配额、税收、走私放私领域存在着程度不同的寻租行为。市场经济的本质是"买卖管买卖"创利于市。而政府是"权力管权力"服务于民，不得随意插手经济领域，用权力搅买卖。必须进一步改革现行体制，打破政经勾结，下放各种本属于市场和法人的权力，防止"看不见的脚"踩住"看不见的手"。上海等许多城市把车牌照发放权交给市场，让想拥有牌照者到指定市场参与竞拍，就防腐来说，效果很好。

第三，依法严惩，使其不敢贪。即用及时严厉的惩处措施，使那些敢冒天下之大不韪者放弃邪念。新加坡的反贪污调查局，直接对总理负责，有权检查所有公务员的廉政状况。其局徽是在泥土中盛开的一朵荷花，细看有利剑穿过。荷花象征公务员出淤泥而不染，利剑表示法律的威慑力。有材料介绍反贪调查局接到举报，反映社会发展部部长郑章远腐败问题，希望当局调查处理。郑请求李光耀出面保护。李说，保住你，就保不住这个党。郑自知罪责难逃，选择了自杀。新加坡的反贪污法对任何职位的公务员都有效，且职位越高，处罚越重。前政务部长因接受一外商 2000 美元的感谢费被判刑 4 年，并取消公积金 80 多万新元。前商业部一位局长，是很受总理器重的一位官员，因被指控有轻微欺诈行为，被法院判刑坐牢一天，没收全部公积金。公积金在新加坡公务员廉政建设中举足轻重。一个公务员为几千新币、几万新币铤而走险是大可不必的。这是经济上很大的约束。②

---

① 胡和立：《1988 年我国租金价值的估算》，载《腐败：权力与金钱的交换》，中国经济出版社 1993 年版，第 36~37 页。

② 在新加坡，每个公务员都要把工资总额的 40%（个人 18%，政府 22%）存到个人账号下，只有退休、出国定居或者死亡后才可支付使用。正常情况下每个公务员都可积存几十万新元。但是如有贪污犯罪行为就要全部没收。

第四,以俸养廉,使其不需贪。我国不可能像西方国家公务员那样有很高的薪金,但也不能忽视待遇福利问题,在培养奉献精神、廉洁风气的同时,也要注意其地位身份与付出劳动和收入的协调,使之体面地生活,心理上平衡,做到以俸养廉。一般来说,公职人员的薪金比体力劳动者要高。在新加坡最低级文官薪金每月 1000 到 1500 新元,部长 30000 新元,总理 50000 新元,退休后还有公积金。这样,尽管公务员和同等条件下的企业管理人相比收入低很多,但由于生活有保障,职业有荣誉感,也愿意在政府工作。

5.建构法治运行机制。首先从法治的角度看,这是在反对人治的基础上形成的。过去选人用人,要么统招统配,要么熟人介绍。临时动议定干部,少数人定干部,甚至个别人定干部。选用尺度上基本上取决于领导者或主管者的感情好恶。有位局长,拟招一名秘书,人事处选了几个都被他调离,原因是不好用。最后决定自己主考面试。他出了一道题:1+1=?第一位答:2,领导认为太老实;第二位用系统学观点解释,认为太迂腐;第三位想了半天,认为其中有"诈",没能在规定时间内完成,领导认为太蠢;第四位脱口而出:"你说等于几就等于几"。领导者录用了第四位,认为找到了他需要的人才。法治管理对这种主观行为是不认可的,要求必须有固定录用程序和法定主考部门,否则是无效的。某地税务局,前几年招考公务员,有一名女生成绩很好,但领导认为个子太矮,不同意录用。女生诉诸法律,录用机关败诉,上级人事部门出面干预,要求必须录用。显然,这在传统的人治管理时期是不可能做到的。

其次从科学的角度看,公务员制度的建立是一种新的管理思想,是行政学、管理学和心理学等学科的实际应用。它必然引起人们思想观念的变化,由此推动人事管理科学化,使公务员制度由进口到出口形成链式的有机整体;同时也使人事管理同机构改革同步推进,促使政府职能有效配置。在内部,公务员的各个层次权责明确,管什么、干什么、怎么管、怎么干,清清楚楚,减少了人为因素,体现出科学性法治性。

三、中国公务员考核问题分析

考核是公务员任用和奖惩的基础,是增资晋级的依据,也是激励和监督的重要手段。各级政府及其部门能否按照客观公正、民主公开、注重实绩的原则做好这项工作,对于整个公务员制度的运行有着直接影响。由于政治、经济、社会、文化等各种因素的制约,考核过程中暴露出许多不容忽视的问题,有必要进行系统考察。

问题解剖

领导体制运行不畅。根据《公务员考核规定》的要求,各地、各部门建立了考核领导委员会或考核领导小组,其成员一般由主管领导和人事、纪检、监察等部门的主要负责人,以及若干群众代表组成。他们负责具体考核规则的拟定,负责一些具体问题的处理,接受公务员申诉,对考核结果进行综合评定等工作。职权范围从总体上看是很清楚的。但是在运行上究竟采取何种领导体制,理解上却存在着差异。一种理解为主管领导负责制。依据是《公务员考核规定》中有年度考核"应当在部门负责人的领导下进行"的表述。认为考核体制应实行首长负责制,主要领导人有权就考核问题作最后决断,包括民主测评汇总、评语拟定、等次确定等。认为这样能够减少争议,提高考核效率。但是如果主管领导受利益偏好影响,考核结果就会显失公正。如一些公务员实绩突出,却因领导人不了解而不被重视;相反,有的明明很普通,却因善作表面文章或与领导者感情亲近而被认定为优秀。另一种把考核体制理解为主管领导和考核小组共同负责制,即考核小组享有一定的决定权。测评分析、评语确定、等次分类等工作都由考核小组负责,领导者只对最后等次把关。这虽然在一定程度上分解并制约了主管领导的权力,使考核趋于民主。但在一些关键问题上,分歧大、矛盾多、争执时间长,考核效果同样不能令人满意。①

民主程序流于形式。考核工作必须相信群众、依靠群众,充分走群众路线。运用民主评议、民主测评等手段能够比较准确地衡量出一个人的"斤两"和"尺寸"。然而问题是,一些群众参与意识淡薄,责任心不强,常常敷衍了事;有的则是考核部门对群众尊重不够,组织不力,引导不当,使民主程序徒有形式。相当多的单位搞轰轰烈烈的"述职述廉"大会,以简单投票等手段来决定等次。人际关系好的,工作平庸点照样是优秀;人际关系不佳的,工作实绩再突出也只能是称职,有的甚至遭人嫉妒被"推荐"为不称职。领导小组明知被考核人受委屈,也不能轻易更改,认为这是"民意"。还有一种普遍现象就是考而不用,将考核束之高阁,为测评而测评,为考核而考核。

考核标准笼统,执行偏差大。公务员考核标准总体上是五个字:德能勤绩廉,其中绩为考核之重点。② 尽管有关法规对五个字的内涵作了较详尽阐释,但操作起来让人琢磨不定,难以适从,所得结论也几乎是千人一面。以绩来说,有的片面理解,把德与绩相分离,认为强调实绩,必然会

---

① 《公务员考核规定(试行)》对《条例》作了修正,删除了"应在部门负责人的领导下进行"的表述,代之以"主要领导在听取群众和公务员本人意见的基础上,根据年度考核和个人总结,写出评语,提出考核等次建议和改进提高的要求"。实际上部门负责人任务增多了,权限减小了。

② 2007年《公务员考核规定(试行)》将考核标准由德能勤绩四项增到德能勤绩廉五项。

忽视德的标准;有的认为实绩就是效益高,把绩与经济发展指标简单划等号;有的把实绩理解成经济发展速度,视升虚火、发高烧为政绩突出;有的把杀鸡取卵、竭泽而渔,不惜牺牲长远效益,实行掠夺性发展的视为政绩突出;也有的把无视全局利益,搞地方保护主义视为政绩,等等。一些参公单位,居然把入选人才工程人数、科研经费到账数额、发表论文数量指标列入考核标准,客观上助长了浮躁虚夸之风。实绩的表现形式复杂多样,带有潜性的德、能标准更难认定。人们呼吁有关部门尽快研究制定适合不同层级、不同工作性质、不同职业特点、易于操作的考核标准。

基本称职、不称职公务员确定难。考核的直接目的在于奖惩,确定基本称职和不称职人员并进行惩戒是考核工作的重要环节。然而实际操作很困难。据调查,近些年被确定为基本称职和不称职的公务员微乎其微,只有犯有明显错误的才有可能被确定为基本称职或不称职。而因工作能力、绩效等原因被确定为基本称职和不称职的几乎没有。究其原因,一是认为称职与基本称职、不称职取决于各种因素,原因主次很难分清,简单地归结为公务员个人,思想工作难做。二是担心受连累、惹麻烦,认为多定不如少定、少定不如不定。

等次偏少,中间大平台严重。① 原《条例》规定,公务员考核分为优秀、称职、不称职三个等次。其中优秀的比例不超过参加考核人数的15%,不称职公务员按实际情况确定。其结果如何呢? 某省 1994 年参加考核人数为 304056 人,其中优秀为 33897 人,占总考核人员的 11.58%,不称职人数为 411 人;1995 年全省考核人数 307553 人,其中优秀 39318人,占总考核人数的 12.12%,不称职者为 256 人。不难看出,中间称职档

---

① 2007 年《公务员考核规定(试行)》将考核等次增加到 4 个,即优秀、称职、基本称职和不称职。

次者高达85%以上,这种情况在全国各地几乎相同。新《规定》,增加了"基本称职"档,但情况依然如故,80%以上的仍为"称职"档。在这一等次中,每个人的德能勤绩廉表现参差不齐,从中又可以轻易地再划分出优秀、称职,甚至不称职三个等次来。从直接后果上看,它混淆了公务员行为表现的细微差异,使考核失去分辨功能;从间接角度看,它使奖惩缺乏针对性,好的得不到奖励,差的得不到惩戒。

重复考核,旷时费力。公务员考核分为平时考核和年度考核,操作上一般是年中一小考,年末一大考。除此之外,每个机关还有两类考核,一类是职称管理部门的专业技术考核,一类是党委组织部门的党员考核(民主评议),此外还有各级党委组织部门的干部例行考核、推荐考核和晋升考核等。这些考核来自不同的主管机关,名称也不同,但都是在德能勤绩廉的基础上,对政治思想、道德品质、工作态度、工作能力、工作实绩等方面进行评定。这种多轨并行、重复考核的做法,给各级各类公务员的正常工作带来很大冲击,既浪费了精力、物力、财力,也为公务员之间增添了许多矛盾。

年度考核存在的问题远不止这些,譬如,有的认为"考核年年搞,年年老一套",考不考对工作没有实质性影响。有的认为考核人情面太重,大多数"只栽花,不栽刺",成绩一大堆,个个感觉良好。有的认为优秀等次按人头比例分到部门和具体处室的做法不合理,因为部门与部门之间的工作质量和数量差异太大,不利于调动积极性。有的认为考核成了评先进活动,考核的激励作用、协调作用、监督作用得不到体现。也有的认为领导人有时不能坚持标准、出于公心,往往借考核之名拉拢亲信、排斥打击异己,等等。

原因探究

　　首先是用人不正之风的影响。我国的用人制度在很大程度上是少数人说了算,甚至是个别人说了算。其依据多是个人印象和感情亲疏、熟悉程度等因素。年度考核结果往往随考核工作的结束销声匿迹,成为历史,考核优秀者不过是昙花一现。群众中曾流行这样一句话:"说你行你就行不行也行,说不行就不行行也不行"。群众测评普遍看好的用不上,德才差的却常常出人意料。久而久之,考核者、参与者皆有一种被愚弄的感觉。有的报以冷漠,有的报以讥讽,有的则报以敷衍态度。由于考核可信度低,用人单位对考核结果自然也不重视,从而形成恶性循环。

　　其次是人浮于事。有些部门的冗员同我国人口一样严重"超编",工作量严重不足。有的尽管一天到晚忙个不停,但很多都是人为地制造出来的无用功。他们忙分钱、分物,忙内部矛盾的协调,忙感情的联络。自我服务甚至让社会为他们服务,行政机构的公共服务性荡然无存。由于职能职责不明,甚至毫无意义,考核标准也就成了可有可无的东西。对许多公务员的考核,只好凭人际关系和感情来确定。当然,这种现象在不同的行政层级、不同的行政部门表现程度是不同的。如有的部门职能范围广、事务繁杂,而编制相对不足,出现"五加二"、"白加黑"现象。这是部门中的另一种极端现象,亦应给予关注。

　　第三,行政工作本身的复杂性。行政工作千头万绪,错综复杂。有的无法用机械量的关系来加以衡量,有的因迟效性无法在短时间看出结果,有的因"潜性"、"隐性"让人无法辨别优劣,有的是精神形态结果让人看不见摸不着。对于实绩,有的带有独立性,有的则带有关联性,离不开上级的指导、同事的协助和群众的支持。至于实绩大小就更难权衡了,由于工作性质不同、岗位不同、职责不同,人们选择的标准也不同。为避开矛盾,许多单位多按"人数比例平摊法"和"处室平均产生法"等手段来确定优秀及其它等次,使考核陷入怪圈。

最后是传统思想和习惯问题。一是"能上不能下"的传统习惯。一些担任不同领导职务的公务员,能力平平,素质低下,公仆意识淡漠,官僚主义严重,群众有意见,甚至被考核为基本称职或不称职,但结果难落实。有的单位以缓评、告诫三个月等手段使其蒙混称职;有的则以交流、易地做官度过险关。到头来还是"外甥打灯笼——照舅(旧)"。二是干部会议推荐票功能过于放大,有时唯票取人,导致好人主义盛行,许多当事人丧失是非观和正义感。

对策思考

修订和完善相应法规内容。《公务员考核规定》作为总的考核法规,需在实施中不断修订完善。近些年法规条文几乎都在实践中得到检验,对于合理的部分应当加以巩固;对于暴露出的一些问题、缺陷应当加以修改完善。目前反映最为集中的内容是:(1)考核标准要增强针对性,并加以细化。在德能勤绩廉的基础上按照职位分类要求,对每一大类予以分解,尽可能按照不同层级、不同工作性质制定出一些具体可行的标准来。(2)完善考核等次。等次是认定考核结果的一种手段,设立多少级数各国不尽相同。英国的等次分为特别优秀、优秀、满意、普通、不良五等,法国为非常优良、优良、合格、低劣、非常低劣五等;日本亦是五等,即出类拔萃、特优、优、良、劣。建议我国在现有等次基础上,再增1—2个等次。

1998年,笔者呼吁在称职和不称职之间增加"基本称职",在优秀与称职之间增加"良好"等次,但后一建议未被采纳。(3)调整晋级晋资规定,把连续3年优秀可以晋升一个级别的规定调整为3年内累积2年优秀者可以晋升一个级别;把连续2年不称职者予以辞退改为1年考核不称职者予以辞退。(4)进一步理顺考核结果与奖惩、培训、调岗、工资与职务升降等单项制度的相互关系,使其相互配套、相互统一,减少掣肘。

规范考核程序和考核方法。科学的程序和方法是考核客观公正的重要保证,也是考核工作科学化的重要标志。任意简化考核程序,忽略科学方法,都会损害考核工作的严肃性和公正性。一些地方的考核工作之所以能够顺利开展,与他们有条不紊地按照考核程序逐步推进是分不开的。据了解,有些主考部门通过公开述职、民主评议或民主测评、本单位公务员谈话等三个程序扩大群众参评范围,提高民主评议程度,全方位地听取下级工作人员的意见和反映,效果比较明显。不仅保证了考核工作能够围绕考核目的进行,更重要的是体现了考核的激励作用、导向作用和监督作用,不再是为考核而考核。

建立平时考核制度,提高年度考核的准确性。平时考核是在相对较长的时间内对被考核者连续进行动态观察;年度考核则是在较短时间内对被考核人进行评价和判定。公务员考核如果不以平时考核为基础,仅仅进行集中突击性的年度考核,一方面,会使考核的监督检查失去作用,另一方面也会使年度考核失去准确的客观依据,使"近因效应"发生消极作用。因此,各地各部门普遍认为应建立平时考核制度,维护和保证年度考核的准确性。

及时做好考核结果的兑现使用。考核结果的兑现和使用,既是整个考核工作的延伸,又是与其他单项制度相联系的重要环节,对于考核工作深入持久地开展具有重要影响。因此,人事考核部门应按照有关规定,把考核结果同公务员的奖励、职务升降、辞退、培训、工资、级别等单项制度结合起来;同时,还要与目标管理、人员聘用、单位福利等内容相联系,使考核工作在整个国家公务员制度中发挥更积极的作用。

四、公务员制度实施中的缺陷与消弭

公务员范围界定问题[①]

世界各国对公务员范围的界定不尽一致,总体上看存在三种基本类型:一是以英国为代表的小范围型,主要指中央政府系统中非选举产生和非政治任命的事务官,不包括由选举产生或政治任命产生的内阁成员和各部政务次官、政治秘书等政务官。简单地说,就是除去政务类官员以外的常任文职人员。它排除政治性官员、司法性官员、军事人员以及从国库支付薪金的人员。二是以美国为代表的中范围型。他们把中央政府机关中的所有公职人员都称作文官,既包括政务官,又包括事务官。但适用公务员法的只是事务官。同时,美国公共事业单位的人员和国营企业的管理人员也都列入公务员范畴。三是以日本和法国为代表的大范围型。包括从中央到地方政府机关所有公职人员,以及国会工作人员、审判官、检察官、国有企业事业单位的工作人员、市乡村镇的公职人员等。相对前二

---

① 2006年1月1日起实施的《中华人民共和国公务员法》第二条将公务员界定为"依法履行公职、纳入国家行政编制、由国家财政负担工资福利的工作人员。"将公务员范围规定为七类机关,即中国共产党各级机关、各级人大及其常委会机关、各级行政机关、政协及其常委会机关、各级审判机关、各级检察机关、各民主党派和工商联的各级机关。本节评述源自《暂行条例》条款,本版次保持原貌,不作修订。

类范围比较宽泛。可见,各国对公务员范围的界定模式不一,方法不同,但总体上都是把非选举产生和非政治任命的官员以及由国库支付薪金的工作人员列入公务员范围。这些人员是文官队伍的主体,也是各国文官法的适用范围。

我国公务员范围界定之初,曾参考前文官制度国家的经验和做法,但最终吸收运用是有限的。《国家公务员暂行条例》把我国的公务员界定为"各级国家行政机关中除工勤人员以外的工作人员。"这一范围不包括国家权力机关、司法机关、检察机关的工作人员,更不包括党的机关、人民政协、事业单位和社会团体的工作人员。这种划分具有三个特征,一是强调工作组织机构的行政性。即只有在各级国家行政机关任职、行使行政权力、履行行政职能者才属于公务员。二是体现我国政治制度特点。我国不实行西方国家的两党制、多党制,不存在轮流执政的更迭问题,因而没有政务官和事务官的区分问题,在行政机关中任职带有政务性质的官员也好,从事日常事务管理的执行性、技术性人员也好,都属于公务员。三是薪金支付来源不作为划分公务员与非公务员的依据。这与西方各资本主义国家把由国库支付薪金的工作人员划为公务员的做法明显不同。这种划分,理论上说得通,具体操作中行不通,原因有两个方面:

一方面,职能目标的交叉性、一致性决定了不能仅把行政机关作为公务员范围。尽管我们可以根据工作性质、职业特点以及人才成长规律划分出若干类型,但工作性质、职业特点真正具有显著差异的只有企业、事业和社会团体。事实上,其他各类都是直接或间接地履行政务和社会事务职能的机关。党的机关工作人员,从理论上说是党务工作者,但在目前党政关系纵横交织、职能内容相互重叠的体制下,一直负责重大决策制定、干部管理、思想宣传、统战、干部违纪监督查处等许许多多与行政机关内容重复、性质相同的事务。各级权力机关一直承担着"议行合一"体制中的领导者和监督者的角色,始终参与行政决策制定、干部任免等工作。司法机关同行政机关一样是对权力机关负责并接受其领导的审判和检察机关,其中审判机关的行政诉讼、检察机关的经济监察、法纪监督都可视作整个行政工作不可分割的一部分。

另一方面,国家工作人员在人事管理性质上的一致性,迫使在机构编制、经费来源、行政级别、考核奖惩、工资福利等各环节上统一管理,不可能另起炉灶。我国所有的国家工作人员都是人民公仆,肩负着服务社会、服务人民的共同使命;他们的薪金支付来源于国家财政,对他们在政治、业务素质上的要求是一致的,管理上也必须是统一的。事实上,国家机关工作人员在各管理环节上一直采用的是同一种方法和同一个标准。虽然近几年曾试图作出种种改革设想,突出各类工作特点,但最终还是以级别、待遇等方面的相互“照应”不了了之。现在各级国家机关,包括大型社会团体和一些事业单位皆采用参照管理的办法对各类工作人员实行过渡,进行工改,实施考核奖惩、辞职辞退等制度。这说明,原有的分类设想只是名称上的不同,并不存在实质上的差异。

鉴于此,我国公务员范围不能仅仅界定在行政机关,不仅应当包括权力机关、审判机关和检察机关,还应当包括现有体制下的党的机关。参照管理作为权宜之计,不能长期实施,必须尽快予以分解。该并入公务员序列的,及时并轨,统一管理;该从参照管理系列中分离出来的,及时分离,单独管理。由于财政来源的共同性和管理体制的复杂性,人民政协、大型社会团体,毫无疑问应当列为参照管理的范围,但像一些行业协会、基金会和各级党校也都实行参照管理制度恐怕不妥。它们的工作性质、人员职业特点同前一类有着明显的差异。尤其是一些事业单位,一部分人参照公务员条例管理,一部分人实行事业单位专业技术管理,同一个机关存在两种人事制度,既不利于宏观管理,也会使内部微观管理遇到许多纠缠不清的问题。

选拔系统的缺失问题

　　选拔系统的缺失主要是指选拔标准、选拔方式、考官队伍水平以及由此派生的其他因素在考录过程中的不良表现。可以从三个方面来看：一是考官队伍素质不高。目前，我国的考官队伍主要由两部分人组成，一是组织、纪检和人事部门的官员，二是党校、行政学院和高校、科研院所的专业技术人员。前者具有一定的干部选拔任用经验，但对于专业知识缺乏深入研究，对于考生的答案理解不深，判断不准，一些参与试题设计的甚至出现技术性错误，设问不科学，标准答案不标准。后者，虽有扎实的专业知识，但对社会需要和岗位特点研究不够，所设计测量内容多倾向于理论陈述、知识性问答，对应用性、操作性要素重视不够。面试中有的把能说会道作为取舍的主要标准，而对同样适宜于机关工作但不善言辞的排斥在外，致使公务员的性格气质结构渐渐失调。二是考试手段单一。目前，全国各地考试的主要手段仍然依靠笔试和面试，而对其他国家早已普遍使用的情景模拟法、心理测验、投射法、笔迹辨析法、背景调查等许许多多行之有效的辅助方法缺乏借鉴，因而无法全方位地对考生进行准确考察。三是笔试科目科学化程度低。这一现象涉及因素很多，其中最主要的有两点，首先是大纲内容空泛，而且很不规范。其次是试卷结构不合理。题型单一，重记忆，轻理解应用，很难测量出考生的知识深度、能力水平和发展潜力，使考试的区分功能受到削弱。由于这些缺陷的存在，考试分数与人才素质高低常常缺乏直接联系，高分低能现象难以避免。四是考试作弊层出不穷，公信度面临挑战。据报道，2009 年度国家公务员考试有300多名考生违纪,近700人试卷雷同,且分布在全国31个省(区、市)。目前,国考作弊行为已呈现"高密度、跨区域、团体化"的特点。如若泛滥,将严重损蚀招考公信力。

前些年,笔者曾对科举考试防弊措施,作了一些粗浅研究,感到科举制度之所以能延续1300多年,主要在于历代统治者把防弊、治弊作为重中之重,严密规范,积聚传袭。现择录几例。

主考回避。主考分主考部门和主考官两类,他们是主持各级考试的权威机关和官吏,其公正程度如何,直接关系到人才甄选的公平性、真实性和可靠性。因此,各代均把二者回避问题作为防范措施,并不断加以完善。主要有三种形式:

(1)别头试。科举初始,对主考机关的规定十分严格。常规上考试由礼部主持,试毕由中书门下审核,必要时再予以复试。以后为避免嫌疑,礼部长官亲属须送吏部应试,由无宗族瓜葛官员主持考试过程。这主要用于唐朝中后期。

(2)牒送。《宋史·选举制》载,"自缌麻以上亲及大功以上婚姻之家,皆牒送。"牒送,即由有司发给须避亲者特别考牒,另设考场,另派考官,另出试题进行考试。此法主要流行于宋代。

(3)乡试官员避省籍。《陔余丛考》载,明代"各省乡试,皆由监临会同提调官聘他省有文名之教职及居家、士大夫主之。"至清代,乡试主考官皆由皇帝亲命派往各地,主考官员从他省聘请房考官。此举很像今日异地监考评卷制。

闭锁考官。"未试宏辞,先锁考官",是自宋朝以来形成并保留下来的一项措施。在宋代,知贡举官一旦宣布,须立即进住贡院,断绝与外界接触。明代,试官要入院圈限,"封钥内外门户"。清代,凡有资格担任主考、同考、监临、提调官的,会试前皆备朝服行李到皇宫午门外听宣,被点中者不得逗留,不回私宅,即刻入闱。考官住所皆由官兵把守,不得与地方官民往来。期间家书亦不得传入,直到事备"班师回朝"后才可获取自由。

究督考生。对考生的要求比考官更加严格。唐宪宗时期,为防备考试内外传递作弊,在试院围墙上插满棘枝,防人攀越,颇似今日电网。考生入场,有时要解衣脱袜,打开发髻,严加搜索,以防夹带小抄;甚至有时要先淋浴,服官服,后入考场。考试期间,有兵丁左右巡逻,发现作弊者,当场上刑带枷,并取消考试资格。从明代起,又规定考生必须有5位亲友联合作保才可参加考试,如有作弊,实行连坐。

严格复试。考试过程尽管十分苛刻,但试毕仍有复试规定。从宋代开始,对名落孙山者,可再提供一次复试机会,验其是否具备真才实学,是否发挥失常;同时,对于省试后的合格举人,有权要亲族背景的,也可令其复试。在明代乡试中,遇有可疑中第者,礼部可随时对其复试。到清代,除乡试及第者需复试外,又增加了会试复试,否则不得参加更高一级的科考。

弥封誊录对读。为防备阅卷人通过姓名字迹辨认考生,打人情分,从武则天称帝时开始实行糊名制度,即弥封制度,使阅卷人无法判断答卷人,打人情分。到宋代,贡院开始设置弥封院,并创立誊录院、对读所和编排所。誊录院负责制作考卷副本,具体做法是要求考生用墨笔答卷,试后由专人用朱笔抄录。朱卷不写姓名。为避免誊录有误,誊录后的试卷再交对读所与原试卷进行双向校对。改正无误后,再交编排所,统一编号后交阅卷人评审。朱卷取中后,再由专人按编号找出答卷,张榜公布。

试卷磨勘。此为清代所创防弊之法。其做法主要是礼部对乡试试卷进行复审,颇象今之抽查、复查制度。据《清史稿·选举考》记载,各省乡试揭晓后,须按路程期限,送试卷到礼部复审。延期者一律问罪,以防止考官私下修改试卷。磨勘,首先检查有无作弊疑点,其次检验有无阅改瑕疵。"字句偶疵贷之,字句可疑,字体不正,举人除名。倘谬误若干,考官及同考革职,或逮问;不及者夺俸或降调"。这对阅卷者极富震慑力。

制度完善与成熟程度问题

我国公务员制度实施时间不长,许多问题需要在实践中逐步探索、不断完善。从目前法律实施情况看,工资和职位分类问题最突出。

工资不仅是经济问题,也是政治、社会问题。1993年大幅度提高机关工作人员的工资水平,建立正常的工资增长机制,提高了公务员的职业威望,所产生的社会效应是积极的。但也出现一些负面影响:1.与行政系统以外的人员相比,工资关系不顺。在纵向上比,公务员的工资水平确有提高,但是在横向上与国有企业,尤其是一些垄断性企业的同级人员相比,仍有很大差距。2.在行政系统内部,公务员与公务员之间工资关系不顺。一是职务级别相同,但责任大小、付出劳动大小与工资水平不完全呈比例,如一县委书记与省级机关一处长在责任大小上有很大区别,但是如果处长工龄长,工资则比县委书记高。二是激励工资体现不够,难以有效调动公务员从事同一级别但工作更为复杂困难的工作。三是大平台现象突出。公务员的职务工资是按工作年限7年、17年、27年、37年、47年进行级差划分的,这意味着工龄悬殊10年以内的,会处在同一档工资水平。四是工资津贴激励功能弱化。艰苦边远地区特别是边疆少数民族地区,现有工资、津贴标准缺乏激励功能,无法实现人员稳定。

职位分类问题。职位分类是现代公务员制度的核心特征之一,推行难度大、涉及面广,对于公务员制度的科学化有着重要影响。非领导职务,有的认为理论上是实职,实际上是虚职,只是解决了领导职数和待遇问题。有的认为名称不科学,心理上亦不易接受,不利于调动积极性。香港行政专员、高级行政专员的叫法远比非领导职务好。三是职位说明书与轮岗交流的矛盾。职位说明书对每一个职位都有未来升迁方向的说明。但轮岗制度和有关晋升制度又要求晋升者必须在较低一级的两个岗位上任职达一定期限,究竟是以原有岗位作为升迁方向,还是以现有岗位作为升迁方向,人们感到无所适从。四是职级未能与职位分类匹配推进。品位分类更适合国情,如能普遍实施,领导职数过多问题、年龄"一刀切"问题,等等,都可迎刃而解。建议加快研究,大力推进。

五、国外公务员制度改革:以美国为例

美国州政府公务员制度大多数是 1883 年《彭德尔顿法》的派生物,是在沮丧的求职者刺杀加菲尔德总统后的震荡中陆续产生的。它的实施对于控制"政党分肥"、任人唯亲等不当行为具有进步意义,适应了工业化进程中的政治、经济和社会发展要求。然而,随着城市的扩大、移民的增加、工业化程度的提高、社会分工的加剧,政党及其相应的公务员队伍对社会及公众的反应变得越来越僵滞,无法或无力作出灵活回应。人们逐步感到,建立在官僚政府上的公务员制度,在信息时代已经成为社会发展进步的阻力。

传统公务员制度的缺陷与面临的困境

马萨诸塞州纳税人基金会对所在州的管理人员进行了一项调查,认为最能引起一贯和强烈反应的是文官雇用程序,一些条款不是有助于而是妨碍雇用合适的雇员,简直是"梦魇"、"丑闻"和"灾难"。这些结论是否有失偏颇,我们无从做出准确评判,但从以下现象可以看出一些问题。

录用。在过去相当长的时期内,州政府不能像企业那样采用灵活的、富有实效的方法录用雇员。企业可以刊登招人广告,接受应聘者简历,找应聘者谈话或找推荐人了解情况,等等,而政府雇员的录用必须从参加书面考试的人员中选用,被录用者必须是考试成绩居前三名者,动机和其他因素则不予考察。在加利福尼亚州的旧金山,两个申请者考分相同,则社会保险号高的人优先录用,与政府职务需要毫无关联。更令人不解的是,由于考录程序周期长、手续繁琐,被录用者往往是素质相对较低的。有项调查发现,考试得分越高受雇的可能性就越小。因为从参加考试到被雇用通常要持续七个月时间,那些素质较高的应试者往往在这漫长等待期内找到了别的工作。

职位分类。分类一直被奉为文官制度运行的轮子,然而,它的运转已不是那么平稳。职位的设置与改变不是取决于管理人员的需要,而是来自于人事主管部门的主观推断和"逻辑"分析。人事部要花费大量时间研究每一个职位的适用范围,管理人员不论对每个职位雇员的业绩大小掌握得多么准确,都无权决定薪金的支付数量。即使得到批准,可以对级别加以改变,但执行时间很漫长。在个别州政府,改变一个级别需要两年时间。职位过于繁琐复杂是分类中的另一个突出问题。每个职位的定义过于狭窄,使许多工作处于灰色地带,无人承担。主管遇到的最多意见是:别叫我做这件事,它不属于我的职责范围。如果以强硬态度让一些雇员去承担,工会就会来找麻烦。目前纽约州政府的职位是6200多个,而与此差不多大的加利福尼亚州只有4100多个。两州都在尽力减少数量,而纽约州则要付出更大的努力。

晋升。一个雇员在达到所任职位的最高薪金后,一般得不到提薪的机会,除非职务提升。但是雇员职务晋升的权力掌握在人事部门手中,管理人员一般无权过问。这样晋升的依据可能不是业绩表现状况,往往是与此无关的因素。如在一些州或地方政府,雇员职务晋升主要依据是适当的资历加升级考试的高分。这些舍本求末的做法极大地挫伤了一大批雇员工作的积极性。

辞退。美国有句老话:政府雇员就像无头的钉,容易钉进去,不容易拔出来。管理人员想辞退某个雇员,必须用几个月的时间详细记录其恶劣表现。辞退通知下达后,还要给该雇员3次上诉的机会。其时间仅前两次就要224天。只有3次上诉失败后,该雇员才有可能被辞退。僵化的法律程序维护了雇员的权力,也极大地破坏了政府的工作效力。由于程序费时费力,最后很少有人真正被辞退。许多主管的态度是宁愿养着他们,决不轻易动"干戈"。

临时解雇。政府通过临时解雇减少雇员时,采用的是逐级聘用法。从等级的上层逐级压缩职位,结果是资深的雇员挤掉资浅的雇员,而不论他们的能力、专长或者工作表现如何。中级管理人员挤走秘书,秘书挤走收发员。渴望上进的年轻雇员难以留任,不懂工作又不想努力的无用之人往往占据某个职位。拉特格斯大学一位前负责人曾这样说过,在一些科学机构,人员调动是"用本领域既无经验又无知识的人去取代那些训练有素的专家。这个制度最讲资历,破坏性也最大。"

富有创意的改革举措

面对文官制度存在的问题,各州在联邦政府的影响下采取了一系列变革措施。虽然内容不尽相同,推进速度也很不平衡,但总体上有许多方面趋于一致。

实行业绩奖励制度。这一制度改变了过去对雇员工资每年自动提升增加的做法。一般是把可用于增加工资的资金集中在一起,作为一笔基金,奖励给那些在工作中表现优秀的人,而不再是人人有份,自动增加。阿肯瑟州是这一制度的先驱者,对其他各州产生很大影响。在功绩制工资的基础上,各州于1984年纷纷建立起"工作表现管理评审制度"。科罗拉多州依据项目的完成情况来决定奖励的数量,高质多奖,低质少奖,甚至不奖。在印第安那州,如果雇员节省资金有功可以重奖,多者可达1.3万美元。目前,至少有24个州实施这一制度,尽管还没有充分证据表明它是非常有效的,但从雇员和管理人员的反映来看,其作用是积极的。

粗划分的职位分类。工作分类和工资级别实行宜粗不宜细的原则,由原来强调职位区别转为重视职位的相似点上,把性质相近的职位进行合并,把狭窄的职位重新定义。既减少了职位、降低了成本,又方便了职位交流和人员变动。如过去把会计职位细分为十几个类别,现在则确定为一个大类,这样可以较轻易地使一个人做多个工作而又无法抗拒。在职位调整中还有一个奇特的做法就是职位私有化。在对政府职能重新定义后,一些州把过去由政府直接提供服务的职位改由企业提供、政府间接监控。目前已有21个州在卫生、食品等领域职位私有化。

实行全面质量管理。这一方法主要是爱德华·戴明发明的,几乎每个州都在推行。它意在改变忽视效果的传统目标管理制度,强调以顾客服务为目标取向,以公众的满意程度作为评估绩效的主要标准,从而形成一个重工作结果而不是工作过程的高效率、低费用的工作机制。由于行政手段的变化,具体职位的作用已不明显,团队服务形式与日俱增,许多州的职位也随之改变,在形式上最显著的是机构和人员数量大大减少。这些都是实行全面质量管理的重要原因。

灵活的工作时间安排。这实际上是分权和预算控制的结果。这一措施分为两种情况,一种是工作时间总量具有灵活性。每天可以工作 4 小时,也可以工作 6 小时;每周可工作 5 天,也可工作 3 天;同时,每天上班和下班时间也可以灵活安排。目前全美已有 44 个州实行了这一制度。第二种情况是灵活的办公地点。有 28 个州允许一部分数据录入员、文秘、教师等雇员在家里办公。他们可以利用一部电话机或一部联网的电子计算机处理各种事务。以前最需要监控的这部分雇员现在获得了"自由"。不仅节省了时间、提高了工效,而且为政府节约了资金、降低了成本,同时也从诸多方面为社会减轻了压力。

录用程序简化且形式多样。有 31 个州不再单纯采用笔试测验的方式录用雇员,而是以面试、工作背景调查、推荐材料作为主要取舍标准。以乔治亚州为代表的 9 个州取消了各种类型的考试制度,实行纯私营企业化的录用方式,通过两年试用期来决定是否录用。乔治亚州甚至把录用权下放给各用人单位,改变了由州统一录用的传统做法。还有 16 个州取消了在考试成绩前 3 名中录用应聘者的规定,将范围放宽到前 15 名甚至前 50 名。更为大胆的是有些州的用人单位是通过计算机在网上进行远距离考试,不再采用集中面试或其他测试。

赎买政策解雇和终止雇佣。这是为避开繁琐、复杂的解雇程序而对被解雇者采取的一种带有激励性质的解雇政策。其做法是一次性付给 1 万至 3 万不等的补偿金,让被解雇者满意地离开。联邦政府用此方法成功地解雇了 3 万多名雇员。在它的影响下 16 个州也成功地进行了实验。但克林顿认为花钱不是最好的办法,只能作为补充。当然各州也意识到录用冻结、逐步退休是最理想的途径,但无法确定哪些人什么时间离开,因而有可能导致最需要的人离开了,或者某些急需的特殊技能的人因冻结而无法正常补给。这也是赎买政策得以流行的原因之一。

改革支离破碎、障碍重重

令人奇怪的是,美国各州的改革并不是在法律范围内进行的,而是绕开法律,甚至走在了法律前头。而做得最成功的正是那些清楚如何绕开法律的人和机构。州政府的这种行为,一方面折射出人们对变革旧体制迫不及待的心情,另一方面反映出各州法律在改革中的滞后性。由于特殊国情,各州对宪法和法律进行改革几乎是不可能的,即使对僵化的法律也须抱残守缺。因此,改革只能是小打小敲和微不足道的。如果说法律是公务员制度变革的最大障碍是毫不过分的。

公务员制度改革的另一个主要障碍是文官工会。它们拥有很大的权力和影响力,包括政治权力,能影响政务官,能为会员(雇员)谋取很多利益。对于涉及会员利益所作的任何变革,他们都会以其强硬态度予以抵制。现在从联邦到一些州都建立了劳工委员会等机构,试图通过合作取得工会支持,但这往往必须以放弃某些改革事项、作出某些让步为代价。

以美国文化为背景所形成的公众舆论也往往被认为是影响改革的主要障碍之一。出于控制的目的,或者文化上的某些习惯,各级政府喜欢每出现一个问题就制定一个法律,以保障自身利益免受侵害。现在的改革正是要打破这些过滥的法律控制,使一切变得具有灵活性。而这恰恰与美国长期形成的文化传统格格不入。他们可能强烈地抱怨政府的僵化和非人格化,但又对政府失去控制后可能接踵而来的混乱和腐败等问题感到忧心。因此,他们在舆论上表现出来的大多是冷漠、怀疑甚至敌视。

改革最直接的促进者应当是州长,但他们不可能把政治资本放在改革公务员制度上,否则就不可能当上州长。公务员制度每改革一步都要给工会和雇员许多利益,这对管理者来说成本太大,很不值得。纽约州公务员部一直想变革公务员法,写出了如何设计新的公务员体系的报告,但一直缺乏州长和议会等政治权力的支持,他们不愿把精力放在这上面。因为这既不符合他们的个人利益,也不符合美国的传统。

鉴于以上原因,美国各州的文官制度改革只能是零碎的,甚至是枯燥无味的,与联邦相比很不系统。这是美国学界比较普遍的观点。

值得重视的几点启示

美国各州的公务员制度改革程度不同,内容各异,我们的分析观察也不免有管中窥豹之嫌,但它仍带给我们一些有益的启示。

首先,我国的公务员制度要处理好规定性与灵活性的关系。美国公务员制度改革的直接动因来自于僵化繁杂的法律。它的各项法律、法规、细则、判例累积长达8000页,足以把各种处于良好愿望的管理者驱赶到绝望的地步。它拖拉、笨拙的机制所导致的效率低下程度令人发指。现在他们毅然扔掉8000页的《人事手册》,废除各种僵化的录用、辞退、晋升、奖励等繁文缛节，使人事管理工作日趋简化、高效。当然，依靠人治会使管理失去公平性、稳定性和连续性，但过细过繁的法律规定，也会使管理失去活力和效力。我国长期处于法制不健全状态，人们渴望不断地加快立法进程，使政治生活的各个领域都有法可依，这当然无可厚非。但是立法到何种范围、何种程度应该有一个量和度的规定，不可像钟摆一样摆到另一极，走上另一个极端，否则公务员制度也会变得僵化而没有灵活性。我们应从美国文官制度形成、发展和改革的实践中吸收有益经验和教训，把法律的规定性与管理中的灵活性有机地结合起来。

其次，我国的公务员制度要处理好集中管理与分散管理的关系。集中管理标准统一，行动迅速，便于控制，但容易忽视个性差异，压制下级的主动性和创造性。美国各州文官制度的管理起初是以集中管理为主的，一般都有统一的录用标准、录用考试，统一的分类和工资标准，等等。但是由于信息结构、管理方式和管理手段的变化，统一管理越来越显得迟钝和难以适应。现在各州在管理权限上都有下放的趋势，陆续有了自己的录用权、奖励权和解雇权。在中国，公务员制度以集中管理为主特征，有些单项制度在权限上仍有上收趋势。统工资一、统一奖励、统一分类，考试也是由省级统一进行，地方、基层和部门的自主权限极其有限。中外实践证明，用人权应向最知道需要用什么人的部门转移，上级无需过多过细地干预。这样才有可能真正贯彻用人与治事统一的原则，契合世界各国公务员制度发展变革趋势。

再次，职位分类制度暴露出种种弊端，我们在构建这一制度时要有所扬弃，不可东施效颦。美国是职位分类的典型国家，一直视职位分类为人事管理最基础性的工作，进行过长期细致的研究，为数以万计的职位建立了标准统一、职责明晰的制度框架，避免了部门之间、雇员之间的矛盾。但是由于职位划分过细，职责范围越来越狭窄，给人员交流、重新就业和雇员间的相互合作带来困难。他们通过中国湖（China lake）①试验，实行宽分类，增加品位因素，缓解了这一矛盾。我们所尝试划分的行政执行类的 23 个职组、115 个职系以及相应的众多职位，是否科学合理需作出进一步研究。

最后，解雇工作要敢于动真，富有创意。解雇（辞退）是世界各国公认的难题，大多都抱有"宁愿多留几个庸人也不去得罪一个恶人"的想法。但美国却闯出一条成功之路。一是精简不含糊，仅联邦就减去40%，这些被裁减雇员不可能变相享受财政薪金支出；二是在经济上予以补偿，通过"赎买政策"使一大批雇员心甘情愿地离开政府重新谋业。这与我们的人员分流是有区别的。我们的减员实际上大部分被分流到事业单位，工资薪金仍由财政中支付。再者就是政策性的"退休"，基层尤其严重。许多地区根据精简比例，划出年龄段，或 58 岁，或 55 岁，以退职、退休方式强制其离开岗位。建立在完善的社会保障体系上的美国"赎买政策"，有利于分流人员的心理平衡，有利于精减工作的推进，作为一种补充手段比单纯的政策性强制效果更好。

---

① 中国湖是加州的一个地方，因试验地点在此而得名。该项目是管理灵活性的试验，主要对公务员的分类及工资制度进行改革。他们取消了原有的几百种工作分类，代之以 4 种类型——秘书类、行政管理类、技术类、执行类。各类公务员级别由 15 级简化为 4 级，即初学者级、表现良好级、技术级、监督管理级。

第九章　公共行政决策的科学化及其冲突治理

　　人类决策活动和决策思想由来已久,但作为一门科学只有几十年的历史。19 世纪 30 年代,美国学者切斯特·巴纳德集早期管理思想之大成,最早把决策概念引入管理理论,对于企业选定投资项目、确定生产指标和打通销售渠道等起到了推动作用。19 世纪 60 年代初,决策作为一门科学逐渐兴起,并不断发展成为独立的研究领域。

一、公共行政决策导引

　　"决策"一词,英文为 Decision Making,意指作出决定或作出选择。它的完整定义,目前还没有公认的模式,归纳起来,大致有以下三种:一是广义概念,即把决策看作是一个过程。包括提出问题、调查研究、设计方案、评估方案、选择方案、实施方案等一系列环节。二是狭义概念,即把决策看作是从各种方案中择取一种方案的选择行为,是"拍板"行为,是一种判断,一种选择。三是最狭义概念,认为决策是对不确定条件下发生的偶发事件所做的处理决定。这类事件没有先例可以援引,没有规律可以遵循,主要靠个人胆识和魄力,靠先进的科学方法。也就是说,只有冒一定风险的抉择,才是决策。狭义的概念把拍板前的行为排斥在外,最狭义的概念把不具有风险的其他决策行为排斥在外,这些都未免失之偏颇,是不符合现代决策实际的。决策不是瞬间即可作出的,如果没有拍板定案前的一系列活动,只是主观上的武断。显然,我们应当把决策理解成一个过程,理解成个人或群体为实现其目的,制定各种可供选择方案并决定采用某种方案的过程。

行政决策是决策的一种,是国家行政机关及其领导者为实现国家或公众利益,依据法律为一定的行政行为确定行政目标,制定并选择行动方案的过程。它与其他决策相比具有以下特点:第一,地域性。行政权是受特定地域限制的,行政决策所涉及的范围不能超越特定的行政区域。中央政府的行政决策只在该国具有效力,同样,一个地方政府的行政决策只在该地方政府管辖范围内有效。第二,合法性。行政决策必须依法进行,在国家政权机关中,各机关所具有的行政决策权,以及各机关在行使决策中的地位及其关系均由法律决定。第三,政治性。行政决策的政治性是由于行政活动与国家统治权的不可分性决定的,既然行政权属于国家,而国家又是统治阶级进行统治和管理的工具,行政决策必须与国家利益相一致,体现国家意志,因而带有鲜明的政治色彩。第四,非赢利性。行政决策以处理政务、管理社会公共事务为着眼点,以实现对社会价值的权威性再分配、确立公正平等的社会关系为主要功能,它不像经济组织那样把盈利作为主要目标。

管理学家从不同角度对决策进行分类,较为典型的有:西蒙首倡的程序性决策与非程序性决策；卢斯（R.D.Luce）和莱伐（H.Raiffa）提出的确定型决策、风险型决策和不确定型决策等。随着决策的发展以及决策理论的传播，人们还会从更为广泛的视角讨论决策分类问题。目前，国内学者多是从主体、性质、内容、方式、条件和过程等方面对决策进行分类。

依照决策主体决策方式不同，把决策分为经验决策和科学决策。经验决策是指决策者根据个人直觉判断和主观经验作出的决策。其特点表现为：决策者既分析问题，设计方案，又拍板定案，集谋断于一身，常常是"眉头一皱，计上心来"，决策过程比较简单。这类决策所处理的信息量受个人知识、经验、阅历等条件的限制，决策者很难作出精确的定量分析。同时由于决策是个人所作出的，不同的人会有不同的结果。如我国建国后的"以粮为纲"、"以钢为纲"的决策，"超英赶美"的决策等，就是这类决策的典型。经验型决策是与小生产方式相适应的，在管理中曾起过重要作用。但在社会化大生产的冲击下，它的局限性日益暴露出来。随着社会的发展和科学技术的进步，经验决策逐步向科学决策方向转化。人们力图借用各种先进科学技术和方法改进决策方式，寻求最佳决策程序，提高决策成功率。依此方式进行的决策被称为"科学决策"。如高速铁路建设、航天事业发展、国有企业走出去，等等，就是这类决策的典范。但是，科学决策并不等于就作出了"科学的决策"。因为，它不排除失误的可能性，但科学决策可使失误降低到最低限度。科学决策有助于克服经验决策的弊端。

依决策目标所涉及的规模和影响程度不同，可分为战略决策和战术决策。战略决策是指那些涉及全国性问题或影响全局性问题的决策。如国务院作出的加快西部大开发决策。战术决策是指那些涉及区域性或局部性具体问题的决策。如上海浦东开发区建立研发企业的决策。战略决策和战术决策有明显区别：首先是问题层次不同。战略决策具有全局性，是对带有方向性、原则性问题的决策;战术决策则具有局部性,它是对那些枝节性、技术性问题的处理。其次是对技术的要求不同。战略决策的对象一般比较复杂、抽象,难以量化,人们较多采用定性分析的技术处理方式;战术决策的处理对象较简单、具体,一般能实现定量化、规模化,其处理方式大都是定量分析。第三是社会效应不同。战略决策是对社会重大问题的判断与抉择,其影响面大,直接关系到国家利益;战术决策对社会的影响要受问题层次、地域、部门等因素的限制,其结果不可能从根本上左右国家的发展进程。当然,二者的划分也不是绝对的,它们同管理层次紧密相联,因而是相对的。

按照决策目标的性质不同,可分为程序性决策和非程序性决策。这是西蒙运用计算机术语提出的分类。程序性决策是指决策活动经常重复出现,有一定的结构,人们可以按照一定习惯、标准和程序来完成的决策。这种决策有时又叫重复性决策或常规性决策。如国务院规定元旦放假一天,而有的单位考虑到职工的习惯和其他方面的因素,作出调整某一天和星期六、日连在一起休息的决定,就属于程序性决策。这种决策,决策者完全可以凭借其经验,按照例行规章和程序作出决定。非程序性决策是相对程序性决策而言的。这种决策是非例行的、不经常发生的,带有一定的冒险性和不确定性。如重大节假日期间全国高速公路免收通行费的决策。这类决策必须根据不同情况灵活作出选择。这种决策所解决的问题一般影响范围广,可预测性程度不高。一个行政组织应尽可能使决策程序化。

依所处的不同环境和条件,可将决策分为确定型决策、风险型决策和不确定型决策。确定型决策是指一种备选方案只有一个结果,而且这个结果在决策者看来是确定的。比如,某组织可以向三家银行贷款,三家利率分别为8%、8.5%和8.7%,显然向利率为8%的银行贷款为最佳选择。但是确定型决策并非都如此简单。当有多种决策方案可供选择并各有利弊时,怎样进行收益的相关分析,就很难把握。在此情况下,使用线性规划就会比较容易。风险型决策又称统计型决策或随即型决策。它是指备选方案产生的后果不止一种,但决策者能够预先估计出各种方案的大致概率的一种决策。这种决策,决策者只能估算出未来状态下的概率值,以及每一种方案在不同自然状态下的损益值。然后根据最大可能原则,求出最大结果值,找出最佳选择方案。非确定型决策,是指每一种备选方案的后果不止一种,而对未来结果无法进行预测的一种决策。这是难度最大的一种决策。其条件具有不完备性。这是由于对客观事物的认识不完备造成的。解决办法主要依靠决策者的经验、素质和决策风格。

二、公共行政决策程序分析

行政决策程序是作出一个决策所需要经过的工作路线或基本步骤,是行政决策科学化的基本保障。研究行政决策程序,可以帮助我们把握行政决策规律,明确决策步骤和具体要求,提高决策的科学化水平。

西蒙在其著作《管理决策新科学》中,把决策程序分为四个阶段,它们分别是探查环境、寻求决策条件的情报活动阶段;创造、制定和分析行政方案的设计活动阶段;从方案中选出一条特别行动方案的抉择活动阶段;对过去的抉择进行评估的审查活动阶段。[①] 第四个阶段是西蒙于70年代增补进去的。[②] 这四个阶段构成了一个周密有序过程。我国学者也都是在此基础上进行阐释和演绎的,比较普遍的观点是四个阶段八个步

---

① 赫伯特·A.西蒙:《管理决策新科学》,中国社会科学出版社1982年版,第34页。
② 三个阶段的划分方法,最早可追溯到杜威。1910年他在《如何思考》一书中提出解题三步骤,即问题是什么? 有哪些可能答案? 哪个答案最好? 后为多数决策学者接受。

骤(见图 9-1)。

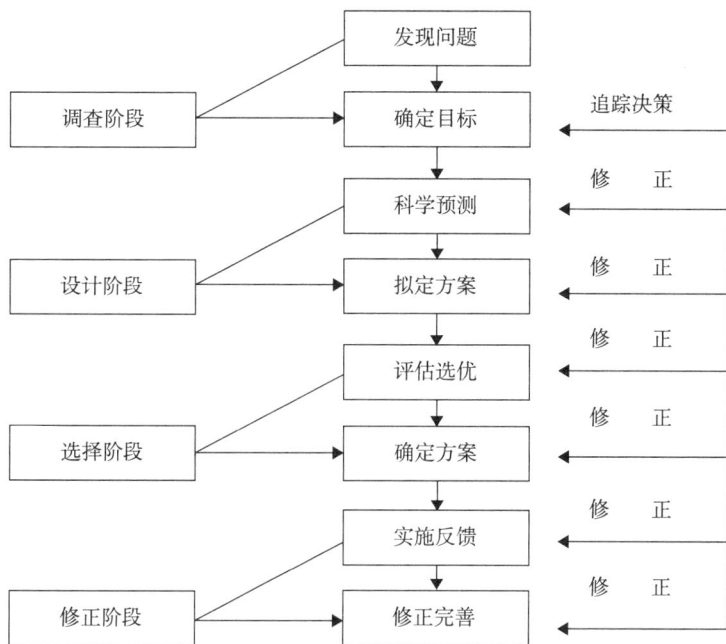

图 9-1

调查研究是行政决策的第一个阶段。决策者运用普遍调查和重点调查相结合、随机抽样法和典型抽样法相结合、定性分析和定量分析相结合、领导亲自调查和听取汇报相结合等方法,对应该达到的状况同实际存在的状况之间出现的差距,即问题,进行全面了解,弄清问题性质、范围、发展程度以及价值趋向或影响,找出产生的原因(包括主观原因、客观原因、直接原因和间接原因等)。要达到这一目的,决策者一方面要善于分析和把握问题的差异和变化,另一方面要善于对问题进行追根究底的纵向分析和公正客观的横向分析;同时还要善于运用反向论证方法,有意识地寻找与假设对立的材料,尽可能证明假设的不当之处。

通过调查研究,弄清问题性质、产生原因及其发展趋势后,就可以根据问题的难度来确定目标。确定目标是决策过程的关键一步,目标确定后,决策过程就有了方向。目标是努力的方向和所希望达到的未来结果。它一般具有三个特点:可以计量其成果、规定其时间、确定其责任。否则,目标就是模糊的、不明确的。在确定决策目标时必须注意:1.目标需要与实现的可能性。决策者所希望达到的目标与可能达到的目标之间往往存在矛盾,在现有条件不足以达到需要目标的情况下,决策者要退而求其次,或分解目标,或再创造条件。2.目标的层次性与统一性,即下一层次目标要和上一层次目标相一致,但又不能照搬上一层次的目标,与中央政府、地方政府和部门的目标,既要统一,又要有区别。3.目标要明确,只能有一个理解,必须有衡量目标达到何种程度的具体标准。4.要处理好多目标,合理地确定目标结构,如扩大种粮面积,就必须全面考虑保护森林资源和牧场等相关因素。

确定决策目标之后要拟定多种可供选择的可行方案。为了使方案更加合理,拟定之前首先必须进行可行性预测。预测是人们对活动结果或客观事物发展趋势,事先依据掌握的资料采用一定方法作出的科学分析。它是人的主观能动性的表现,也是领导决策的必然要求。近几十年来,预测在技术和方法上有了很大发展。有人分为定性预测方法和定量预测方法两类。定性预测方法指的是以领导者的直觉判断、经验估计为依据的方法,以及以发展预测为依据的方法;定量预测方法是以过去数量为基础,按照一定规律推导出预测的未来值。两种方法相比,定量预测法由于主观和客观因素的限制较少使用,运用较多的是定性预测法,常见的有德尔菲法、头脑风暴法、哥顿法、时序分析法、回归分析法和对演法等。

预测之后,即可着手拟定方案。拟定方案有两个基本要求:一是整体详尽性,二是相互排斥性。所谓整体详尽性,是指所拟定的备选方案不应漏掉某些可能方案,否则最后选择的方案可能就不是最优的。尤其值得注意的是在决策中要避免"霍布森选择"①,不能只拟定一种方案,否则是非常危险的。德鲁克在其著作《有效的管理者》中曾经指出:"决策时只有一种方案,别无其他选择,则其与赌博何异? 只有一种方案,失败的机会必高;也许是这个决策打开始就错了。""如果在决策中,原有若干方案可供选择,则决策人进可攻,退可守;有更多思考和比较的余地。"应当说明的是,"整体的详尽性"并不是要求决策者把所有可能想到的方案都拟定出来,这种要求是不科学的、也是不现实的,它只是要求把实际上应当做到的或可能做到的,并且有条件实施的方案拟定出来,即具有可行性的。整体的详尽性是为了防备漏掉最好的方案,而那些明知不好的方案就没有必要列进去。如:有人从北京乘火车去上海,稍有常识的人是不会列一种经武汉、株洲、杭州到上海的方案的,尽管它也算是一种方案。相互排斥性,是指判定出来的各种备选方案彼此之间必须是有区别的,相互排斥的,执行 A 方案就不能同时执行 B 方案。就像选择旅行路程一样,不能同时走两条路,或同时乘两辆车。因为只有这样才有可能进行选择和必须进行选择。

各种方案拟定之后,必须在所有备选方案中通过多种技术和方法,选择一种时间短、代价小、效率高的方案来,因为各种方案尽管都是正确的、可行的,却有优劣之分。在这一阶段要经过两个步骤:一是对各方案进行分析比较,作出全面评价;二是由决策者权衡利弊,拍板定案。

评估方案要有一定的价值标准。所谓价值标准是指用什么作为依据来评判方案的"好"和"坏",这是选择方案时首先要解决的问题。一般来

---

① 霍布森,英国剑桥的一位商人,专做马匹生意。他承诺,凡租或买我的马,付钱即可任意挑选,但必须能够牵出马厩。其实这是一个圈套,因为他的马厩门很小,高大的好马根本牵不出去。对这种别无选择的"选择",西蒙命之为"霍布森选择"。牛津词典将 Hobson's choice 释为 no choice,意为没有选择。

说,企业管理中的经营决策价值标准比较明确,主要以经济效益来衡量。但行政决策的价值标准比较复杂,政治、经济、道德、文化、国际关系等都可能对价值观念产生影响。比如一项耗资巨大的工程,从政治的角度衡量它可能因有利于提高国际威望、增强人民的自信心而获得通过,但从财政的角度分析则有可能遭到反对,因为巨大的支出可能使国家增大赤字数额,国力难以承受。可见价值标准对决策的影响是巨大的。因此决策者在选择方案前要决定恰当的价值标准,这是正确选择的前提。那么行政决策的评估选优有无一个基本的价值标准呢?回答是肯定的。那就是要切实围绕和保证决策目标的实现。行政方案的拟定,目的是为了实现目标,评定中要牢牢抓住这一目的。最大可能地保证决策目标的实现,评估中必须考虑到:第一,花费的人力、物力、财力、信息和时间要尽可能少些;第二,对环境变化和意外事件干扰的适应性要大,风险性要尽可能小些;第三,执行结果能达到预期目标,同时尽量减少对其他方面产生的副作用;第四,要有利于大系统、大目标,不顾大局、只顾本单位局部利益的决策是不可取的。

有了选择方案的正确标准,决策者就可以通过一定的方法和技术拍案定案了。决策者要事先具备一定的决断技术,明确决断的要求。其中最基本的就是正确处理好领导者与决策者的关系。现代决策不确定性因素多、目标多、涉及学科门类多,仅凭领导者个人知识和经验去评估备选方案是不够的,必须依靠外脑,形成决策团队,集思广益,从必要性、可能性、经济性、协调性等方面进行论证。但依靠却不能依赖,要有限度,不能让外脑所左右,更不能让其代替领导者进行决断。我国在现代化建设过程中的一些大工程,远的如葛洲坝水利枢纽和三峡工程,近的如航天工程和青藏铁路工程等,都是领导者正确运用智囊技术的结果,实践证明,任何可行性研究和论证方面的非科学表现都将给国家和人民带来巨大损失。

决策的实施过程也是信息反馈的过程。在决策实施的每一个具体步骤,都会由于主客观情况的变化,或者决策方案不尽符合实际,出现执行结果与目标偏离的情况。因此,必须做好反馈工作。通过各种渠道,准确迅速地把决策实施中发生的问题反馈到决策中心,使决策中心能够及时根据客观变化的情况,对原决策方案进行修正和补充。

在决策实施中所遇到的问题,可能有以下几种情况:第一,决策方案本身不合理,从而在质量、数量和时间上对目标的实现产生影响;第二,决策方案本身合理,执行中出现了问题,如没有按规定办事,执行不力,人、财、物得不到保证,实用主义和本位主义严重等;第三,决策方案合理,执行亦有力,只是客观环境发生变化,使原定决策方案不能继续实施。碰到这些问题时,决策者应认真分析研究,及时修改调整,使其趋于完善,切合实际。

决策者在对原方案进行修正时要注意以下问题:第一,有实事求是的态度,敢于承认现实,正视现实,善于克服工作中的阻力,但同时又要看到,决策的实施与各方面的工作有密切联系,不能因某些细节的修正打乱整个工作步骤。第二,上级领导者在决策修正中过分敏感的反应,会降低执行者的积极主动性,高明的决策者总是善于使决策者本人作出适当调整,提出克服困难的途径。第三,决策者应要求下级对决策执行情况分期分批地作出总结,分析研究成功经验及工作中的失误。第四,如果原有决策危及决策目标的实施,就必须果断地进行追踪决策。

以上四个阶段,构成一个完整的决策程序,它是实现决策科学化的基本保证。但社会政治生活是复杂的,在决策过程中并不总是严格按照上述程序进行的。实际决策往往随着问题的不同有很大的灵活性。所谓程序只不过是就一般常规所作的分析,主要适应于大型决策方案的拟定与抉择,运用时不能作为公式机械刻板套用,以免小题大做或削足适履。

三、公共行政决策模式

行政决策模式是人类行为中的一个特定模式,又称为决策行为模式,是决策中有规律的、反复出现的、使人可以照着做的标准样式。其类型在我国和英美社会科学文献中都没有明确划分,但就这一名词被运用的实际情况看,我们可以从以下两个方面进行讨论:

一是以决策活动过程的基本步骤及其所运用的方法为标准,将决策模式划分为四种类型:①

理性决策模式。许多经济学家深受古典经济学家亚当·斯密(Adam Smith)的理性决策模式亦即经济人理论模式的影响,把人假定为经济人,认为经济人能应对复杂的"现实世界",为他特定目标采取相应措施,选择最佳办法,具有完全的理性。作为决策者,能够通过其理性知悉社会价值重心和所有决策选择方案及其后果,知道每个决策选择方案的收益与费用比例,洞悉每个决策备选方案的价值及优劣性,排出其优先顺序,从中择取最有效的决策方案。显然,这一模式在理论认知上具有局限性的。在现实中决策者受知识、能力、资源、时间及环境因素的限制,难以具有完全理性,不可能做出这样的选择。

渐进决策模式。这是由美国耶鲁大学查尔斯·林德布洛姆(C.E. Lindblom)对理性的决策模式提出批评之后提出的一种模式。他认为人的理性是不完全的,人们希冀达到理性境界,但受不利因素制约无法实

---

① 参见赵曙明:《西方决策模式简论》,载《南京大学学报》1991 年第 1 期。

现。他主张"意向的理性",即人们对完全理性的境界只能是憧憬并为达到这种可望不可及的彼岸世界作努力。基于这一认识,林德布洛姆认为决策者无法考虑到所有的决策选择方案及其后果,只能根据经验,经由渐进调适过程形成政策。新政策只是过去政治活动的继续,是对过去老政策的修正。鉴于此,决策的制定与完善是一个渐进过程,是谨慎的步步试错过程,"不可能翻江倒海般地改变以往的全部决策"。[①] 按照这一理论,决策者首先要分析研究以往的决策方案,总结经验教训,然后再作出改革措施。

有限理性决策模式。对理性决策提出批评的另一位学者是赫伯特·西蒙。他在《行政行为》一书中提出"有限理性"理论,认为人们因受知识、能力等因素的限制,具备的只是"有限的理性",决策者只能作出"满意的"或是"够好的"决策,而不能达到如理性决策模式所期望的那么完善。根据这一模式,决策者不知道所作决策的各种选择,也不清楚未来所要实现的目标。决策者能够做的工作是设法减少问题的复杂因素,从而作出决策。当决策者认为选择了适当方法时即感到满意。因此,决策者通过减少问题环节,对少数几个方案作出选择的模式只能是有限的理性决策模式。

垃圾桶式决策模式。这是由迈克尔·科恩(M.D.Cohen)、詹姆斯·马奇(J.G.March)和约翰·奥尔森(J.P.Olsen)于 1972 年提出的一种模式。他们把垃圾桶形象地比喻成决策的场所或环境,就像一个器皿,里面贮藏着决策所需要的问题、解决办法、参与者及选择的机会四种要素。当这些要素在器皿中搅动时,便会形成"有组织的无秩序"的决策情境。"尽管垃圾桶里的过程是可理解的和可以以某些方式预测的,事件并不

---

① 王沪宁:《比较政治分析》,上海人民出版社 1987 年版,第 150 页。

由动机决定。过程和结果的出现可能与活动者的明确动机无关。"①由此决策者的理性认识能力受到限制,无法获取所需的全部信息资料,即使是能够做到这一点,也不可能成功地加以运用。在垃圾桶中,只有某问题在适当的选择时机碰到相应的解决办法时,理性决策才能作出,否则决策不是无意义就是无决策。显然,这一模式主要适用于非科层组织。因为非科层组织并不一定要求在确定的时间内作出决策或解决问题,而垃圾桶模式的运行是一直在做,直至作出为止,没有时间限制。

二是以决策主体的构成及其活动方式为标准,将决策模式划分为精英决策模式和多元决策模式两种类型。

精英决策模式。这一模式是托马斯·戴伊和 H.齐格勒提出的。他们认为决策是由一些为数不多的掌权人物作出的。决策者在决策时没有或极少有制约。公共决策并不反映"人民"的要求。尽管这些决策并不一定抑制或剥夺公共福祉,但体现的主要是极少数决策者的利益、情愫和价值观。②

多元决策模式。这种观点认为,决策过程是社会上各种力量相互作用的结果,只有很少人能直接参与决策,但人们可以通过各种渠道迫使决策者接受其要求。在一个多元结构存在的社会中,各种力量,甚至包括人民的力量,都会对决策者的政策产生影响,或者进行制约,这是由现代社会之特点所决定的。

---

① 杰弗瑞·普费弗:《认识决策中权力的作用》,中共中央党校出版社 1997 年版,第 253 页。

② 这种模式把政治共同体一分为二,一部分是少数统治者,构成精英阶层,另一部分为大多数被统治者。政治共同体中总是由少数精英垄断政治权力、财富、知识、领导技能、信息、政治体系等因素。精英理论把民众视为消极的、冷漠的、孤陋寡闻的,他们受社会精英的操纵和支配。该模式下的决策更多地反映着精英阶层的价值偏好和利益。正因为如此,托拉斯·戴伊和 H·齐格勒将其著作定为《民主的讽刺》。参见王沪宁:《比较政治分析》,上海人民出版社 1987 年版,第 152 页。

以上是西方学者关于决策模式理论的一个大致划分,提供的更多是分析框架和认知方法。在绝大多数情况下,西方学者不是单一使用某种类别,往往是在以上两种意见上同时使用"决策模式"。西方学者在这个问题上的共同弱点是:企图用一个统一模式去概括所有决策活动,是偏颇的,也是无意义的。

决策活动本身是极为复杂的,把各具特色的复杂活动概括成一个统一的模式是困难的。但是,理论的功能就在于抽象,即舍弃实际过程中的特殊次要因素,抽取其中共同主要的东西,归纳出一些方法、步骤或者公式、定律来。"决策模式"是理论抽象的产物,是理论家们通过对各种决策活动的分析研究,抽象出决策活动的某些主要的因素,构成人们可供参考的一些基本构架和方法。决策活动十分复杂,不可能由一个简单的模式构成,而应该由多种模式共存,并相互补充。当然,我们并不否认,在某一时期或对于某一特定类型的决策者来说,某种决策模式居于主导地位。从这个意义上来说,西方决策模式理论是有一定参考价值的。

我国具有特定的领导体系结构,也具有适合这一特定政治体系结构的行政决策模式。在这一特定政治体系结构中,我们形成了具有中国特色的行政决策模式,这就是民主集中制模式。这是在摒弃精英决策模式和多元决策模式基础上作出的选择。

我国政治与行政运行的基本特点是联合决策、分散执行。行政机关主要是负责执行工作,重大行政决策实际上是由党委、人大和政府联合制定的。民主集中制行政决策模式是在这种联合决策中运行发展的。

四、公共行政决策科学化的途径

行政决策的科学化是指在决策民主化的前提下,把科学方法引入行政决策之中,实现从经验决策到科学决策的转变。实现行政决策的科学化,是我国政治体制改革的重要任务之一。一个国家,一个社会,行政决策的科学化水平,直接关系国家的兴衰和社会成员的命运。建国六十多年来,我国取得了举世瞩目的成就,这一切都是同决策的科学化分不开的。特别是党的十一届三中全会以来的三十多年间,关于以经济建设为中心的决策,彻底平反冤假错案的决策,改革开放的决策,实行社会主义市场经济体制的决策,"一国两制"的决策,人才强国的决策,科学发展的决策,等等,都是十分正确、深得人心的。这一系列科学决策,使中国走上了繁荣富强的发展道路。但是由于决策的失误,我们也遭受过许多挫折,付出过沉重的代价,教训十分深刻。

当前,我们正处于社会组织高度严密、全面开放的时代。工业化、信息化、全球化城镇化进程加快,难题日益增多。公共决策面临空前的复杂性、迅即性、前沿性,要求越来越高,调整空间越来越小,允许犯错误的范围越来越窄。因此,必须切实改变不良决策习好,努力把决策纳入科学化的轨道。

树立科学决策意识

领导者是行政决策的实际承担者。实现决策科学化,需要具备一系列主客观条件。就行政领导者而言,首先要具备科学决策意识。这种意识就是正确的立场观点方法和对国情的深刻把握。具有这种科学意识的行政领导者,思想是解放的,而不是僵化的;是科学的,而不是盲目的;是理智的,而不是随意的。强调科学决策的重要性,从根本上说,就是克服行政决策中以主观随意性为代表的唯意识论的错误思想。

在现实中,非科学决策意识大有市场。有人凭经验决策,用过去的老经验解决现实中的新问题。有的拍脑袋决策,遇到问题关起门来,不调查,不咨询,苦思冥想,盲目决断。主观上自信,客观上不符合实际,实践上难以执行。"遇到问题拍脑袋,布置任务拍胸脯,执行不通拍屁股"的"三拍"现象就是对此行为的生动描述。有的"照葫芦画瓢"决策,无视本地区本部门实际情况,从本本出发,机械模仿,一轰而上。搞出成绩是自己的,出了问题是上级的。有的"依感情"决策,以情代理,有情无理,冲动和偏见代替理智选择。有的陷入"布里丹效应"①,当决不决,当断不断,能推就推,能拖就拖;只打雷不下雨,只听楼梯响不见人下楼。凡此种种,不一而足。许多群众认为,决策的严重失误比贪污犯罪危害更大。

提高民主化程度

决策民主化与科学化密不可分,二者相互促进。科学化是民主化的目标,民主化是科学化的保证。没有决策的民主化,就没有决策的科学化。科学决策必须充分反映人民群众愿望,符合人民利益。重大问题广

---

① 布里丹效应是从外国成语引申而来的。14 世纪,法国经院哲学家布里丹在一次讨论自由问题时讲了一个寓言故事:一头饥饿的毛驴站在两堆相同的草料中间犹豫不决,不知道应该先吃哪一堆,结果被活活饿死。由寓言故事形成的"布里丹驴",被人们用来喻指那些优柔寡断的人。后来,人们把决策中犹豫不决、难作决定现象成为"布里丹效应"。

泛征求各界人士意见,充分发挥专家和群众的作用。拓展各种渠道,使上情下达,下情上达。欢迎对决策问题进行讨论,集思才能广益。正确的决策,往往是在争论甚至对抗中产生的,要组织各方面专家开展多学科的综合性论证,善于从不同意见冲突中权衡、选择。但是咨询不能简单地搞少数服从多数,特别是要警惕由长官意志形成的"多数"。以多压少、以论证之名强行通过的做法都是不能不允许的。

实现决策的民主化,必须着重解决好人民群众参与决策的方式和途径,问政于民、问计于民。要扩大直接参与,吸引间接参与。特别是基层行政决策,关系群众直接利益,要创造条件,让人民群众直接参与决策。让人民群众通过自己选举的代表参加有关会议,决定一些重大问题。重视舆论参与,通过新闻媒介、网络等渠道,反映人民群众的愿望和要求。需要慎重的是,目前网络发展与管理很不规范,网上群体、网上言论鱼龙混杂,必须有效加以分辨。此外,在进行一些比较复杂且专业性强的决策时,应吸收一部分专家学者直接参与,这是决策科学化必不可少的重要环节。

确保信息准全

1954 年,美国白领职员和服务业劳动者数量超过蓝领工人,即从事技术性、信息化产业的人员超过从事体力劳动型产业的工人,美国社会由此进入后工业社会——信息社会。人们普遍认为信息已成为人类创造财富所需资源中最宝贵的要素。用阿尔温·托夫勒的话来说,信息正成为一切有形资源的"最终替代"。信息力量已经或正在改变工业组织、公司结构、商业竞争形式,不断拓宽创富途径,甚至改变战争方式。国力的较量,地区和部门之间的竞争,归根结底是知识信息的较量。只有在知识信息上领先的国家和地区,才能在未来竞争中立于不败之地。①

以知识信息为基础决策活动及决策方式不得不发生相应的变化。电脑互联网的普及,各种信息更加开放、分散,官僚体制下的控制与垄断越来越困难,政府可以从公民中直接获取信息,不再完全按照层级体制逐级反馈。决策者可以利用网络或其他形式,就公共政策问题或社区利益问题直接听取公众意见,甚至可以通过网络让公民投票表决。美国俄亥俄州的哥伦比亚市建成了世界上第一个"电子市政厅",使用双向通讯系统。哥伦比亚市郊居民可以通过网络参与地方计划委员会的决策会议。他们在家中的客厅里按一下按钮,就能对各种议案提意见和建议。② 面对如此迅猛、深刻的社会变革,作出满意决策的难度越来越大。

获取决策信息的渠道,人们作过许多研究,大体上有三种模式。一是直线传递模式,又称树状传递模式。(见图9-2)。其运行程序是,A处于领导者位置,B、C、D、E分别为下属单位或下级管理者。A分别向B、C、D、E发命令、下指示。反过来B、C、D、E向A请示、汇报。B、C、D、E之间,一般不进行信息传递。二是轮型传递模式,又称圆型传递模式(见图9-3)。其运行程序是每相邻的两者之间发生沟通联系,即A与B、E,D与C、E等,而A与D,A与C不发生信息沟通关系。这种模式中,领导者地位不突出,甚至没有地位,彼此间平起平坐,信息共享。三是星型传递模式,又称网状传递模式(见图9-4)。其运行过程灵活,每个人都可以任意与其他主体进行沟通,都处于信息中心,都同时具有领导者和被领导者的角色。网络沟通即属此类。

---

① 阿尔温·托夫勒、海蒂·托夫勒:《创造一个新文明——第三次浪潮的政治》,上海三联书店1996年版,第2页。

② 阿尔温·托夫勒、海蒂·托夫勒:《创造一个新文明——第三次浪潮的政治》,上海三联书店1996年版,第98页。

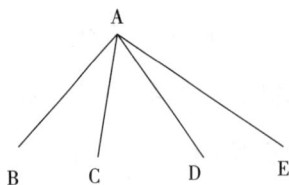
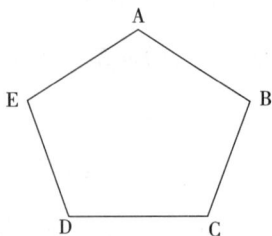
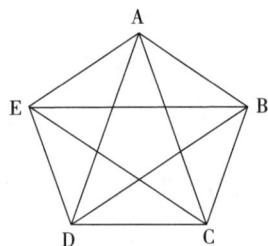

图 9-2   图 9-3   图 9-4

理论上说信息具有共享性,但是,各主体由于时间、地点、机会、素质等因素存在差异,并非都可公平获取。特别是把信息作为资本要素参与分配以来,获取信息的及时性、准确性、满意程度显得更为重要。信息是客观的,但发出和接受者是具有心理状态和主体承受度的人,因而存在失真失落现象,满意率也不会相同。

有人对上述三种模式按照速度、失真失落率和满意率等维度进行试验。将 6 种不同颜色的石块分发给 5 个人,然后将其中的一颗藏起来。让参与者回答自己手中石块的颜色,并最后回答所藏石块的颜色,连做20 次。结果,速度最快的是直线型,其次是圆型,最慢的是星型。准确度最高的是直线型和星型,失真率最高的是圆型。满意率最高的是星型,直线型处于 A 位置的亦满意,圆型次之。可见,快速准确获取信息的最佳途径是直线式,现有的官僚体制、军事组织皆如此。要想获取准确信息,又能获得下级或民众的满意用星型模式则最佳,一般性通报和无隶属关系的则使用圆型模式。

直线式反映了上下行沟通的基本模式。如下行的指示、命令、工作报告、汇报、请示等。大政方针的执行,政治、经济、社会、文化等问题的反馈是上级决策的主要信息来源。但由于层次过多,失真失落率高,许多经验做法很难及时得到总结,一些社会问题往往是造成严重社会危害之后才反馈到决策中心。虽然亡羊补牢,犹未为晚,但是滞后给社会带来的影响是多方面的。如果下级报喜不报忧,信息虚假,造成的危害就更大。上级下达信息,经过众多层次,人为干扰大,截留甚至歪曲现象时有发生。有人说,国家政策法律像一条灌溉总渠,水满沟平,但很难进入"田间地头"。国务院制定减轻农民负担的 16 条规定,据报道,当电视台、广播电台播发时,某乡总是停电。有人就层次过多的信息传递机制弊病编了个顺口溜:"村骗乡、乡骗县、一直骗到国务院;国务院,发文件,一级一级往下念,最后念到大酒店"。当然,这种现象在网络化条件下已得到很大改观。

正式渠道时常造成信息歪曲,非正式途径的信息传递和获取成为重要途径。如,为查处大案要案,反贪局设立有奖举报中心,有的市设置市长接待日或市长电话、电子信箱直接听取群众意见,各级有信访局,中共党员可以向党的组织反映问题,通过新闻舆论、媒体了解社会动态;领导者听取下级情况反映,派调查组了解一些重大事件等。但是,非正式沟通如网络容易造成信息歪曲,放纵管理,诬告、谣言、小道消息便会泛滥成灾,其消极因素不容忽视。

加强智囊团建设

智囊机构是随着决策科学化产生的,其作用越来越重要。国外的智囊机构发展很快。目前,日本约有 190 个从事咨询工作的软科学研究组织,近 5000 名成员。美国有 2.5 万个咨询研究机构,从业人员达几十万人,年营业额超过 150 亿美元。这些机构既有为美国政府和用户事务服务的,又有为企业管理和个人理财服务的,在国家和社会各种决策活动中发挥着重要的参谋作用。美国的兰德公司、日本的野村综合研究所、德国的工业设备公司等，都是世界上最著名的智囊机构，很受决策者器重。美国前总统尼克松和福特，在重大决策方面倚重美国企业研究所，卡特依靠布鲁金斯学会，里根则把斯坦福大学的胡佛研究所作为智囊①。

我国类似智囊团数量很多，概括起来有下列几种：政策研究机构，主要是各级领导机关的政策研究室；各类专业研究机构，主要是围绕学科设立的相应研究组织；科学情报研究机构和咨询服务公司；参事室；工程设计机构；学会、研究会；顾问委员会。这些智囊机构虽然数量不少，但大都身单力薄，且任务交叉重复，真正综合研究能力强、影响大的很少。它们大都依附于一定的机构，在课题选择范围和自主程度上，或多或少地受到一些限制，决策参谋作用不大、地位不高。智囊机构的现行体制必须加以改革。从国家层面来说，可以以中国科学院和中国社会科学院为基础，建立中央一级的具有综合研究能力的智囊团，为中央决策提供支持。各级地方政府可以根据各地实际需要，建立自己相应的智囊机构。业务上，上下垂直；行政关系上，接受同级党委和政府的领导。在加强"官办"智囊组织的同时，可积极扶持"民办"咨询服务机构。在课题选择上给予更大的自由，国家不要硬性规定研究选题。

目前，不少决策者对智囊团的性质和作用缺乏深刻认识，有的把智囊团视为"秘书班子"，写些应景文章；有的视作安排干部的"休养所"。这些情况都必须加以改变。

实现行政决策的科学化，除涉及以上诸方面外，还直接受行政法制建

---

① 当今世界排名靠前的智囊机构有30多家，如美国的布鲁金斯学会、兰德公司、外交关系委员会、卡耐基国际和平基金会、彼德森国际经济研究所、传统基金会、战略与国际研究中心、伍德罗·威尔逊国际学者中心、亚洲研究局、新美国安全中心、进步中心、国会研究部、2049项目研究所、哈德逊研究所、国防部、海军分析中心、战略预测中心，英国的国际战略研究所和皇家国际事务研究所，欧洲对外关系委员会、欧洲改革中心、国际危机组织，德国科学与政治基金会，欧盟安全事务研究所，瑞典斯德哥尔摩国际和平研究所，波兰国际事务研究所，印度国际问题分析研究所和澳大利亚战略政策研究所，等等。

设、行政决策体制、行政决策方法以及社会文化传统等因素的影响,需要从更广阔的视野去研究、去把握。

五、公共行政决策的冲突治理

制定决策、执行决策的最大难题是,决策者或者执行者常常遇到具有不同利益、控制着资源、富有影响力的利益群体的阻抗,形成各种形式的冲突。面对阻抗和冲突,各独立利益集团会通过各种手段使决策方案最大限度地体现自己的利益。各种变化因素及冲突关系见图9-5。

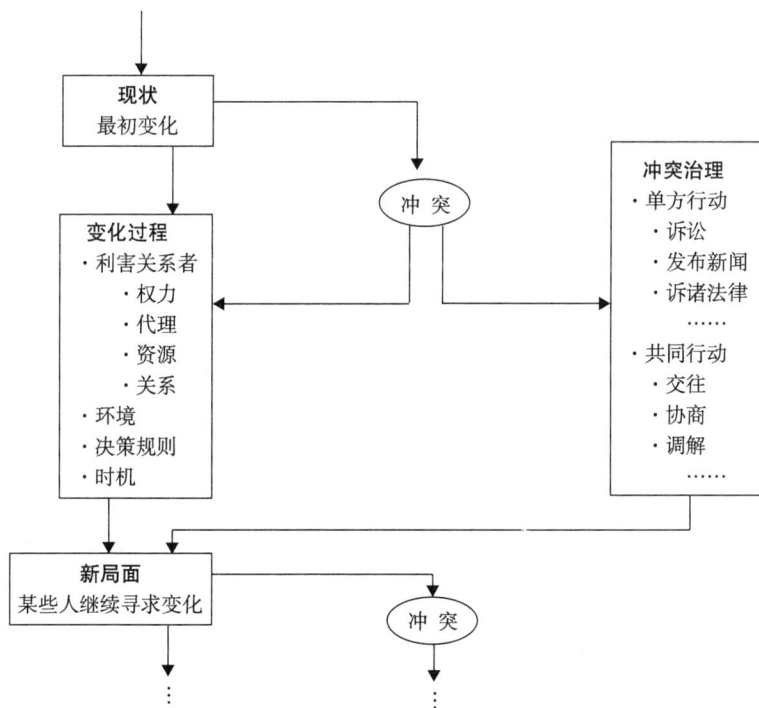

图9-5

冲突是渗透于人类社会所有领域的一种普遍现象。虽然是一种消极因素,带有否定的涵义,但也有积极的方面。如成功地改变变迁的社会结构、调整无法实现预期目标的方法等。当然,冲突所带来的更多东西是对组织功能的损害,决策效力的下降,轻则造成资源浪费,产生"布里丹效应";重则使受益人得不到公共组织所应提供的服务。冲突必须及时有效地加以治理。

决策中的冲突是多样的①,我们可以从不同的角度来认识:从社会的角度看,需要研究哪一种方案最符合大多数人的利益,或者说哪一种是最科学的、最合理的决策。比如交通警察规定出租车夜间运营需增加一个陪驾人员②。这一规章出台会出现什么样的结果,经营者、管理部门、消费者三者的意见是不会一致的。从争论的特定一方来看,既可以是认为自身受到新政策不公正影响的某一团体;也可以是把新法规作为实现某种目标的某个政府部门;也可能是因新规定的实施自身利益受到损害的消费群体。从帮助解决特定争端的第三方角度看,第三方可以是按法律规定介入的政府机关,如劳动仲裁委员会等;可以是出于社会责任感,或某种兴趣介入的某些团体或个人;也可以是因多种个人的或集体的原因委托的代理人。为此,一个决策者不得不了解以下三个问题:第一,个人通常怎样作出选择,在不同的环境层面如何相互影响;第二,不同的冲突治理模式怎样起作用和如何适应某种局面的需要;第三,目前的局势会如何发展,什么力量、什么人已经卷入冲突和为什么卷入,以及各自会把什

---

① 参见理查德·D.宾厄姆等:《美国地方政府的管理:实践中的公共行政》,北京大学出版社 1996 年版,第 144~147 页。

② 一辆出租车在经营中一般可以载 4 名乘客,但增加陪驾后,只能容纳 3 名乘客了。对于 4 个搭乘的群体来说,这时则需要乘两辆车,付两个车费;对经营者来说,需要增加一个服务主体的成本。类似决策冲突还有很多,如对第二套住房征收 20% 交易所得税的冲突,在十字路口闯黄灯扣 6 分的新交规等,都引来不同利益群体的热议。

么样的权限和手段导入冲突。① 然而仅仅认识到这三点还不够,必须把对决策者自身的了解,包括权限范围、组织目标、资源支配能力后果以及成功可能性等因素,放在同等重要的位置。

应当看到,治理冲突的最有效方式就是协商,然而这一点常常被人们忽视。许多决策者用"固定馅饼的模式"来思考问题,认为,要想使冲突的一方获得利益,另一方就必须丧失利益,这种非此即彼的思维方式在决策中是非常有害的。因为他们把协商视为一种导致所有的人都能接受但任何一方都不能满意的让步过程。认为一方的让步就是另一方利益的获取。事实上,这是不准确的,协商的确要有一方或几方作出让步,但也可能会促使决策者提出能够照顾到各种利益的新的选择。② 在极端情况下,冲突中的各方更看重对手的失去而不是他们自己的获得。甚至有时各方不顾长期蒙羞的结果,喜欢因对手受到打击、失去面子而获得直接的(但却是空虚的)满足。他们赢来的只是小的口头胜利即瞬间的象征性收获和无尽憎恨。为此,桑达·考夫曼在《美国地方政府的管理:实践中的公共行政》中告诫决策者及其执行者道:在易于产生判断偏见的不完善的个人决策机制条件下,特别是信息庞杂过多时人们应当考察研究理所当然的,特别是长期认为理所当然的事物;应当把事实同认为区分开来;应把个人利益和部门利益区分开来;应获取有四种决策因素的信息;③应在决策

① 参见理查德·D.宾厄姆等:《美国地方政府的管理:实践中的公共行政》,北京大学出版社 1996 年版,第 145~146 页。

② 这种解决办法的一个流行术语是赢对赢,而不是对于冲突工程的赢对输的结果。但应注意到,正如有时所出现的那样,仅仅参与协商是不能保证赢对赢结果的。而且在某种情况下,对方会采用有输赢结果的方式,如打官司,对于利害关系者来说可能可取。详见理查德·D·宾厄姆等:《美国地方政府的管理:实践中的公共行政》,北京大学出版社 1996 年版,第 48 页。

③ 四种决策因素是指意向(文化、价值、传统、知识),明显的选择自由(行动、时机、资源、敌友),外部事件(决策规则、该领域的状况、其他利害关系者的选择),可能性(外部事件的可能性、其他人选择的可能性和自己及其他人的行动可能产生的后果)。

过程开始时探讨多种选择而不是只盯住一个答案。

在各决策层面及其不同决策模式条件下,人们应当确定问题所处的环境层面;每一层面上,应当确定利害关系者及其关系、力量、资源,尤其是他们的利益;即使这些利益不是均等的,也应当把它们看作是合法的;①并应清楚地知道每一层面要采用的恰当的决策模式。

冲突治理是成功实施决策的前提下人们应当探讨包括协商和第三方介入在内的可供选择的(有争议的和看法一致的)决策模式;允许有满足其他人利益的机会,但这不意味着丧失(避免固定馅饼模式);向那些直接参与者以及选民提供决策透明度,培养相互信任和获得支持;牢记每一种局面都值得进一步观察和探讨。② 当今社会,决策中的多元利益冲突越来越多,越来越激烈,树立正确的冲突治理理念,重视相关利益分析,实现多元共赢是重要的,也是必须的。

---

① 不考虑其他人的智慧及他们利益的合法性可能会对冲突治理造成损害,模糊选择并造成相互影响的困难。一种对决策者有启发作用的思维训练是"把自己放在对方的位置上",以便更好地理解其他人的看法、需要和局限性。了解其他人关切而来的论证要比忽视或低估它的论证更有说服力。

② 桑达·考夫曼:《地方政府的决策和冲突治理过程》,载理查德·D·宾厄姆等:《美国地方政府的管理:实践中的公共行政》,北京大学出版社 1996 年版,第 130~148 页。

第十章　行政法治:现代行政文化的精髓

　　法治是治国理政的基本方式。现代公共行政是法治化的行政。它是国家通过法律对公共行政的各个领域和各个环节进行规范和调整,以国家强制力确保公共行政有章可循,严格规范,公正文明。这是区别洪荒时代管理活动的重要特征,也是现代行政文化的精髓所在。当前,我国面临的重要任务是建设有中国特色的社会主义,完善社会主义市场经济体制。实现这一目标,必须把公共行政基本关系和行为准则纳入制度化、法治化轨道。

一、公共行政法治一般分析

　　"法治"一词,在不同国家、不同时期、不同学者眼中,内涵是不一样的。英国宪法学家戴雪认为最重要的是"正式的法绝对优先于专横权力",德国学者认为最重要的内容是"依法行政",日本学者认为最重要的内容是"实现法律所体现的国民意志"。① 本节不从学理上对法治问题进行深入分析,仅从应用视角对何为法治、行政法治,公共行政为何要重视行政法治等问题作一粗浅分析。

行政法治的涵义

"法治"源自"法制"。我国古代主要使用"法制"二字,它是指与国家禁令相联系的法律制度,同时兼有"断狱"、制裁等涵义。如《礼记·月令篇》中的"命有司、修法制",《商君书》中的"民众而奸邪生,故立法制为度,以禁之",以及韩非子"明法制、去私怨"等都是在这一意义上使用的。现代意义上的"法制"一词,从目前法学著作来看,主要有三种解释:一是法律和制度的总称。法律包括成文法和不成文法,制度是指依法建立起来的、具有普遍约束力的各种规定。显然,这是一种广义的解释。二是指把国家事务制度化、法律化并严格依法管理的一种方式,包括立法、执法、守法三个环节,体现从法律制定到贯彻落实的全过程。它要求国家管理活动和各项社会活动必须在法律约束保障下运行并保持有秩序的状态。这是较狭义的一种解释。三是对国家法律制度的一种简称,这是最狭义的一种解释。当下普用的"法治",强调立法、执法和守法全过程,与"法制"较狭义的解释相同。在使用上为便于区分,我们将"法制"限于法律制度,偏于静态,将"法治"用于立执守法过程,偏于动态。口头上常将前者称为"刀"制,后者称为"水"治,以示区别。

行政法治,又称依法行政,是关于行政机关管理公共事务的法律制度

---

① 室井力主编:《日本现代行政法》,中国政法大学出版社 1995 年版,第 20~22 页。

以及依照这种法律制度建立起来的社会秩序。具体地说,就是国家认定和认可的、用以规定国家行政机关组织、职责、行为以及监督、调整国家行政机关在行使行政权力、执行国家公务过程中所形成的各种社会关系的法律规范及其贯彻执行的总称。它既包括制定行政法规范,又包括实施行政法规范;既包括如何规范约束国家行政机关及其公务员的行政法规范,又包括国家行政机关及其公务员如何管理社会公共事务的行政法规范。我们可以从 5 个方面作进一步分析:

第一,行政法规范是由国家机关制定发布的。宪法规定,我国行政法规范的制定主要由两个渠道、两个层次组成。两个渠道是国家权力机关和国家行政机关,两个层次是中央和地方。行政法规范大部分是由国家行政机关制定和发布的,少量的由国家权力机关制定发布。

第二,行政法规范是用来调整行政机关在管理活动中所发生的各种社会关系的。国家行政机关在公共行政过程中,必然要同其他国家机关、行政机关、企事业单位、社会团体及公民之间发生关系,这些关系均要依靠行政法规范来调整。

第三,行政法规范是用来规范、调整国家行政机关及其公务员行政行为的。行政法规范大致可分为:有关行政组织的法律规范,如对行政机关的地位、编制、设置程序、职权任务等方面的法律规定。有关公务员行为及管理的法律规范,诸如关于公务员的录用、考核、奖惩、培训、辞职、退休及权利、义务的规定等。有关国家行政机关相互监督和其他国家机关、企事业单位、社会团体、公民对行政机关实施外部监督的规定。有关行政诉讼问题的规范,如对行政诉讼的范围、种类及处理机关、处理方法和处理程序等方面的规定。有关国家行政机关管理国家政务和社会事务的规范。

第四,行政法规范是各种法律、法规和规章的总称。公共行政范围的广泛性、活动的多样性、变动的频繁性,决定了行政法规范既多又杂,而且没有系统、完整、统一的法典。这与民法、刑法、民事诉讼法、刑事诉讼法是完全不同的。目前世界各国都没有综合、全面、统一的行政法典。

第五,行政法规范是用以建立和维持良好的行政秩序的。法律的作用在于建立良好的社会秩序,行政法规范当然也不例外。它和其他法一样,都是统治阶级意志和根本利益的体现,是管理国家政务和社会事务、维护统治阶级利益的主要手段之一。它有利于建立和维持良好的行政运行机制,使公共行政的各个层次、各个领域和各个方面能够做到有令即行、有禁则止。这一作用不仅表现在调整领导阶层内部关系上,而且还表现在处理社会公共事务、纠正和制止行政违法行为,并以此来建立、维持和发展良好的行政运行的法律秩序上。

行政法治的意义与作用

公共行政是行政机关按照既定目标对国家和社会公共事务进行组织、指挥、协调和控制的过程。在此过程中,行政机关可以采取各种方法来实现这一目标,但唯有借助法律制度才能从整体上形成有效合理的运行机制、实现持久稳定的统治目的。这一结论是由行政法治在现代社会中的作用所决定的。

首先,行政法治有利于规范行政机关及其公务员的行为,减少和克服主观随意性。在我国,行政法规范是人民意志的根本体现,一经发布就具有普遍约束力。它能比较客观地反映事物的本质,有效防止个人专断、滥用职权等现象的发生,使公共行政活动不致于偏离人民群众所期望的方向。行政法治是一种超越个人意志的客观力量,不为个别人的意志所左右,不因个别领导者的改变而改变,不因个别领导人看法和注意力的改变而改变。①

其次,行政法治有利于规范社会公众行为,维护社会秩序和社会安定。行政法规范一经颁布实施就为行政机关及其公务员确立了权利和义务,明确了可为的行为和不可为的行为。同时,也等于为社会公众明确了行为范围,即可以做什么,不可以做什么;应当做什么,不应当做什么。这些方面的行政法律规范所占比重最大,如交通规则,公共场所禁止燃放烟花爆竹、禁止吸烟的规定,劳动安全卫生管理条例,等等。这些规定为社会提供了行动方向和准则。毫无疑问,如果社会公众没有统一的行为规则,社会就会陷入混乱状态。

第三,行政法治有利于改革传统的管理体制和管理方法。随着社会主义市场经济体制的构筑、运行与完善,传统的行政管理体制和管理方式面临着新的挑战。中央与地方的事权划分,政府职能转变与机构改革,政企、政事关系的协调,微观转宏观、直接变间接的管理方式的变革等都需要通过行政法规范的制定与实施来实现。否则,即使进行了某些改革,也可能会退回到原来的老路上去。如 1988 年以前的历次机构变革,由于缺乏法律规范的固化,一直陷入"精简膨胀"的怪圈。因此,为保证改革深入进行,巩固改革成果,必须加强行政法治建设,严格依法行政。

第四,行政法治有助于保护公民的合法权益。行政法治除规范行政机关及其公务员行为外,还有一个重要的作用就是保护公民的合法权益。凡法律未授权的事项行政机关及其公务员皆不可为,凡未禁止的事项公民皆可为之。它同民法、刑法相比,保护公民合法权益的作用更突出、更普遍。"从摇篮到坟墓",从天上到地下,疆界所及,人迹所至,都是行政

---

① 江泽民:《高举邓小平理论伟大旗帜,把建设有中国特色社会主义事业全面推向二十一世纪》,人民出版社 1997 年版,第 31~32 页。

作用的地方,公民随时随地都要与行政机关打交道。如计划生育、出生登记、结婚登记、就业、纳税、出国出境、申请救济、退职退休、死亡等,都与行政机关的管理服务分不开。因此,如果不依靠法律严格规定国家行政机关及其工作人员的职责、工作程序、时限要求,没有行政法律规范公民对国家机关及其工作人员违法失职行为进行申诉控告、检举的途径和程序,公民的合法权益就难以得到有效保护。

第五,行政法治有助于遏制公务员的腐败行为,加强廉政建设。腐败现象滋生蔓延的重要原因之一是没有把行政权力装进法治的笼子里。在干部选拔任用方面,由于缺乏完善的法制,用人上的不正之风一直得不到有效遏制;在公务员执行公务上,由于缺乏成熟的行政程序法、行政处罚法等一系列规范,公务员自由裁量权范围广、幅度大,以权谋私、权钱交易等腐败行为屡禁不止。当然,行政法治并非解决问题的唯一手段,但严格依法行政对于公务员清正廉洁确能起到持久稳定作用。

二、行政法治的基本要求①

行政法治是依法治国的核心要素,其基本涵义在于行政机关、其他公务组织及其公务人员必须依法行使行政权力、履行公共责任、管理公共事务。它同依法治国一样,在结构上包括办事原则、法制模式、法律精神和社会秩序等多个层面。它们彼此间之连属构成行政法治的内涵和要求。

---

① 参见杨解君、孙学玉:《依法行政论纲》,中共中央党校出版社 1998 年版,第 22~38 页。

行政必须合法

行政主体在行使行政过程中必须遵守法律规范之要求,行政活动必须符合法律规定,违法行为无效或应撤销,违法者必须承担相应的法律责任。这里的"法",在形式上包括法律、行政法规和地方性法规(含自治条例和单行条例)。当然符合法律、法规的规章也具有有效性。基于法的这种限定性,行政合法的要求是:其一,行政主体必须是依法设立并具备相应的资格,即实施行为的主体必须合法,符合法律规定的资格、组织条件以及人员条件。其二,行政活动必须有法律依据。"无法律即无行政",行政活动只能依照法律规定进行,没有法律规定不能采取行动。这也正是行政活动和公民活动的最大区别。① 其三,行政机关必须实施法律。"行政机关不仅有消极的义务遵守法律,而且有积极的义务采取行动,保证法律规范的实施。"②其四,违反法律的行政活动属违法行为,有关国家机关有权予以撤销、变更或宣告无效;行政违法主体应承担相应的法律责任。实现行政的合法性还必须把握以下要件:一是法律优先,其基本含义在于行政行为或其他一切行政活动不得与法律相抵触。③ 这里所说的"法律",指全国人大及其常务委员会制定的法律,具体包括:法律优先于行政,行政必须服从法律,在效力上法律高于行政法规、规章及行政

---

① 对于公民而言,无法律限制即意味着有权行为。凡法律没有明文禁止的,公民皆可为之,即其活动无需法律的明文授权;只有当法律明文禁止时,公民才不得为之。但对行政机关而言,只有法律明文规定的才得为之。"法无明文规定不得为之","有法才有权行使"。行政权的特性决定了必须以法律设定行政权界限。

② 王名扬:《法国行政法》,中国政法大学出版社 1989 年版,第 98 页。

③ 吴庚:《行政法之理论与实用》,中国人民大学出版社 2005 年版,第 77 页。

机关作出的任何行政决定。行政主体在实施行政行为时,应优先适用法律,否则将导致法律适用的错误。① 行政活动应直接根据法律作出或者间接根据法律作出。二是法律保留。法律保留即某些事项只能由法律予以规定,或者必须在法律明确授权的情况下行政机关才有权予以规定。法律保留事项范围一般是在对公民基本人权的限制方面。三是禁止越权。行政机关必须在法定职权范围内行使,超越法定权限范围的行为在法律上都是违法或无效的。"这是因为,法律效力必须法律授予,如不在法律授权范围内,它就在法律上站不住脚。"②越权既包括实体上的越权(超过法定权力范围),也包括程序上的越权(即违反法定的必须遵守的程序)。"无权行使了有权",超越了权力界限,或者在纵向上,上下级行政机关相互越权,或者内部行政主体行使外部行政主体职权,等等,这些行为也都属于越权行为。

行政必须合理

　　行政合理性是指行政行为的内容要客观适度,合乎理性(公平正义的法律理性)。它要求行政权必须为正当目的行使,使用最恰当的方式,并与法律精神、内容和原则相一致。即自由裁量权的行使必须符合"理"。由于现代行政事务的多元性、复杂性和可变性,立法者不可能预见社会生活可能发生的所有影响,法律规定也不可能总揽一切情形,因此,法律不得不授权行政机关可根据具体情况采取适当措施,给行政机关留有一定灵活处理的权力。国家必须承认自由裁量权的存在和作用,但

---

① 叶必丰:《行政法学》,武汉大学出版社 1996 年版,第 37 页。
② 威廉·韦德:《行政法》,中国大百科全书出版社 1997 年版,第 44 页。

是自由裁量权又有可能被滥用。因此,自由裁量权的行使,并不是自由无边、任意而为的,它应依法、依权限并依一定裁量规则行使。它必须在外部界限上受法律规定的约束,在内部自由裁量问题上符合行政合理性原则。其一,正确处理好行政合理性与行政合法性的关系。行政合法性对自由裁量行为的要求往往表现在范围和"面"上,而行政合理性则是对自由裁量行为的内部限制,是对自由裁量行为的内部具体"质"的要求。[①] 行政合法性适用于一切行政领域,而行政合理性则适用于自由裁量领域;行政合法性和行政合理性都涉及到行政行为是否合法的问题,只是二者涉及的程度不同而已:合法性主要是指是否合乎法律的规定,合理性则主要是指在法律规定的范围或原则内是否符合法律的目的、原则等[②]。其二,行政合理性中的"理"与法律密切相关,我们不能离开法律对"理"作无限扩大的解释。这里的"理"不是道德规范,不是脱离法律的"理",而是法律的目的、精神、原则、符合事物发展规律的认识。其三,行政合理性在范围上,不仅要求行政行为的内容要合理,而且行政行为的其他方面如方法、时间等以及作出行政行为的主观意图或动机等都应合理。

在行政合理性的判断标准上,德国理论界将其确定为适当性、必要性和比例性。[③] 适当性是对行政行为的一种目的导向要求,即要求作出决定时,面对多种可能选择措施时必须择取确实能达到法律目的或行政目的的措施。换言之,行政行为的作出应符合法律目的的达成,而不得与其相背离。必要性是指行政行为不超越实现目的的必要程度,也就是说面

---

① 翁岳生:《行政法与现代法治国家》,台北祥新印刷有限公司 1990 年版,第 54 页。

② 张树义:《行政法学》,中国政法大学出版社 1995 年版,第 60 页。

③ 在德国,这三个原则是公法学上最重要的"比例原则"(广义的比例原则)的内容,参见陈新民著:《宪法学导论》,台北三民书局 1996 年版,第 76 页;也有人归纳为"禁止越量裁处原则",见城仲模:《行政法之基础理论》,台北三民书局 1983 年版,第 40 页;还有人主张"比例原则"应改为"禁止过度原则",参见吴庚:《行政法之理论与实用》,中国人民大学出版社 2005 年版,第 57 页。

对多种可供选择的手段应尽可能选择影响最轻微的手段。该原则的基本要求在于使用"最不激烈手段"或者"最温和手段"。该原则意在防止行政机关在作出决定时"小题大作",正如一位德国学者弗莱纳(F.Fleiner)所比喻的一样,"不可用大炮打小鸟"。① 必要性原则一方面要求采取最轻微的手段,另一方面要求只有在最后关键时刻才可以采取激烈手段。比例性是指行政机关在作出行政行为时,面对多种可能选择手段应按目的加以衡量。换言之,任何对行政相对人采取的不利措施所造成的损害应轻于达成目的所获得的利益。我国古语"杀鸡取卵"为该原则的最形象描述,②即要求在目的与手段之间保持比例,不致于行政机关为实现行政目的而造成对公民权益的过度损害。德国学者麦耶·柯普(Mayer Kopp)对该原则曾作过形象比喻:"警察为了驱逐樱桃树上的小鸟,虽无鸟枪,但也不可用大炮打小鸟。"③

行政必须公正

公正,即"公平对待"、"相应平等",其基本要求是:一切相等的情况必须平等对待;一切不相等的情况必须不平等对待;比较不平等的对待必须和比较不相等的情况保持对应关系。④ 将公正适用于行政领域,称为行政公正,其基本要求在于:行政机关必须平等地、无偏私地行使行政权,做到"同样的案件受到同样的处理",对不相同的情况作出不同的处理和

---

① 陈新民:《宪法学导论》,台北三民书局 1996 年版,第 77 页。
② 陈新民:《宪法学导论》,台北三民书局 1996 年版,第 77 页。
③ 陈新民:《宪法学导论》,台北三民书局 1996 年版,第 78 页。
④ A.J.米尔恩:《人权哲学》,东方出版社 1991 年版,第 87~88 页。

对待。

　　立法上应公正地分配行政机关与行政相对人的权利与义务。由于行政机关在行政管理活动中共处于主体地位,是行政权力的行使者,居于强势;而公民、法人或者其他组织则处于被管理者(行政相对人)的地位,是行政权力的受支配者,居于弱势。因此,为了实现公正或正义要求,法律应针对它们不同的地位和角色差别分配权利和义务,即亚里士多德所说的"分配的公正"或"分配的正义"①。为了实现强势主体与弱势主体的公正、平等,首先必须通过立法对双方权利予以差别的、不相同的设定,从而体现一种有差别的正义分配。

　　行政权的行使应符合公正要求。行政权的行使必须公平地对待一切事件和行政相对人,对相同对象采用同样标准,对不同事件则应采取不同措施。公正,既包括实体上的公正,也包括程序上的公正,程序公正与实体公正的关系是:程序公正虽不一定能取得实际结果上的公正,但它是结果公正的必要前提与保证。严格地说行政的公正性不仅要求行政行为在实体和内容上做到公正,而且要求行政程序上也要实现公正,即使具备公正的内容和结果但违背公正程序,同样违背公正法则。

　　行政应给人以公正的信赖。行政活动不仅要求实际上已经公正,而且要求在外观上也不能让人们怀疑为可能不公正。公正必须依赖于人们的信赖。只有公正自身的实现是不够的,公正还必须公开地、在毫无疑问地被人们所能看见的情况下实现,否则人们就会心存疑义。"不仅要伸张正义,而且此种伸张必须明显地、毫无疑义地被世人所见。"②行政是否

---

① 关于亚里士多德的"分配的正义(或公正)"与"矫正的正义(或公正)"分类,参见亚里士多德:《尼各马科伦理学》第5卷,见苗力田主编:《亚里士多德全集》(第八卷),中国人民大学出版社1992年版,第97~101页。

② 威廉·韦德:《行政法》,中国大百科全书出版社1997年版,第104页。

公正，"不取决于事实上做了什么而取决于他可能会做什么。"①凡是能引起人们怀疑有偏私、不公平的行政实体和程序都应被禁止，否则行政公正的基础地位就会动摇、受到削弱。

让行政相对人确信其行政行为是公正的，还需要有一系列的制度来保障。如，建立回避制度、听讯制度、辨明制度、告示制度、审裁分离制度、记录制度、防偏见制度，等等②。这些制度是行政公正性的具体体现，应成为我们确立行政公正性原则具体内容的主要依据。第一，"任何人不能做自己案件的法官"，防止行政行为的作出受个人利害关系的影响，避免在这种影响下执法施政。第二，听取利害相关人的意见。当行政机关作出对当事人有某种不利影响的行政行为时，必须事先听取可能受到不利影响的当事人意见，否则就如同司法上的不审而判，是显失公正的。第三，说明理由。行政机关在作出行政决定特别是对当事人不利的决定时，负有说明理由的义务，包括作出行政决定的法律原因和事实原因。第四，行政公开。除法律另有规定外，行政行为的依据、过程、内容和理由都应公开。

行政必须有责

行政责任是指行政机关及其公务人员对其所实施的行政活动必须承担相应的法律责任。它是依法行政的当然组成部分，否则，依法行政是不完整的，依法行政的目标也不可能实现。有权力必然有责任，责任与权力

---

① 威廉·韦德：《行政法》，中国大百科全书出版社 1997 年版，第 105 页。
② 江必新、周卫平编著：《行政程序法概论》，北京师范学院出版社 1991 年版，第 30～33页。

相对应。如果行政行为不负责任,就等同于可以随意而为;如果不管行政行为是否合法、合理和公正,行政机关都一概不负责任,那么依法行政也就失去了应有的意义。

行政责任是一种广义的责任,它不仅指法律责任形式,还应包括法律责任关系即法律义务①。而且,作为法律义务的行政责任,除指法定义务即法律确定行政机关(或被授权组织)及其公务人员应当履行的义务外,还应包括行政机关及其公务人员因特定职能或职业、职务要求应当履行的义务,其基本要求是②:行政机关必须职权责任同授。行政机关(或被授权组织)及其公务人员对于法定职权必须予以行使。行为主体必须是责任主体,在行政活动中必须明确它们的责任,对违法、不当行为及其他造成公民(或组织)权益损害的行为应承担惩罚责任或补偿责任。不仅要使之无效或撤销,而且要对违法者予以制裁,使其承担相应的法律责任。此外还要强化公务员的责任意识,在行政活动中时刻为国家利益、人民利益着想,应秉承公共精神,怀揣强烈责任感从事行政活动。

三、行政法规范的创制:依法行政的前提

行政立法涵义

行政立法是国家行政机关依照法律规定制定和发布行政法规、规章

---

① 孙笑侠:《法的现象与观念》,群众出版社 1995 年版,第 202 页。
② 刘瀚等:《依法行政论》,社会科学文献出版社 1993 年版,第 305 页。

等行政规范性文件的行为。① 它作为一种立法实践产生于 19 世纪中叶，在以后百余年历史中备受理论界和司法界关注。再往前追溯，这种立法形式最早萌芽于古希腊时期，当时就有通过委任授权来制定法律的做法。卢梭在《社会契约论》中曾经写道："大多数希腊城邦的习惯都是委托异邦人来制定本国的法律。近代意大利共和国每每仿效这种做法；日内瓦共和国也是如此，而且结果很好。"② 这里所言的授权立法虽与近现代的行政立法有区别，但包含了将立法权授予行政机关或行政官员的立法内容。因此，人民普遍认为行政立法并非近代资产阶级首创，而是一种更久远的行政行为。对其具体涵义可从以下几个方面来认识：

行政立法的主体是有权的国家行政机关。现代意义上的行政立法是随着现代社会的发展逐渐从国家权力机关的"立法权"中分离出来的。按照宪法原则，制定有关公民权利与义务的法律、法规，必须由国家权力机关通过立法程序来进行。但是由于现代社会分工的加剧，社会生活事务日趋庞杂，国家权力机关无力无暇包罗万象、顾及全部。面对瞬息万变的大千世界，国家权力机关对那些技术性、专业性、区域性较强的法律文件往往无能为力，不得不授权给行政机关来完成。因此，行政立法又叫"行政性立法"或"授权立法"。目前，我国有权立法的行政主体是：国务院，国务院各部委，省、自治区、直辖市人民政府，省、自治区人民政府所在

---

① "行政立法"被经常赋予不同含义。在我国，"行政立法"一词，始见于五届人大三次会议的政府工作报告。作为学理概念，已为理论界和实践部门使用，但其内涵、意义不统一。第一种观点认为，凡是国家机关依照法律规定的权限和程序制定有关行政管理规范性文件的活动，均为行政立法。即不论立法主体如何，只要是涉及行政管理内容的都属此类。第二种观点认为，凡是国家行政机关依靠法律规定的权限和程序制定规范性文件的活动，称为行政立法。即不分内容，不分层级，只要是行政机关制定的都是行政立法。第三种观点认为，只有法定的部分国家行政机关在法定权限和程序内制定规范性文件的活动，才算行政立法。第四种观点认为，只有最高国家行政机关及各部委制定法规和规章的活动才算行政立法。我们在本章使用的是第三种观点。

② 卢梭：《社会契约论》，商务印书馆 1980 年版，第 55~56 页。

地的市,以及国务院批准的较大市人民政府。

行政立法是依法进行的行为。行政法治是社会主义国家依法治国方略的基本要求,行政立法作为行政法治的基本环节,其本身也应依法进行。这就是行政机关制定的行政法规范必须有法律依据,必须与宪法、基本法律和其他法律相一致;必须在法定的权限内,即行政机关必须获得相应授权;必须遵守法定立法程序,等等。

行政立法是制定具有法律效力的规范性文件。国家行政机关所制定的规范性文件具有法律效力,是国家意志的体现。国家行政机关代表国家行使权力,它所规定的各种行为规范具有强制力,人们必须遵守。谁违反条文所规定的有关事项,就要承担相应的法律后果。

行政立法是执行国家法律、行使行政权的主要手段。所有的基本法律和其他法律对行政管理活动的规范都只是原则性的,要使这些原则性规定得以执行和落实,需要作出具体细致的规定。行政立法的过程就是对基本法律和其他法律中关于行政管理活动规范精细化操作化的过程。如《中华人民共和国劳动法》第5条规定,劳动者享有平等就业和选择职业的权利、获得安全卫生保护的权利等。这只是一种原则性规定,为使这一规定得以执行,国务院及有关部门还需制定有关条例、规定、办法,对有关内容作出更为具体的规定。国家行政机关的各项管理活动,基本上都是按照这一基本模式来进行的。

行政立法原则

行政立法原则是指行政主体在制定行政法规范过程中必须遵守的行为准则和指导思想。《立法法》规定,立法应当遵循宪法的基本原则,以经济建设为中心,坚持社会主义道路,坚持人民民主专政、中国共产党的领导、坚持马克思列宁主义毛泽东思想和邓小平理论,坚持改革开放。应当依照法定权限和程序,从国家整体利益出发,维持社会主义法制的统一和尊严。应当体现人民的意志,发扬社会主义民主,保证人民通过多种途径参与立法活动。应当从实际出发,科学合理地规定公民、法人和其他组织的权利与义务、国家机关的权力与责任。这是我国行政立法最基本的行为准则,贯穿于整个行政立法行为过程之中。根据我国目前的立法状况,需要重点把握好以下两大原则,即符合宪法和法律原则,符合民主立法原则。

依法立法原则。一是立法有据。只有法律规定有行政立法权的行政机关才能制定行政法规和行政规章。国务院制定行政法规必须有宪法和法律的有关规定作为立法依据。国务院所属各部委,省、自治区、直辖市人民政府,省、自治区人民政府所在地的市,以及国务院批准的较大市人民政府发布行政规章,必须以现行法律、法规为依据,不得直接以宪法的有关规定作为发布行政规章的依据。制定行政法规和规章,均应标明法律依据。二是权限合法。有行政立法权的行政主体必须按照法律规定的权限,在本地区、本部门的权限范围内制定行政法规和规章。如必须超越,需通过同级权力机关或上级机关正式批准,否则无权就自己管辖外的事务进行立法。三是内容合法。行政立法的内容必须符合宪法和法律规定,下一级所制定的法律规范不得与上一级的法律规范相抵触,即国务院所制定的行政法规不得与宪法和法律相抵触,地方行政主体和部门行政机关所制定的地方性法规和规章不得与法律、行政法规、上级机关的决定、命令相抵触。此外,行政立法的内容还必须符合社会主义道德准则,违背社会主义道德原则的行政法规范,从实质上说也是不合法的①。四

---

① 王清云等主编:《行政法律行为》,群众出版社 1992 年版,第 113 页。

是程序合法。不论是行政法规还是行政规章,其制定、通过和发布都必须经过合法程序。这也是世界各国立法的共同准则。五是形式合法。即行政立法必须遵守法定形式、格式。按照法律、法规的规定,国务院的行政立法称行政法规,其表现形式是"条例"、"规定"、"办法",其中"条例"为国务院立法专用,其他国家机关或部门不得使用。国务院各部门及地方人民政府的行政立法只能称行政规章。

民主立法原则。行政立法直接关系公民、法人及其他社会团体的切身利益,也直接影响国家各项建设事业的进行。"大家的事应该大家同意"。行政法规范能否真实地反映广大人民群众的意愿,新规定的具体措施是否为最佳选择方案,方法技术是否符合要求等问题,都要在法规与规章起草前后广泛征求意见、达成共识。要把那些符合法律和现实情况的意见建议,在我国行政实践中行之有效的政策、经验、技术、规律等体现在行政立法之中,以法律规范的形式表现出来。其一般做法是,首先组织一部分人员到有关地区和部门进行深入调查研究,听取人民群众和有关当事人的意见,了解在实际工作中迫切需要解决的问题,有几种解决方案,哪些规定需要修改,需要用什么法规形式予以确认等等。然后把意见集中起来,组织专门班子,按照宪法和法律有关规定,根据过去立法实践,参照国外有关立法经验进行起草。拟出草案后,再征求有关部门、专家、基层单位及人民群众的意见,吸取各方面建议,对草案作必要的补充、修改,最后提交有关机构按法定程序审议通过。

行政立法程序

行政立法程序是国家行政机关依照法律规定制定、修改和废止行政法规和规章的活动方式和步骤。1987年国务院发布《行政法规制定程序暂行条例》,1989年司法部发布《司法部关于起草司法行政法律、法规和制定规章的规定》,1990年国务院发布《法规、规章备案规定》,2000年九届人大三次会议通过《立法法》等,这些法律法规和规章对我国行政立法程序作了一般性规定。据此,可以把我国的行政立法程序分为以下几个步骤:

编制规划。编制立法规划是指行政机关对认为需要制定的立法项目以计划形式确定下来。国务院法制办根据国民经济和社会发展五年计划所规定的各项基本任务,编制指导性的制定行政法规的五年规划和年度计划,报国务院审定。编制五年规划和年度计划,一般先由国务院各主管部门分别提出建议,经国务院法制办通盘研究、综合协调后,拟订出草案报国务院审定。五年规划和年度计划由国务院法制办组织实施和监督执行。执行过程中如遇到政治、经济、社会等形势变化,国务院可对其进行适当调整。地方政府的立法规划通常与地方人大常委会制定地方性法规计划统一编制,通过协商确定各自的立法项目。

拟定草案。经国务院批准拟列入五年规划和年度计划的行政法规,由国务院各主管部门分头负责起草,有些重要的行政法规,其主要内容与几个主管部门的业务有密切关系的,由国务院法制办或者主要部门负责,组成各有关部门参加的起草小组进行工作。若起草的法规需要定立相应的实施细则,制定者应统一考虑,同时进行。国务院各部门的规章由各部门的主管司(局)起草,内容与两个或两个以上司(局)业务有关的,由一个司(局)为主起草,属于全局性的规章,由各部门的法制机构起草。地方人民政府的规章由地方政府各部门在职责范围内起草,内容涉及两个以上部门职责的应由几个部门联合起草。

征求意见。行政法规和规章起草之后广泛听取各方面的意见是行政立法的法定程序之一。征求意见包括两个方面:一是要听取广大人民群众的意见,问计问需于民,走群众路线,把群众智慧体现于行政立法之中;二是要听取有关部门的意见,尤其是各业务主管部门和与之关系密切的有关部门的建议。这既可以保障行政立法的准确性,又可以与其他有关部门起草的行政法规和行政规章相衔接相协调,同时也有利于对起草主体的部门利益扩张实施有效监督。

审定草案。行政法规范起草完成后,一般交由相应行政主体的法制机构进行审查。其中报送国务院的行政法规(草案),由国务院法制办负责审查,并向国务院提出审查报告。审查内容主要是草案规定的内容是否符合宪法和法律的规定,是否与其他法规有矛盾之处,是否符合国家政治、经济和社会发展之需要,是否符合立法技术规范等。法制办审查之后的法规草案由国务院常务会议审议,或由总理审批。国务院各部门的行政规章草案,由部门负责签署后,连同起草说明和有关材料送各部门法制机构审核,之后报送各部委的部务会议或委务会议审议,或者由各部委首长审批。地方人民政府的行政规章,由各法制机构审查后,报送政府常务会议或办公会议讨论审议,或者由政府首脑审批。

签署发布。行政法规和规章草案审批后,由行政部门首先签署发布。行政法规的发布有两种形式,一是由国务院发布的;二是由国务院批准,由主管部门发布的。根据《立法法》规定,行政法规由国务院总理签署命令发布,行政规章由部门主要领导人签署发布令。发布令包括发布机关、序号、法规、规章名称,通过或批准日期、发布日期、生效日期和签署人等内容。经国务院总理签署公开发布的行政法规,由新华社发稿,《国务院公报》《人民日报》全文刊发,国务院不另行文。国务院办公厅只印发少量文本,供省级政府和国务院各部委存档备查。地方人民政府的地方性法规和规章,以地方人民政府令发布,发布令由地方主要负责人签署,由地方政府统一编序号,统一刊发在地方性报刊上。此外,行政法规、规章的修改和废止是行政立法活动的当然组织部分,也应遵守行政法规、规章的制定程序。

四、徒法不足以自行：依法行政的实现

行政执法涵义和特征

行政执法是国家行政机关依照有关法律、法规和规章,直接对相对人行使权力和履行义务的情况进行监督检查,或作出影响其权利义务处理决定的具体行政行为。它具有以下基本特征:其一是主体的法定性。从宏观上看,行政执法主体只能是法律、法规和规章直接授权的行政机关或组织,未经授权的其他任何机关或组织都不得进行行政执法活动。从微观上看,每个法律、法规或规章都是由特定的行政机关来实施的,只有这个机关具有执法主体资格,执法行为具有生效条件才可以实施。如公安机关的交警大队是《道路交通管理条例》的执行主体,只有它才能对违反道路交通法规的行为进行监督检查、处罚,其他任何机关无权行使这一权力,即使是公安机关的其他警种也无权行使。其二是行为的具体性。国家行政管理活动是通过抽象行政行为和具体行政行为来实现的。抽象行政行为是指行政主体以不特定的、抽象的事实和不具体的相对人为对象,为其制定一般规定或规则的行为,这种行为原则上对将来所发生的具体行政行为发生效力。与其不同的是,行政执法是以个别的或具体的特定的相对人或事实为对象,对其进行监督检查、认可、奖励或处罚的具体行

政行为。这种行为一经做出,即可发生法律效力。如劳动行政监察机关对用人单位违反劳动法规定使用童工依法做出处罚决定。其三是关系的相对性。行政执法机关和管理相对人之间作为双方当事人构成行政法律关系,一方面行政机关依法对管理相对人行使职权;另一方面相对人对行政机关的执法行为不服,可以按照行政诉讼法或行政复议法的规定,或提请复议或诉讼,使行政机关成为被复议者或被告。这种从行政执法中的不平等关系到行政诉讼中的平等关系的转化,反映出行政执法在关系上的相对性。某一具体行政行为作出,相对人就必须履行,否则,行政机关有权强制其履行义务,或者给予相应的制裁并最终履行义务。这种强制性,在行政诉讼未作出判决之前仍然具有效力。

行政执法基本要求

行政执法是行政机关依据国家强制力所作出的具体行政行为,涉及公民和法人的切身利益,因而必须严格遵守行政执法的基本规范要求。

行政主体、客体和行政相对人合法。行政主体合法是指行政主体的合法存在和合法权能。合法存在即依法设置的组织。合法权能是指依法享有权利、承担义务的资格,能在法定权限范围内履行行政职责,并能对其行为承担法律责任。如果没有存在的合法依据,没有合法权能,便为主体不合法。客体合法是指行政执法所依据的行政法规范所规定的权利、义务指向的对象必须合法。这一客体包括物、行为和人身。在法律规定许可范围内,行政主体才能对客体进行处置,如行政主体不得就走私物品给相对人签发入关许可证,不得随意对国家保护的文物古迹作出拆迁决定,等等,如果违反了法律规定的对象范围,其行为就因标的不合法而无效。行政相对人是否合法一般通过两个标准来衡量:一是是否具备法定的行为能力和权利能力,是否独立承担法律后果。精神病人在精神失常时,有违法行为的和未满14周岁的有违法行为的,都不承担法律责任,都不能成为行政相对人。但其监护人有承担法律责任的义务,可成为行政相对人。二是是否处于特定的管理关系中。行政相对人必须处于一定的管理与被管理关系之中。行政相对人的范围是由法律规定的。税务机关的行政相对人是法律规定的纳税义务人和与税务有关的人,并非所有的人都是税务机关的行政相对人。

行政主体意思表示真实无误。国家公务员以行政主体的名义进行执法活动时必须基于真实的意思表示,如有以下原因导致行为主体意思表示不真实的行政行为无效:公务员对事实不清、疏忽大意或其他原因理解错误而作出的意思表示。如行政主体误将追赶凶手的见义勇为者予以拘捕的行为,误将地震灾区的救灾物资发给旱灾区的行为,等等。因行政相对人欺骗致使行政主体意思表示不真实。如纳税义务人伪造增值税发票偷税漏税,致使税务机关作出的纳税决定,贸易商伪造国家进口货物许可证,骗取主管部门放行,等等,均属行政主体受骗而作出的非真实意思表示。因行政相对人或其他人的胁迫,致使行政主体作出的非自愿的意思表示。如行政相对人利用暴力威胁行政主体为一定行为、不为一定行为,均是行政主体非自愿的行为。

行为内容合法。行为内容合法的要求主要包括三个方面:一是行政执法要有合法依据,符合现行的法律、法规、规章和其他具有普遍约束力的决定和命令。二是要符合上级行政机关作出的行政处理决定。上级行政机关作出的行政处理决定是法律、法规的具体化,对下级行政机关具有指导意义,同样具有法律效力。三是必须符合党和国家政策及社会主义道德准则的要求,如行政机关对拒不纳税的行政相对人实行强制措施,将其生活必需品全部扣押,使相对人无法正常生活,这既不符合党和国家政策,也不符合社会主义人道主义准则,因而其行政行为也是不合法的。

程序和形式合法。目前,我国还没有完整、统一的行政程序法,行政执法的程序规定主要散见于有关法律、法规和规章之中。其一般要求是:必须充分调查、咨询、论证;涉及相对人的要为相对人提供辩解的机会,涉及相对人的行政执法行为必须公布,涉及特定相对人的必须告知相对人。如《中华人民共和国行政处罚法》对行政执法简易程序、一般程序和听证程序的规定其有普遍约束力,行政主体必须严格遵守。

行政执法行为还必须符合法定的形式。其要求是:必须以相应法律文书形式表现出来,即要式行为,如行政许可证书、行政处罚决定书等,以口头形式表示的非要式行为较少;必须经行政执法首长批准;必须载明年、月、日,加盖行政执法机关印章。违反上述形式规定的均为程序违法。

行政执法手段类型

行政执法手段可按行为方式分为行政检查、行政处理和行政强制三种类型。

关于行政检查。所谓行政检查是指行政执法机关,为履行行政管理职能,通过审查、检查、登记、统计等方式,对相对人是否依法行使权利、履行义务等具体行政行为直接进行干预的行政行为。它具有两个基本特点:一是行政检查具有普遍性,是行政机关重要的行政执法活动。它的作用是行政机关对公民、法人和其他组织是否守法、是否履行行政处理决定的情况所进行的监督检查。如工商行政机关对企业法人是否登记的情况进行监督检查,如发现未登记的,可责令补办登记或作出处罚决定;对拒绝检查的也可作出处罚决定。需要指出的是,行政检查与行政执法监督检查不应混淆,前者的目的是履行行政管理职能,后者是上级行政机关对下级行政机关适用法律、法规和规章情况所进行的检查,监督的主体和对象都是行政机关,其目的是防止滥用职权,促进依法行政。二是行政检查一般不影响相对人权利和义务,是一个确定事实和收集证据的过程,是行政处理决定和行政强制执行的手段和前提。相对人权利和义务的设定、改变一般通过行政处理、行政强制行为作出。

行政检查的方法很多,最主要的有审查、检查、登记、统计和特别监督检查五种。审查,即对相对人的文件材料(账簿、报表、计划书、证明等)调阅审查,对其中的问题和疑点进行质疑。如税务机关审查纳税人的增值税发票、有关凭据等,工商行政管理机关对申请开业登记的企业法人审查其申请书、组织章程、有关文件和资信证明等。检查,即对人、物及某种情况所实施的稽查。如公安机关对携带淫秽音像制品者实施人身检查,商检机关对进出口货物实施检验等。登记,实际上是行政机关对相对人实施事前监督的一种方法,如税务机关通过税务登记了解纳税情况,督促纳税人依法履行义务等。统计,即要求相对人如期上报统计资料,并通过对统计数据的分析,掌握法律、法规和规章的执行情况。特别检查,即行政机关在紧急情况下,对可能危害或正在危害社会的人、行为或物品所采取的临时强制措施,如公安治安民警对某一场所进行治安检查时发现聚赌、嫖娼行为时,可以收缴赌资、赌具,可以强行扣留有关人员进行审查。这是在来不及作出行政处理决定的情况下所作出的特殊监督检查行为,不同于行政处理决定和行政强制执行。行政检查要按照一定的程序进行,公务员首先要表明身份、说明意图,然后再实施检查,或责令改正,或立案查处。

关于行政处理。行政处理是行政机关对行政相对人设定权利或义务、改变相对人法律地位的具体的、能直接发生法律效力的行为①。它是行政执法最为广泛的一种手段。其类型,依据不同的标准可以作多种划分,这里我们仅就对相对人权利和义务的影响,分为行政许可、行政奖励和行政处罚等三种基本类型:

1.行政许可。它是行政机关根据行政相对人的申请,依法赋予行政相对人获得某项权利或权能的行为②。行政许可以相对人申请为前提,对相对人申请从事某项活动,行政机关应经过登记、审查,根据相对人行为能力情况,或依法批准并颁发许可证,或不予批准。相对人获取行政许可后即具有国家赋予的从事某种活动的权利,可以在许可的范围内从事活动,否则就不准从事这种活动。如个体工商户申请营业许可、某公司申请进出口物品许可、烟草专卖特许等均属这一类型。行政许可证的申请事项必须在国家法律允许的范围内,如法律明令禁止的事项,任何个人和单位都不得申请许可生产或销售证书。随着我国经济体制改革的全面展开和不断深入,许可证制度日渐成为一项重要的法律制度,对于保证国家宏观上的统一管理,维护政治、经济秩序将起到越来越重要的作用。

2.行政奖励。它是行政机关对不同领域、不同岗位上为国家和社会作出贡献的单位和个人给予精神奖励和物质奖励的一种行政行为。其主体是国家行政机关及特殊授权的企事业单位,是对管理相对人的奖励,不同于行政机关、企事业单位内部的奖励行为。行政奖励是与行政处罚相对应的一种执法手段,是行政管理刚柔相济的具体体现,不仅可以维护我

---

① 行政处理,确切地说就是"具体行政行为",其行为的作出具有公定力、确定力、拘束力和执行力。有关其效力的表述,不同国家、不同学者略有差别。

② 行政许可有广狭义之分。广义的行政许可指许可的设定、实施和监督,既有立法层面的内容,也有执法层面的内容,既有抽象意义的内容,也有具体意义的内容。狭义的行政许可是指许可的实施和监督检查,仅指执法层面的内容。我国《行政许可法》采用的是狭义的概念,与本章同。参见姜明安主编:《行政法与行政诉讼法》,北京大学出版社、高等教育出版社2012年版,第224页。

国行政执法的完整性,而且可以有效地促使公民、法人及其他组织遵纪守法。目前,我国的具体行政奖励行为主要有三种类型:一是自然科学奖励行为,其法律依据是《发明奖励条例》、《科学技术进步奖励条例》等;二是国家行政机关工作人员奖励《公务员奖惩规定》;三是企业职工的行政奖励行为,其法律依据为《企业职工奖惩条例》。其他奖励形式散见于有关法律、法规中,如《森林法》、《环境保护法》中有关奖励的规定。目前,我国的行政奖励多如牛毛,杂乱无章,缺乏科学性、规范性,更缺乏有效性。

3.行政处罚。它是特定行政机关或法定授权的其他组织,对违反法律、法规和规章,但未构成犯罪的相对人依法惩戒的具体行政行为。其行为特征是:行政处罚的前提是被处罚人违反了法律、法规和规章规定的义务;行政处罚是一种可以惩戒性义务的行政处理决定,目的在于警示当事人不再犯,他人不要跟犯;行政处罚是特定行政机关的行为,非经授权的其他任何组织无权行使。行政处罚的种类,1996年3月17日通过的《行政处罚法》列为七种,包括警告、罚款、没收违法所得、没收非法财物、责令停产停业、暂扣或者吊销许可证、暂扣或吊销执照、行政拘留,以及法律、行政法规规定的其他行政处罚等。以上可归为四大类:一是精神罚,即对违法相对人的谴责和警戒,不含有财产性和人身自由的性质,也不涉及违法者的实体权利,目的是指明其已违法,应立即改正。处罚形式多为警告、通报、消除不良影响等。二是财产罚,即强迫违法者缴纳一定数额的货币或实物,或剥夺其某些财产权的一种处罚。其形式为罚款、没收违法所得、没收非法财物等。三是行为罚。这是限制或剥夺相对人行为能力的一种处罚,主要形式为责令停产停业、暂扣或者吊销许可证、暂扣或者吊销执照等。四是人身罚。这是限制或剥夺相对人人身自由的一种处罚,是程度最重的一种处罚,主要形式为拘留和劳动教养。这种处罚只有公安机关有权行使①。关于劳动教养,社会各界多主张予以取消。

关于行政强制。目前国内关于行政强制概念的界说颇为混乱。在强制依据上,有的把"个人、组织不履行法律规定的义务"作为行政强制的前提②;有的把"拒不履行行政法义务"作为行政强制的前提③;有的把"拒不履行行政法义务"和"出于维护社会秩序或保护公民人身健康、安全的需要"作为行政强制的前提④……这些差异暴露出三个方面的问题:一是实施行政强制行为的前提,是拒不履行法律之义务,还是行政法之义务;二是行政强制的实施是否需要以义务的存在为前提;三是行政强制、行政强制执行、行政强制措施是否为同一概念。对这些问题的不同回答决定了对行政强制概念的不同界说。

根据我国现行法律的有关规定,参考国外有关概念的学理分析⑤,我们所理解的行政强制是:一定的行政主体采取强制手段迫使拒不履行行政法义务的行政相对人履行义务或达到与履行义务相同的状态;或者为维护社会秩序或保护公民人身健康和安全的需要,对行政相对人的人身或财产采取紧急性临时处置行为的总称。其特征可从以下几个方面来认识:

1.行政强制的主体是特定的行政机关或经法律、法规授权的组织。它包括:(1)行政机关。为维护法律之尊严,排除公务执行中的障碍,对于无正当理由拒不履行行政法义务的当事人;或者为预防和制止危害社会行为的产生、对违法行为人的财产或人身自由⑥,行政机关有权依法予以强制。(2)企事业单位或其他组织依据授权也可以成为行政强制的主

---

① 《中华人民共和国行政处罚法》第三章第16条。
② 罗豪才主编:《行政法学》,中国政法大学出版社1989年版,第148页。
③ 刘静仑:《试论行政强制》,载《河北财贸大学学报》1997年第4期。
④ 罗豪才主编:《行政法学》,北京大学出版社1996年版,第231页。
⑤ 姜明安主编:《外国行政法教程》,法律出版社1993年版,第49、108、351页。
⑥ 有人认为这种情况也是以义务的存在为前提的,只不过这种义务是即时性的。

体。如县级以上人民政府计量行政部门,可以授权其它单位的计量检定机构执行强制检定①。

2.行政强制的对象是拒不履行行政法义务的行政义务人,或对社会秩序及他人人身健康和安全可能构成危害,或其本身正处于或将要处于某种危险状态下的行政相对人。可见,行政强制的对象包括两类,一类是不履行行政法义务的义务人,另一类是在紧急状态下,虽未有义务履行要求,但违反特定法律、法规之要求的行政相对人。

3.行政强制在执行过程中不发生和解问题。和解,是指在强制实施过程中双方当事人(申请执行人和被执行人)自愿协商、达成协议,自行解决相互间的争议,从而结束执行程序。在民事强制执行中为法律所允许,并且经常发生。但对于行政强制来说则是不可能出现的结果,法律也不允许出现这种结果②。

4.行政强制是一种可诉具体行政行为。可诉行政行为是指那些由法律规定的、法院可以受理并可对其进行司法审查的具体行政行为。行政强制是由行政主体作出的单方面行政行为,无需相对人同意。但是相对人认为正常权利受到侵害,不服从强制时,可以向人民法院提起诉讼。

行政强制的种类分歧很大,有的采用两分法,即分为行政强制措施和行政强制执行③。有的采用三分法,即分为行政强制执行、即时强制及行政监督检查强制④。本部分仅讨论两种形式:行政即时强制和行政强制

---

① 参见《中华人民共和国计量法》第 20 条。
② 应松年主编:《行政行为法——中国行政法制建设的理论与实践》,人民出版社 1993 年版,第 522 页。
③ 《行政强制法》第 2 条第一款。
④ 杨建顺:《日本行政法通论》,中国法制出版社 1998 年版,第 479 页。

执行①。

行政即时强制,亦称即时强制,是指行政主体在重大自然灾害、重大事故,或其它危害国家、社会、集体或公民利益的紧急情况下,依照法定职权所采取的强制措施。它具有临时性、紧迫性、行政性和确定性等特征②。就确定性这一特点来说,即时强制有特定的适用对象,这些对象必须是在突发的严重自然灾害、社会事件或其他紧急情况下,为减步和防止公民、集体和国家利益损失,需要限制人身自由的特定相对人;必须是患有精神病、染疫病的人,醉酒之人或者失去理智、意图自杀之人;必须是在紧急状态下需要限定的物品或行为,等等。

由于即时强制是对公民人身、财产进行直接且重大的限制以及侵害,所以在基于公民正当权益和法治原则的前提下,明确其法律依据,"而且在与其目的关系上,必须限定在必要的最低限度内。除法律明确确认的情形外,不能转用民法及刑法承认私人有正当防卫及急状权的法理,来奠定行政上的即时强制的理论基础。"③

行政即时强制的形式包括以下内容:

强制带离现场、盘问。对于严重危害社会治安秩序或者威胁公共安全的人员,人民警察可以强制带离现场,依法予以拘留或采取法律规定的其它措施④。对有违法犯罪嫌疑的人员,出示相应证件后可以当场盘问、

---

① 行政即时强制概念使用混乱,争议大。有学者认为,它是行政强制执行的一种特殊状态,是在紧急状态下或者执行简单任务时,不需经过严格的程序而采取的强制措施,但同样要以义务的存在为前提。也有学者认为即时行政强制与行政强制执行没有任何联系。即时强制不以义务的存在为前提,而强制执行则必须以义务人不履行义务为条件。我们认为,即时强制与行政强制执行不是属种关系,但也不完全是并列关系。少数以义务为前提的及时强制,在内容上与行政强制执行有交叉关系。

② 叶必丰著:《行政法学》,武汉大学出版社1996年版,第201~202页。

③ 室井力主编:《日本现代行政法》,中国政法大学出版社1995年版,第137页。

④ 详见《中华人民共和国警察法》第8、9条。

检查,发现有违反法律规定的某种情形的,可将其带至公安机关,经批准后可对其继续盘问。可继续盘问的情形包括:(1)被指控有犯罪行为的;(2)有现场作案嫌疑的;(3)有作案嫌疑,身份不明的;(4)携带的物品有可能是赃物的。① 自被盘问人被带至公安机关之时起,留置时间不得超过24小时。经县级以上公安机关批准,特殊情况下可以留置48小时,并应留有盘问记录。对于批准继续盘问的,应立即通知其家属或其所在单位。对于未予批准继续盘问的,应立即释放被盘问人。经继续盘问,公安机关认为需要对被盘问人依法采取拘留或其它强制措施的,应在继续盘问期间作出决定,不能作出决定的,应立即予以释放。

约束、拘留。所谓约束是指行政主体对具有某种可能危害社会、他人或本人安全的行为或情形的个人的人身自由进行短时间限制的行为,是适用对象较为广泛的一种强制措施。"醉酒的人在醉酒状态中,对本人有危险或者对他人的安全有威胁的,应当将其约束到酒醒。"②对依法"被阻止入境的外国人,如不能立即随原交通工具返回,边防检查站可以采取必要的措施限制其活动范围,并令其乘最近一班交通工具离境。"③人民警察对严重危害公共安全或者他人人身安全的精神病人,可以采取保护性约束措施。需要送往指定的单位、场所加以监护的,应当报请县级以上公安机关批准并及时通知其监护人④。对已达到强制目的的,有关行政主体即应解除对行政相对人的强行约束。扣留,即依法扣留嫌疑人、有关物品和证件。这是行政主体为及时制止和查明某种违法行为而采取的一种强制方式。如"对走私罪嫌疑人,经关长批准,可以扣留移至司法机

---

① 详见《中华人民共和国警察法》第8、9条。
② 参见《中华人民共和国治安管理处罚条例》第12条第2款。
③ 参见《中华人民共和国外国人入境出境管理办法实施细则》第15条。
④ 参见《中华人民共和国警察法》第14条。

关,扣留时间不超过 24 小时,在特殊情况下可以延长至 48 小时。"①再如公安机关扣留违反交通规则的机动车驾驶员的驾驶执照等,也属于此类形式。

使用警械、武器。人民警察为制止严重违法犯罪活动,依照国家有关规定可以使用诸如警棍、警笛、手铐、警绳等警械。如遇有拒捕、暴乱、越狱、抢夺枪支等其它暴力行为的紧急情况,可以依照国家有关法律规定使用武器。②

强制检疫。强制检疫一般是由卫生行政机关对可能患有某种恶性传染疾病的嫌疑人,或者可能带有某种病菌、病毒的人进行强制性疾病检疫,以确定其是否实际患有相应恶性传染病或其身体带有相应病菌病毒,以便采取措施,防止其为社会带来危害。③ 如卫生行政部门有权对怀疑有传染病的行政相对人实施人体检查,以便作出相应的具体行政行为④。再如国境卫生检疫机关对入境、出境人员、变通工具、运输设备,以及可能传播检疫传染病(指鼠疫、霍乱、黄热病以及国务院确定和公布的其它传染病)的行李、货物、邮包等物品实行强制检疫。⑤

强制治疗。强制治疗与强制检疫在性质上基本相同,只不过是前者侧重治疗,后者侧重预防。强制治疗是指对患有诸如艾滋病、萨斯、鼠疫、霍乱、某些性病、麻风病、猩红热等恶性传染病的人所采取的强制隔离治疗措施。比如对甲类传染病病人和病原携带者,乙类传染病中的艾滋病病人、炭疽中的肺炭疽病人予以隔离治疗。隔离期限根据检查结果确定,拒绝隔离或隔离期未满擅自脱离治疗的,可以由公安机关协助治疗单位

---

① 参见《中华人民共和国海关法》第 4 条第 4 款。
② 参见《中华人民共和国警察法》第 10 条。
③ 罗豪才主编:《行政法学》,北京大学出版社 1996 年版,第 236 页。
④ 参见《中华人民共和国传染病防治法》第 32 条。
⑤ 参见《中华人民共和国国境卫生检疫法》第 32 条。

采取强制隔离治疗措施①。

行政强制执行,是行政主体不履行具体行政行为所确定义务的相对人采取强制措施促使相对人履行义务,或达到与履行义务相同状态的行政行为。它是行政强制的一种,属于具体行政行为的范畴,其主要目的和作用,在于通过对拒不履行行政义务的相对人,通过一定的强制手段促使其履行义务,或者达到与履行义务相同的状态,从而维护正常的行政秩序,实现行政目标。可见,行政强制执行在行政活动中占有重要的地位,因此,有人称其为行政义务实现的保障。它具有以下法律特征:

首先,行政强制执行以行政相对人逾期不履行义务为前提,这是实施行政强制执行的客观条件。如果不存在不履行义务的事实,行政强制执行就无由实施。对义务人履行义务一般都有时间上的要求,只有在义务人逾期不履行时,行政强制执行才成为必要。如果义务人在法定期限内履行了义务,或履行义务的规定期限未超过,都不可实施这一具体行政行为。②

其次,行政强制执行的内容是行政法上的义务,既包括是行政主体之行政决定所要求的义务,也包括人民法院的判决履行义务的内容。

最后,行政强制的对象具有广泛性。既可以是物,如强制划拨银行存款;也可以是行为,如强制注册商标,还可以是人身自由,如强制拘留等。

关于行政强制执行的方法主要有直接强制、间接强制和强制征收③。有的将其划分为直接强制和间接强制,台湾地区学者著作中也多是这种划分方法。还有的根据行政管理领域范围,将行政强制执行分为:治安管理中的强制措施、经济管理中的强制措施和其他强制措施。根据我国多数学者的观点,参考国外通常划分方法,我们将行政强制执行方法划分为

---

① 参见《中华人民共和国传染病防治法》第 3 条。
② 于安主编:《行政法律行为》,四川人民出版社 1992 年版,第 204 页。
③ 张焕光、胡建淼:《行政法学原理》,劳动人事出版社 1989 年版,第 298~298 页。

间接强制和直接强制两种。这种分类与其它划分方法相比有更重要的法律意义,表现在两个方面:一是按照强制程度大小划分,有利于对不同性质和不同特点的强制执行设定不同的条件和程序,保证行政强制执行行为的规范化和合法实施;二是更有利于按照行政法之义务的性质和特点采取不同的强制方式,实现履行行政法义务之目的。

1.间接强制方法

间接强制方法是指强制执行权的国家机关不通过自己的直接强力措施达到实现行政义务的目的,而是通过一定的间接手段达到上述目的的强制执行方式。它具体包括代履行(代执行)和执行罚(强制金)两种形式。

代履行或称代执行,它是指某项行政义务由他人代为履行也能够达到义务实现之目的,作出行政强制决定的行政主体命令其他人代替义务人履行义务,然后再由行政主体向负有该义务的行政相对人征收相应的费用,这种强制执行方法称为代履行。由于这种行为不是由义务人亲自履行,而由他人代为履行,故属于间接强制。代履行的法律要件有三个:(1)负有法定作为义务的人拒不履行义务,这是基本前提。如果义务人已履行其义务则不发生代履行问题;如果属于不作为之义务,也不存在代履行问题。如禁止赌博仍然为之,其性质与代履行殊不相容。(2)代履行之行为必须是他人可以代为履行的义务。如违章建筑的拆除、公共环境的清理等,都是他人可以代履行义务的行为。但是如果义务人不履行义务,他人又不能代替的,就不能适用代履行,如要求义务人亲自到现场作证或接受身体检查时。(3)必须向义务人征收相应费用。义务人不履行其作为义务,不论是由行政主体本身还是由第三人代执行,均须向义务人征收其费用①。

---

① 管欧:《行政法总论》,台北正中书局1997年版,第474页。

执行罚,亦称罚锾,是行政主体对不履行已生效之具体行政行为所设定义务的行政相对人课以财产上新的给付义务,促使其履行的一种行政强制方法。其条件有:(1)负有行政义务而不履行,而行政机关或第三人不能代为履行;同时,负有不作为义务而为之者,也是课以罚锾的对象。(2)课以执行罚必须有法定数额。(3)行政主体必须具有执行罚的权力。

执行罚与行政处罚中的罚款,在表现形式上是一样的,都是行政相对人向行政主体交纳一定数额的金钱,但是其性质和目的是不同的。行政处罚中的罚款是对违法者给予惩戒,带有惩罚和教育的性质。执行罚则通过强制促使义务人履行义务,而不是以处罚为目的。行政处罚一般是一次性的。行政相对人交纳罚款后,行政处罚即告结束。执行罚是施以行政相对人连续的给付义务,给付金钱和物质后义务仍须履行;如果仍然拒不履行,行政主体可以再作出执行罚的决定,可以连续无数次,直至履行义务为止。①

2.直接强制方法

直接强制方法,是指行政主体在适用间接强制未能达到目的时,或在紧急状态下来不及采用间接强制等其它方法时,对负有法定义务的行政相对人的人身或财物予以实力强制的行政强制方法。

直接强制方法的使用必须以行政相对人义务存在为前提,且使用间接强制方法不能达到目的,或者情况紧急必须以实力直接加以强制。与即时强制相比,虽然都有情况紧急之需要,但是由于直接强制方法以义务履行为前提,因此,二者又是截然不同的方法。

直接强制方法大体上有四种类型:(1)对人身的管束。根据现有法律规定,对人身的管束主要包括强制拘留、强制传唤、强制服兵役、强行遣

---

① 王清云等主编:《行政法律行为》,群众出版社 1992 年版,第 386 页。

反原地和驱逐出境等。（2）对行为的直接强制。大体包括强制许可、强制检定、强制拆除、强制搬迁、强制排污和强制销毁等。（3）对物的直接强制。在我国强制执行中占的比例最大，如强制扣缴、强制划拨、强制抵缴、强制收税、强制退回土地、强制没收以及强制查封、扣押、冻结、变卖财产等。（4）对住宅或其它处所的侵入。如对已查明的卖淫嫖娼和赌博场所的侵入等。

　　直接强制执行是全部执行方法中最为严厉的一种，极易侵害行政相对人的权益，因此，各国为有效保护行政相对人的合法权益，对直接强制的实施条件都作了极其严格的限定①，以避免行政主体滥用职权。

---

　　①　在日本，目前只承认《癫病预防法》第 6 条第 3 款及有关确保学校设施政令第 21 条规定的极少场合，可予以直接强制执行。同时还规定要有告知和听证在内的合法程序。

第十一章　追求效率：公共行政的出发点与落脚点

行政效率,有的称为政府绩效,一直是公共行政学研究的核心问题。尽管该学科流派很多,观点各异,但把行政效率作为研究重点却是共同的。其研究水平,对于降低行政成本、完善行政体制、建设廉洁高效政府、实现公共行政科学化等,都具有重要意义。

一、公共行政效率理论分析

"效率"一词,源于拉丁文,属哲学概念,概指有效因素,人们从一般意义上将其理解为"有效达到目的的适应性和能力"。19世纪,效率作为自然科学名词应用于物理学与工程学领域。这时,其特定意义是指输入能量或功与输出能量或功之间的比率,由于功能转换时要有一部分被摩擦、阻抗、辐射和其他原因消耗,这种比值必然要小于1,因而一般用百分率来表示。

20世纪以来,随着科学管理运动的开展,效率概念逐渐运用于经济界,并引入公共行政领域。形式内容都变得更为复杂了,精确度也不像先前那样清晰。公共行政具有鲜明的政治属性,综合性强,涉及因素多。其行政行为,有的是直接的,有的是间接的;有的是有形的,有的是无形的;既有质的规定,又有量的要求,单纯采用输出与输入量的比值这样一个数量概念是无法衡量其实际效果的。因此,许多学者在不同历史时期对行政效率有不同的解释。

机械效率观。这是借用自然科学解释来衡量行政效率的一种观点。在科学管理时期,效率概念在公共行政领域被广泛应用。一定的行政活动在单位时间内和空间里创造一定的社会效果,同时付出一定的消耗,因而人们把人力、经费、时间看作是决定行政效率内容的三大要素,并以产出与投入、收入与支出、成果与成本之间之比率,作为衡量行政效率高低的主要标准。即,凡是以一定的消耗取得最大社会效果,或是取得一定的社会效果花费最小的消耗,效率就高,反之则低。可见,机械效率观是一种基本的效率测验标准。它的贡献在于把公共行政中的人力、财力、物力、时间和信息的投入与消耗以明确的百分比关系表现出来。但是实践中人们逐渐发现,如要对行政效率精确测度,必须数据齐全、准确,信息沟通渠道畅通,对支出和消耗能随时作出记录,测定标准也必须一致等,而这些是很难同时俱备的。那些不能以数目计量的无形价值因素,如环境保护、文化教育、治安管理、公共福利等,机械效率观更感到无能为力。

功能效率观。功能效率观是把价值工程分析方法引进公共行政的结果。所谓功能效率观,就是公共行政所产生的社会功能的程度。如公共行政中为满足社会公众需要提供的公共服务,经过功能分析就可以分清哪些是必要的,哪些是多余的,从而排除那些多余功能以减少不必要的行政支出。它意味着提供服务的合理化,包括服务结构的合理设计、劳力和物质资源的合理使用等,以求得社会需求的最大满足。可见功能效率是效率概念的扩大,不仅适用于由投入量和产出量进行比较的劳动生产率,适用于由成本与货币收益进行比较的企业管理,而且适用于由耗费和社会效果进行比较的公共行政。根据价值工程分析方法,功能大小与消耗费用的比率可以作为检验与衡量行政效益的标准。即,凡是消耗费用少,所得功能大,行政效率就高,反之就低。功能效率观首先强调的是行政效果与行政目的之间质的对比关系,其次才是行政耗费与社会功能之间量的对比关系;前者是目的方向问题,后者是功能大小问题。根据功能效率质的规定性,可知行政效率是一个非常复杂的综合指标。但功能效率观也有局限性,它对于其中的无形消耗、无形效果,间接消耗、间接效果,尤其是公共行政的社会需要、社会价值,不可能完全利用价值工程分析方法测量计算。

系统效率观。系统科学的发展给行政效率注入新的内涵,即行政效率是整体效率、系统效率。这种整体效果是数量与质量的统一,功能与价值的统一、宏观与微观的统一。它的效率原则是以最少的劳力和费用获得最大的效果,取得整体最优化。系统效率的这种"三统一"是有层次区分的。决策层,主要是通过计划决策、沟通、协调和控制等全局性工作来追求系统的组织效率。管理层,主要是依据上级的决策任务,通过分工合作、指导、检查和监督等职能活动,加强组织与管理,追求经济有效的管理效率,确保组织目标的实现。执行层,主要是执行上级决策,力求以最少的人力、财力、物力和时间来完成工作任务,即为了有效地实现组织目标而追求个体效率。三种效率层次不同,其决定因素也各不相同。组织效率主要决定于有效地制定决策和实施反馈控制;管理效率主要决定于综合协调组织管理能力;执行效率则偏重于操作技术和办事能力。但是这三个层次不管怎样划分都是一个整体,它们彼此相关,互相依赖,又互相制约,只有实现三个层次的效率,才能获得组织的整体效率。

目前,人们对于行政效率尚无统一认识和被普遍接受的理论,但至少在两个方面有一致性:一是行政效率的高低有一定的数量比例,可以作定量分析和对比。在时效上,我们平时所讲的"时间就是金钱,效率就是生命"就是从这个角度出发的。在公共行政中,能否以最短的时间,实现预定的目标,是衡量行政效率高低的重要标尺。量的比例,除时效外还表现在人力、财力和物力的消耗上。消耗量大,取得的成果少,效率就低,反之就高。行政效率量的要求就是力求以最少的人力、财力、物力和时间的消耗,取得尽可能大的效果。二是行政效率有质的规定性,可以作定性分析。它通常表现在社会效益上。因为,公共行政是一种产生社会后果的行为,一切管理都应体现国家、社会和人民的需要。如果公共行政活动忽视其质的规定性,单纯追求速度和数量,不仅对社会无益,有时甚至会给社会带来严重危害。如疯狂的大跃进年代,由于失去理性,方向错误,制定了一系列不切实际的目标措施,导致全国上下片面追求速度,使国民经济很快陷入困境。在近些年的大规模经济建设中,一些地区唯 GDP 是瞻,无视资源环境压力,乱铺摊子、乱上项目,片面追求经济增长速度,经济、文化、社会、环境的均衡性、协调性受到影响。因此,我们在认识和研究行政效率时,必须把行政结果的质量即社会效益放在第一位,在保证正确路线、方针、政策的前提下,再计算其投入产出效益。

行政效率在公共行政中的地位,突出表现在以下几个方面:

首先,提高行政效率是公共行政的核心问题。追求效率是公共行政的出发点和落脚点,它像一根红线贯穿在公共行政的各个环节、各个层次中,是公共行政体系中多种因素的综合反映,是全部公共行政的整体要求。所有国家和地区,不论决策系统、执行系统、信息系统、咨询系统、监督系统;所有的行政人员,不论职务高低、权力大小;所有的公共行政门类,不论财务行政、人事行政、机关管理;所有的公共行政运行环节,不论决策、执行、咨询、监督等等,都要讲求效率,都要以高效率作为各自目标。

其次,提高行政效率是公共行政学研究的宗旨。当今世界,公共行政学流派众多,且观点各异,在行政效率问题上也是如此,如效率的概念、衡量标准以及实现途径等方面都有不同看法。传统学派重视人、财、物、时间、信息投入,行政学派看重公共行政对群众行为影响的大小与好坏,系统学派则更多关注行政过程各个部分的互相协调程度和行政组织的整体效果。角度不同,重点不同,但把行政效率作为行政学研究的核心问题都是共同的、毫无疑异的;同时所有的行政学者也都把效率原则列为公共行政的一项最基本原则。

再次,提高行政效率是提高国际竞争力的需要。当今世界科学技术飞速发展,新技术、新观念不断涌现,国家和地区间的竞争日趋激烈,我们面临的机遇和挑战前所未有。实现中华民族伟大复兴,傲立于世界民族之林,需要对经济、社会、文化各个领域实行科学管理。一个国家和地区,如果重视效率提升,为全社会及时提供有利于运用世界先进技术、有效开发资源的条件,就能变落后为先进,成功实现赶超。否则,就会坐失良机,在竞争中落败。

最后,行政效率是行政改革的客观尺度。我国目前在公共行政领域里的多项改革,无论是调整机构,还是改革干部人事制度,终归都是为了建立和完善与世情、国情、政情、民情相适应,符合现代化管理要求,功能齐全、结构合理、运转协调、灵活高效的公共行政体制。因此,推进改革应当重视对行政效率的测度和评价,总结哪些改革是成功的、哪些是有缺陷的,哪些是促进效率提升的、哪些是阻碍效率提升的,等等,从而使行政管理活动不断得以完善。

二、公共行政的绩效评估

评估和测量行政效率是一个世界性难题,也是我国行政学界最为关注的问题之一。此前,不论是在国外,还是在国内,人们总想找到一个能衡量一切行政行为效果的、超越时间和空间的万能标准或公式,但结果往往是徒劳的。

早在 20 世纪 30 年代,美国一位科学家曾提出一个测量城市行政效率的指标,即用婴儿死亡率来衡量,原因是婴儿死亡率与城市管理许多方面息息相关。这种标准曾为一些人所认同。后来人们发现,城市公共行政的诸多方面与婴儿死亡率并无线性因果关系,婴儿死亡率的减少无论是在成本高的"大政府"国家,还是在成本低的"小政府"国家,都非常接近。"小政府"国家为 6‰,"大政府"国家为 5.5‰。[①] 因而这一衡量行政效率的标准并未能推广开来。

此后人们主张以"质"的方面来评价行政效率,即以人的价值观念作为衡量行政效率的标准。有的认为效率是权力运用的效果,应把权力运用得当与否,是否尽到法律规定的职责,运用法律是否得当等,作为衡量行政效率的标准;有的认为效率是关系协调的结果,因此主张以行政机关人群是否协调一致,是否满足共同需求作为衡量行政效率的标准。这种单纯从"质"的方面来评价行政效率的方法,不仅存在着数量观念的缺陷,而且由于人们价值观的差异,使测量活动易陷入主观分析主义,缺少公正的客观标准,也没有实践的有力佐证。

---

① 克鲁克:《政府与市场》,载《经济学家》周刊 1997 年 9 月 20 日。

20世纪70、80年代,行政效率标准仍然是一个争论不休的问题,有人主张从"能力"角度考察行政效率,有人主张从效果的角度考察行政效率,认为行政效率是效果与消耗之比。无疑,以行政行为的社会效果与人力、物力、财力和时间的综合消耗之比为依据来衡量行政效率的高低,比起用单一标准去考察要合理得多。然而,这一标准对于那些社会效果和费用消耗无法进行准确计算的行政效率的考察,仍然是无能为力的。譬如,一个城市的上访率高低,有可能存在两种情况:一城市是什么事都不做,不触动任何利益,到处死气沉沉,这时不会有太多的上访群体。另一城市拆除违建,加快城市改造,但会触动一些既得利益群体,群访事件就有可能上升。但哪个城市行政效率高是显而易见的。看来不能简单以某一指标数量高低来对城市效率进行排名。同样,如果简单以民警拘捕罪犯数量或侦破率高低来评价治安效率,问题就更复杂。譬如,一位民警一年中未拘留过任何人,但可能存在着两种情况,一是辖区内没有发生过犯罪事件,二是确实发生过许多起犯罪事件,但这位民警无力侦破。不同的思考方向和结论对效率评估结果是截然不同的。

时至今日,人们仍没有找到能够被所有人公认的行政效率测量标准,以至有人武断地说,根本就不存在这样的标准。

三、我国公共行政效率现状剖析

研究行政效率的根本目的在于最大限度提高行政效率,而行政效率的提高首先必须找出影响行政效率的主要因素。就我国目前情况来看,造成行政效率低下的原因是多方面的,概括起来主要有10个方面:

机构不顺。行政组织是执行行政权力的主体,其设置是否合理,职能配置是否科学,职责分工是否明确,直接关系到行政效率的高低。20世纪80年代后,我国对行政机构进行多次改革,取得了一定成效。但是政企不分,部门职能交叉重复,规模臃肿庞大,冗员人浮于事等现象,仍较普遍存在。由于机构层次繁多,职责不清,一些部门本位主义严重,既不主动理事,又想越权、揽权,有利的事相争,无利的事相推,扯皮现象屡见不鲜,环境保护、市场监管、公共服务等领域问题尤为突出。造成这一现象的主要原因,就在于机构职能交叉,职责不清,关系不顺。当然,职业操守和公共精神缺失,也是不可忽视的因素。

角色模糊。我们的政府是人民政府,全体公务员都是人民的公仆,只有认清"我是谁"、"权力从哪里来",才有可能时刻想群众之所想,急群众之所急,解决群众之所需。如果宗旨不明、角色模糊,就会公仆变老爷,信奉"一朝权在手,便把令来行","鱼水关系"就会蜕化成"水火关系"。现在一部分公务员心目中服务意识淡漠,"门难进,脸难看,话难听,事难办",将"公共权力部门化,部门权力私有化","没有好处不办事,给了好处乱办事"。

决策不优。决策是行政活动的方向目标。决策失误,行政付出就会付诸东流,甚至贻害无穷。当前一些行政机关的决策质量还不够高,普遍存在"霍布森选择"现象,没有可资比较的方案。有的不进行调查研究,有的不开展咨询论证。有些决策,因目标错误而南辕北辙,执行速度越快,后果就严重。近些年,光伏发电一轰而上,四处开发,结果产能严重过剩。造成这一现象的原因之一,就是我们在履行公共行政职能时,行政介入太多,市场意识不强,决策主体越位错位。

素质不高。"为政在人"。机关工作需要通过公务员去完成。从某种意义上说,公共行政效率是每个工作人员效率的总和。公共机构的性质特点对公务员的政治素质、文化素质、能力素质、道德素质甚至体格和精力方面,都提出明确要求。从我国当前情况来看,公务员的个体素质从整体上看还不够理想,特别是职业操守,离国家标准和公众期盼还有较大差距。表现在:第一,素质结构不合理。用邓小平的话来说:绝对数字并不算少,问题是构成不合理,缺乏专业知识、专业能力的太多,具有专业知识、专业能力的太少。近几年来,通过各种渠道的再教育,这一现象有所改变,但矛盾仍然存在。第二,效率观念淡薄。许多公务员小农意识严重,对于信息社会"快鱼吃慢鱼"的竞争理念缺乏认识,"慢慢来"、"慢慢想"和"等等看"等口头禅随时可以听到。举手之劳的小事,也是一拖再拖,"小事拖大、大事拖炸",遭网民攻击,为公众诟病。

权限下侵。现在不少领导者事必躬亲,常常从事下一行政层级甚至基层责任范围内的事务,权力无限扩张、延伸,其结果,一是工作信息拥塞,管理跨度骤扩,行政效率下降;二是强化下属的依附依赖心理,抑制其工作积极性的发挥;三是使领导及其机构工作负荷过重,助长机构膨胀。作为一级组织和领导者,应干其该干的事情,包办代替下一层级或下属工作是不明智的,从权责对称的法律关系上看,有时也是违法的。事事统管、事必躬亲是小生产者的美德,但不应成为现代领导者追求的目标。

手续过繁。影响行政效率的一个重要原因是手续过于繁琐。这同两个方面的弊端直接相关:一是机构臃肿,部门林立,造成目标分散,互相制约,谁都有权,谁都无权的现象;二是权力过于集中,地方和基层的自主权过小,需要层层请示,层层汇报。由于以上原因,再加上一些公务员弄权营权、人为地扯皮,使得基层每办一件事情,都要耗费大量的人力物力财力。群众对此议论说,在一些地方办事,关卡林立,庙门太多,"拜佛要拜十八罗汉,盖章要盖一大长串",形象地反映出我们办事手续的繁琐。

工作懈怠。近几年,我们比较重视外部条件的改善,对公务员的思想教育有所放松。讲物质、讲报酬多,将精神、讲奉献少,再加上社会分配不公等原因,助长了公务员队伍的惰性。《人民日报》一位记者曾分别对中央国家机关的8个部委作过考察,发现各部委一周内迟到的人数最少的有124人,最多的竟达371人。另据《人民日报》报道,某省城市抽样调查队在对120个省直机关的调查表明,上班没有迟到现象的只占13.7%,经常或偶尔迟到的人高达86.2%;能在上班5分钟内开始工作的办公室只有52.4%,42.8%的办公室需要15至30分钟后才能开始办公;68%的办公室存在上网、聊天等现象,时间长短不等。

人事不和。俗话说"天时不如地利,地利不如人和"。足见人事关系的重要性。现在人们普遍感到:工作好干,人事难处,好多时间和精力被无谓地消耗在人际关系中。有些公务员习惯制造一些不必要的矛盾摩擦,工作中不配合不支持,相互拆台。有的机关歪风邪气盛行,用人上拉帮结派,任人唯亲;处理具体问题上,缺乏公心,有意袒护。有的机关选配领导班子缺乏科学性,习好气质同构,内部矛盾丛生,甚至连正常例会都难以召开。班子的混乱,影响了一大片,使得下属左右为难,无所适从,效率也就无从谈起。

"文山会海"。行文开会是必要的领导方法之一,而"文山会海"则是行政效率的大敌。在行文上,有的不按层级,越级行文;有的广请领导讲话;有的追求形式,迭发简报……如此,等等。在会议方面,不少机关单位无法应对,有时几个负责人同时出去开会,办公之门常被关起来;有时一个人一天要开几个会,忙着从一个会场赶到另一个会场。据说有一个县的副县长,为应付省里的会议,常年住在省城里,成为名副其实的"会议县长"。就领导机关来说,领导人员要把很多时间和精力花在开会办文上,文秘人员要花很多时间筹备会议、准备材料,感到一年最忙的就是开会、写稿子,根本没有时间搞调查研究,无法发挥参谋助手作用。

手段落后。管理技术和工具是提高行政效率的物质基础。当前,世界科学技术迅猛发展,信息空前膨胀,不少国家机关已全面运用电子计算机信息系统处理公文、传递信息、贮存信息、进行决策,提高了办事速度和质量。有的甚至允许一部分职工运用网络在家里办公,弹性上下班。一些城市道路安装摄像机后,减轻了交警人员的工作负担,提高了交通管理效能,同时,违章行驶现象明显减少,事故发生率大大降低。这些都有效地促进了工作效率提升,降低了社会交易成本。但目前仍有不少机关停留在陈旧工作流程和工作方式阶段,计算机局域网等现代办公手段利用率不高,大量行政人员陷入文牍事务之中,与现代信息社会"气象格局"极不协调。

四、提高公共行政效率的有效途径

关于提高行政效率的途径,国内外专家学者和实际工作者都作过专门论述,内容十分丰富。

其一,改革机构,建立科学高效的行政组织。按照精简、统一、效能原则设置机构,对原来机构进行精简,横向部门遵循分工宜粗不宜细原则进行归类,合并职能相近、相似机构,撤销多余机构;按照结构扁平化要求,简化纵向层次,凡一级能完成的工作不设二级。精简冗员,少设副职、虚职,优化领导结构。讲究体系性和科学性,健全决策、执行、信息、监督四大类机构,改革执行系统过于庞大,监督、反馈系统相对薄弱的状况。协调解决政府部门职责分工问题。当前社会保障、医药卫生、网络监管等领域扯皮现象严重,应吸收各方面建议,鼓励部门之间自行协调解决。这些问题,涉及因素太多,单纯依赖机构编制部门改革推动,不现实也不可能。

其二,提高各级各类公务员素质。提高公务员队伍素质是提高行政效率的基础。无论是从质的方面还是从量的方面看,行政效率的高低都与公务员素质高低直接相关。在同等技术条件、物质条件和同样的工作状态下,人员素质与工作耗费成反比,与工作效率成正比。根据前苏联的资料,1960年—1980年,具有7年制以上教育水平的劳动力在就业人员总数中的比重增加90%,而社会劳动生产率提高了1.5倍,教育水平每提高1%,社会劳动生产率就提高1.4%。提高素质应从两个方面入手:一要严把"进口关",在素质上先作筛选。如果素质好的进不来,差的赖着不走,队伍的整体素质就会日渐式微。当下应严格坚持德才标准,通过公开公平竞争等手段择优录用工作人员。二要重视岗位培训,包括职前培训、调职培训、晋升培训、在职培训等,保证培训效果,鼓励岗位成才。在培训中宜把重点放在两个方面:首先是培训效率观念和效率意识,同时按照分层分类要求加强各种能力训练,如组织能力、决策能力、协调能力、指挥能力和控制能力等,让他们在理论学习和实际训练中全面掌握管理方法和技巧。

其三,加强行政法治建设,完善日常工作制度。依法行政是保证行政效能、提高行政效率的基本前提。公共行政是国家的管理活动,是全体国民整体利益的体现,任何人都不能违背法律行事,这是效率的生命所在。因此,国家行政机关应以完备的立法形式、科学的执法手段和有效的监督措施来规范各种行为,使各级行政机关都有明确的职责范围,做到有法可依、有法必依、执法必严、违法必究。在法律面前没有特权,一律平等。在加强行政法治建设的同时,还必须完善行政管理日常工作制度,如建立完善催办通报制度、请示报告制度、办公制度、考核奖惩制度等。尤其要建立和完善行政责任制和考核评议制,规定每个工作人员的工作数量、工作质量和工作时限,把行政人员的工作表现与其报酬、待遇密切结合,做到分工合理、权责统一、事权明确、奖惩分明,人人尽职尽责。

其四,正确运用激励手段,充分调动公务员的积极性。有些公务员素质较高,能力突出,可工作效率不高。其原因当然是多方面的,但主要还是工作积极性问题。心理学研究表明,人的积极性是同人的动机即需要的设立与满足程度分不开的。人的动机是推动人们完成工作任务的行为力量,这种力量就是激励。对此,美国心理学家弗鲁姆(V.H.Vroom)提出其著名的期望值理论,即激励的力量=目标效价×期望值。在这里,激发的力量是指调动一个人积极性、激发内部潜力的程度。目标效价是指达到目标对于满足个人需要的价值。期望值是指一个人根据经验,判断其行为能够实现某种结果或满足需要的概率。一个人把目标价值看得越大,估计能实现的概率越高,那么激发的动机就越强烈,焕发的力量就越大。根据这一原理,人们在激发下属积极性时必须处理好三个关系:一是努力与成绩的关系,人们总希望通过努力达到预想结果。一个人认为期望概率很高时,就会有信心、有决心,就会激发出强大的力量;如果认为目标太高或太低,就会失去信心,无内部动力。二是成绩与奖励的关系。人们总是期望做出突出成绩后得到奖励。如果只让工作人员做贡献,没有行之有效的奖励办法,被激发的力量就会逐渐消失。三是奖励与满足个人需要的关系。人们总希望奖励能满足个人的需要。为了提高奖励效价,针对不同情况和不同人,应采取不同形式,这样才能最大限度地挖掘人的潜力。国外有句话“快乐的员工才是生产效率的员工”,这是很有道理的。当前调动公务员积极性除运用目标激励、情感激励、榜样激励外,要重视研究信息非对称条件下的激励途径。在公共行政中存在着经济学家所说的“委托—代理”模式。当“委托人”能直接观察和控制其“代理人”的行为的情况下,工作懈怠现象就能避免;而当“代理人”行为不能被及时察知,或当“代理人”隐瞒真情时,工作懈怠现象就难以避免。① 寻求

---

① 詹姆斯·Q.威尔逊:《美国官僚政治—政府机构的行为及其动因》,中国社会科学出版社 1995 年版,第 190 页。

信息非对称条件下的激励手段和途径,是经济学家给效率研究带来的新视角。

其五,积极创造条件,逐步实现管理技术和工作的现代化。"工欲善其事,必先利其器"。管理技术和工具是提高行政效率的物质基础,其现代化程度的高低,直接关系到行政效率的高低。现代社会已进入信息时代,质量高、速度快的信息系统为迅速决策和果断执行提供了最为有利条件。20世纪70年代,美国在预算和财政系统中引入"运作绩效评估系统",以后又运用在人事管理、采购管理、项目管理等领域。这一技术的运用,为公共行政调整组织结构、压平管理层次、效法企业创新提供了可能。如果长期不去关心管理技术和工具的改进,只知一味地使用陈旧手工工具,靠公文上报下发和各种会议来进行管理,那么,我们就容易沉浸在"文山会海"之中,不仅无法及时和准确地获取信息,而且会造成信息的大量积压和误差,从而给执行带来困难。当前,我们要实现管理技术和工具的现代化,最主要的就是要普遍采用电子计算机进行管理,提高信息化水平。量子通信、3D打印等技术已取得重大突破,有可能大规模进入办公系统,新一轮的办公革命将为时不远。要高度重视办公软件的开发利用,通过现代信息技术让每个机构、每个公务员"连"起来、"动"起来。

五、香港海滩饮料包装废弃物的治理[①]

政府在履行它的职能时要使用各种各样的非限制性和限制性手段。这些手段的使用要消耗各种混合资源,同时使团体和个人活动受到不同

---

① 本案例由香港城市大学马克·海勒编写,耿焱提供。在此致谢。

程度的限制。这个案例考察了有关整治香港海滩垃圾污染的效率问题。它提出的重要问题是：政府如何利用自己的权力、地位、财富和组织资源；政府出于负责的考虑是如何影响其手段的选择的。

问题背景

过去 30 年来,香港日益繁荣,居民生活水平有了很大改善。但代价很高。政府刊物《香港 1989》对此曾有过这样的评论："这种日益增长的繁荣,有时是在损害环境的条件下取得的。不经处理的废水排泄到江河和大海,污染的废气直接排到空中,噪音的污染简直无法控制……"

这在过去还不为人们注意,因为首要关切的是使经济迅速发展。但是,今天人们就不能接受这种事实,因为人们的生活水平已经提高,他们希望自己和孩子们的生活更加美好,同时他们也更清楚,长期的污染对环境和人类所造成的后果。

夏季香港十分炎热,居民们都愿意到公共娱乐场所、海滩和国家公园去消磨时光,与此同时,一些娱乐场所出现了乱丢垃圾的问题。一般来看,由于国家公园面积大,收拾那些到处乱丢的垃圾就显得既费财力又困难。海滩上的废弃物相对集中,似乎也容易收拾。

当地管理者提出要努力"保持香港的清洁"。1986 年"环境保护署"受命主要负责执行环境政策,其他各部门进行配合,区委会和市委会也有协助开展这项工程的作用。市政和区域各局、处负责收拾地面上的垃圾,海事处负责收集在海面上漂浮的垃圾,机电工程署负责将这些垃圾焚化处理。

海滩上废弃物及其污染

污染问题是很多海滩都会遇到的问题,有时海滩会因此关闭。同时,很多污染导致水质下降。比如,由于污水处理不当、动物粪便或工业废水的排泄等。很多游客对日益加剧的污染问题也负有直接责任。尽管去海滩游玩的人数正在减少(据 1989 年 5 月 27 日的《南华早报》估计,游客已由 1987 年的 1800 万人下降到 1988 年的 1300 万人)。但是那些去海滩的游客还是随身携带不少污染物,并轻率地把它们遗留在海滩上。

一群居民在给《南华早报》(1987 年 7 月)编辑的信中谈到他们在夏季每星期一看到的景象:早晨,我们在窗前首先看到的整个南湾海滩被垃圾污染的景象。在我们眼前,到处是碎纸、剩菜、器皿、酒瓶、烧烤签、啤酒罐,以及海上随风泛起的令人可怕的棕褐色泡沫。

塑料餐具、锋利的金属烧烤签、碎酒瓶和易拉罐的拉环,都有着某些值得注意的共同特点。第一,它们都能造成伤害,发生在海滩游客中不断增多的受伤事故很多是因此而造成的。例如,在海滩急救站治疗的病例中,有一半以上是由于饮料罐割伤造成的。第二,这些垃圾不仅有碍观瞻,而且会成为害虫的孳生地。长此下去,会使生态遭到破坏。第三,如果那些垃圾的"拥有者"多考虑一下周围的环境和其他海滩使用者的利益,那么,这些垃圾在处理上可能就更容易和更彻底些。

由饮料包装垃圾造成的污染

有几类饮料包装特别引起人们注意:塑料瓶、纸杯和包装盒、铁听、铝听、带塑料套的玻璃瓶等。这些种类的饮料包装都有不同程度的垃圾污染问题。比如,处于经济原因,清洁工愿意收集铝听。但是,丢掉的拉环却常常半埋在土里,给一些不幸踩上的人造成割伤。另外,随地乱扔的铝听随即被拣走,而那些丢入垃圾箱的铝听有可能引起更大的问题。因为,如果清洁工们为了从垃圾中找出这些铝听而翻倒垃圾箱时,就会造成新的污染。

废弃物对环境的污染和对人们构成的潜在危害的确非常令人讨厌,但我们也不能忽视收集、清除和处理这些垃圾所需要的费用。为了使海滩清洁,需要使用各种各样的"工具",这将消耗政府的不少资源。而从整个政府的活动范围来看,资源是有限的。因此,必须在社会公益的范围内分轻重缓急加以利用。

政府在研究问题的种种形式后,越来越关注海滩污染的程度问题。比如,虽然饮料包装垃圾只占一般家庭收集垃圾的极小部分,它们却占有香港附近海滩积聚起来的废弃物中的 25%,在体积和重量上则占所有海滩废弃物的 35%—70%,况且,这些包装垃圾的大部分是不被腐蚀的。事实表明,海滩污染问题将日趋严重,除非清除垃圾的工作能够及时进行。何况,有材料证明,每天光清除由潮水冲到海滩上的其他垃圾就已经十分困难。据《香港 1989》所载:"1 个清洁工和 6 个水婆平均每天在港口要收集 14 吨的漂浮垃圾"。

统计表明,清除饮料包装垃圾的费用要比清除其他垃圾的费用高,而且玻璃瓶不易焚化,这样,大量的玻璃垃圾使香港通常采用的垃圾焚化处理过程的效率大为降低。

如果政府不采取措施,问题可能会变得更严重,特别是当海滩游客不断地从海滩附近的商店和市委会允许的商亭购买那些不能退瓶的饮料时,废弃的包装垃圾就会增多。新工艺的发明,使制造商们生产出一种一次性使用的铁听包装来代替可回收的铝听包装,随着清洁工不再收集这种铁听包装罐,新问题就出现了。看起来新兴的全开口的听包装要比半开口的易拉罐在使用上更方便,但完全打开的铁听更容易造成危险。

不过,仍有一些办法能减少这些问题。过去开展过的"清除垃圾虫"("Lap Sap chung")的运动被证明是成功的。从研究材料可以看出,人们宁愿让垃圾箱空着,也不把饮料罐等包装物扔到里面去,因而,有独特外形的垃圾箱容易吸引人们的注意并鼓励人们的良好行为。

法律赋予环境监督官员助理以上的行政官员都可以对违反海滩清洁规定者施以强制性的手段。如劝告、警告甚至传唤出庭。在 1984 年对随手乱扔脏物者罚款平均为 150 元⋯⋯

引发的思考

假定公共行政委员会原则上同意必须实施新的更强硬的政策来对付废弃物的污染问题,改善卫生条件和美化环境,就必须考虑下列因素:政府的花费、人力需求的局限;对饮料制造商、零售商或消费者产生的代价和后果;公众的一般接受能力(他们可能反对或不希望对目前的状况作任何的改变)。

需要思考的问题:什么样的政策有助于目标的实现? 你建议作哪些

选择？它们主要的"优"、"劣"是什么？假如政府政策通常具有"明确的不干涉主义"的性质,那么你将选择何种替代方案提交最高行政委员会？你考虑过你提出的建议在执行过程中会出现什么问题吗？你认为政策的执行会产生哪些效果？它们将消耗那些资源？

补赘

其他国家和城市是如何处理这类问题：

俄勒冈州:取缔易拉罐饮料包装,并实行饮料瓶押金制。

挪威:对听装饮料课以高税。这种抑制有效地约束了市场机制,使多数听装饮料的销售不景气,同时,销售瓶装饮料可以收取相当高的退瓶押金。国家严格统一了饮料瓶尺寸标准,差不多所有出售的饮料都可以采用可回收的瓶包装。啤酒瓶和软饮料瓶的回收率大约在99%,每个瓶子的使用平均为3次。这样,既降低了产品的价格,又减轻了废弃物对环境的污染。

丹麦:禁止提高听装饮料的生产水平,而啤酒商们则自愿地达成共同使用标准包装瓶的协议。

安大略省:啤酒生产厂使用标准啤酒瓶的做法是由立法来推动的,根据规定,如果两个以上的饮料制造厂使用这种可重复使用的标准瓶,那么支付这些瓶子的保证金将是最低的。这样,同一种饮料,使用标准瓶包装的在零售价上将明显低于新瓶包装的。因此,制造商们极乐意使用标准瓶,因为,这能使他们在销售中获得优势。标准饮料包装罐或瓶的使用,能起到抑制饮料包装瓶生产者开发新工艺,同时降低包装瓶生产的费用,但如果标准化使产品变得难以区分,同样会使销售额下降,因此,在开始标准化活动的地方,牌子对确定不同的产品就有着极其重要的作用。

新加坡:乱扔脏物者必须每周上午9点到"乱扔脏物者特别法庭"出庭。同时,要交付很重的罚款(平均为香港的15—16倍),并非常严格地强迫执行。海滩商亭附近的很多垃圾箱都很漂亮并设计成有趣的动物形状。所有使用烤肉场所(BBQ sites)进行野餐的游客都必须事先预定。在进入公园时,要交出自己的身份证,并领取一个用来装垃圾的大塑料袋。当游客离开公园时,要用装满垃圾的塑料袋换回他们的身份证。

另一些国家采取的措施还包括,社会服务制度与罚款相结合。那些由法庭判为乱扔脏物而破坏公共卫生的人,要在监督下去清扫垃圾数天或数小时。还有些地方在每天的报纸或张贴栏中公布那些因乱扔脏物而被捉住者那种"令人难堪"的照片和他们的名字。

第十二章 公共行政改革的目标取向与价值选择

与经受多次身份争议和生存挑战的行政科学理论一样,公共行政在组织结构、人事管理、决策制定及公共服务等领域也饱经严峻考验。传统行政思想和一些被视为"金科玉律"的古老原则、管理信条的权威性日渐衰落,科层制模式越来越不像以前那样受人推崇了。许多国家面对财政、管理和信任危机,不得不籍助新的思维,在新的领域,寻求新的行政路标、行政模式和发展动力,力图使窘迫的行政活动跳出泥淖、摆脱困境,更富生机和活力。

一、公共行政改革的国际生态

20 世纪后半叶,人类社会逐步从工业社会向信息社会转变,以微电子技术支撑的信息革命将人类带入全球化时代。在这一时代,超级信息符号开始渗透于"大烟囱经济",以此为基础的新文明动摇并改变着传统的政治、经济和社会运行模式。美国学者赖克写道:"我们正在经历一场变革,这场变革将重新安排即将到来的世界政治和经济。到那个时候,将不存在国家的产品和技术,不再有国家的公司和国家的工业。届时将不再有国家的经济,至少是像我们所了解的那样的概念。在国家边界内剩下的将只是构成一个国家的人民。"①伯努瓦也作出大胆判断,指出:"传统的行为方式渐渐降低为一种信仰方式","政治家因此而变得无权,国家也改变了角色……国家作为一个社会调解人,它只能力所能及地管理疆界内的事务。国家地位已降为一个旁观者,就像法庭书记员,他只记录在其他地方所做出的决定,而无权做任何决定。"②正是在这种全球化的强力推动下,世界政治、经济、文化开始发生剧烈变化。

其一,社会利益和价值日趋多元化。思想上的共识在逐步丧失,统一的、普遍认可的标准在不断模糊,"每一种主张、理论、主义、意识形态都可以自成体系,自行其是,自己就是裁判,而不再仰仗传统意义上的'真理'和作为'真理'的载体的那种权威"③。在大工业时期和大众传媒条件下形成的大多数统一意志的民主,已经被信息社会日益凸显的个性化特征所取代,各种社会利益、社会价值和大众媒体必然呈多元化的发展趋势。与此相适应,无数的少数派权力必然会逐步代替具有关键合法性的多数派统治④,用统一的标准和模式来规定或衡量社会成员的观念、行为都已经变得不现实了。

其二,层级政治在范围上不断扩大。超级信息符号的出现,知识、信

---

① 罗伯特·赖克:《国家的作用》,上海译文出版社 1994 年版,第 1 页。
② 阿兰·伯努瓦:《面向全球化》,载美国《泰洛斯》杂志 1996 年夏季刊。
③ 徐迅:《"后现代"景观中的国家》,载刘军宁:《自由与社群》,北京三联书店 1998 年版,第 271 页。
④ 阿尔温·托夫勒等:《创造一个新文明》,上海三联书店 1996 年版,第 92 页。

息日益为更广泛的社会公众所享用,"符号分析员"如雨后春笋,迅速涌现;与此同时,等级制控制力量不断受到削弱,一些大公司超越主权观念限制,大规模地走出国门,遍布世界,等等,这些都迫使国家、地区、世界间的权力结构发生变化,政府与政府、政府与社会间的运作模式、管理理念都面临着前所未有的挑战。

其三,社会诸要素日趋多元化。由于知识的转移、信息载体的分散,社会由单向度向多向度、价值由一元向多元、单位由同质向异质的方向发展,大一统的社会蓝本正在不断地为迅速发展的信息力量所改写。

以上所有变化,都给传统政府带来新的挑战,使其无法继续以组织记忆来推动传统体制的运行,对社会需求的提供也无法在已经积累的知识中找到现成答案。因此,重新思考全球化、信息化条件下的政府管理理念和运行体制,成为当代世界各国政治与行政改革面临的共同课题。

全球化规定了国家的政治限度

全球化是当下世界最为流行的话语之一,影响和改变着包括个人、民族、国家及整个社会结构的存在。它逐渐超出人们的认识限度,以至于难以找出一种权威理论来准确地描述、正确地解释,以及恰当地预测变动着的这种体系①。目前,我们能够看到的是,全球化的结果是权力和影响正在向超国家机构流动,包括国际货币基金组织、世界银行、欧盟、世贸组织、地区性贸易协会等②。在经济和技术力量的推动下,世界正在被塑造

---

① 星野昭吉:《全球政治学:全球化进程中的变动、冲突、治理与和平》,新华出版社 2000 年版,第 23 页。

② 周志忍主编:《当代国外行政改革比较研究》,国家行政学院出版社 1999 年版,第 6 页。

成一个共同分享的社会空间;一个地区的发展能够对另一个地方的个人或社群生活产生深远影响。

当代社会和经济的剧烈变革似乎剥夺了国家政府或者公民控制、掌握或者抵制这种变革的能力,暴露了国家政治的限度[1]。"国家原有的坚固疆界逐渐变得没有意义,并且导致不断变化的生活模式的趋同之势"[2]。这也正是多年来许多国家寻求新的政府替代模式,推进公共行政改革的重要原因。对此,加拿大学者萨维评论说:"全球化的经济要求国家自由裁量权的某种牺牲,把它们让渡给国际机构并服从国际规则。"[3]经合组织也注意到经济全球化必须建立相应的符合国际惯例的行政体制。有人说,中国加入世贸组织后,受到最大冲击的是各级政府,其意涵也就在这里。

有学者认为,全球化就是提倡政府减少干预,成为虚拟国家、虚拟政府。笔者认为,这是有失偏颇的。全球化趋势使国与国之间的竞争空前激烈,各国更加重视增强综合国力和核心竞争力。全球化不是要求政府可有可无,而是具有更高的公共管理能力,更加灵活、高效的运作,对公民更快的回应力,对管理方式更有针对性的变革。

提高国际竞争力的现实压力

"冷战"结束后,经贸问题迅速成为国际政治和国家竞争力的核心。

---

[1] 戴维·赫尔德、安东尼·麦克格鲁等:《全球大变革:全球化时代的政治、经济和文化》,杨冬雪等译,社会科学文献出版社 2001 年版,第 1 页。

[2] Axford, Barrie, *The Global System: Economics, Politics and Culture* (Cambridge: Polity press, 1995), p. 23

[3] 周志忍主编:《当代国外行政改革比较研究》,国家行政学院出版社 1999 年版,第 6 页。

在比较竞争优势概念下,欧美日等国面临着新兴工业化国家经济上的挑战。为了巩固其优势地位,他们以国家机器为后盾,依靠强有力的外交和贸易公共政策支持,促使本国企业保持增长,并顺利地在其他国家获得"经济版图"的扩张。这一目标的实现,与各国政府尽力维持失业率,保持一定的经济增长率,控制国家政权稳定是分不开的。在第三世界国家,政府必须营造政治经济稳定度高、投资风险低的环境,以吸引全球化进程中的跨国公司的进驻,从而提高国家的竞争实力和地位①。因此,"处理国际问题不再是传统涉外部门的唯一职责……所有政府部门甚至地区和地方政府部门,都必须具有追踪、理解和处理国际问题的能力,这些源于国际的问题正渗透到各国社会经济问题的各个方面"②。这也是各国政府为适应新的竞争规律和态势,不断推进公共行政体制改革的重要原因之一。

公众对政府怀疑与期望的矛盾心态

"政府是必要的罪恶",管得越少越好。在这一理论影响下,人们对政府敬而远之,并限制其活动范围,政府作用被界定在国家防务、警备以及不得不承担的公共责任等狭小的方面。凯恩斯主义强政府干预政策的出现,减轻了危机对经济发展的巨大冲击,社会公众对政府的信心有所转变。但是从 20 世纪 70 年代开始,西方各资本主义国家出现了前所未有的经济停滞和通货膨胀的双重"瘟疫",人们对政府重新丧失信心。这一时期,全球化进程不断加快,一国的经济繁荣和政治稳定如果没有公共政

---

① 林水波、陈志玮:《企业精神政府的政策设计与评估》,载《行政评论》1999 年第 2 期。

② *Public Management Development Surrey*:1990,Paris:OECD,pp. 9~10.

策的有力支持,就会很快陷入危险境地;与此同时,福利国家数量不断扩大,公众对政府的期望值更高了,政府在国家事务中的责任越来越举足轻重。他们一方面希望政府公共部门不断提高服务水平;另一方面又不得不增加税负负担。面对公众"工作更好,成本更少"的要求,政府必须以创新思路,围绕提高政府效率之目标,进一步改善服务方式,对传统政府进行大规模改造,提供卓越服务。

工商企业再造之经验的传播

据有关资料统计,西方世界的经济增长速度在第二次世界大战以后不断放慢,20世纪70年代大幅度下滑,而且大中小型企业的平均寿命大大缩短①。与此同时,产品和服务业的商业寿命也在缩短,(即一件商品的使用寿命很长,但是在市场上的商业寿命很短)消费者要求得到更好、更新,价格更低廉的商品和服务的呼声,就像一根鞭子,驱使企业以"革命"的勇气不断创新。于是,一大批目光远大公司,针对工业社会,尤其是早期工业社会所形成的一整套旧的生产经营管理制度及其背后的理念和原则,围绕流程再造,进行了"彻底的"(Radical)和"显著的"(Dramatic)改革。如改革组织结构,促使权力下移,强化消费者导向,加快创新速度,等等。这些举措对政府和公共部门形成巨大压力,他们不得不动手对日益官僚主义化的政府进行改造,以平息公民的抱怨。对此,

---

① 据统计,20世纪60年代的年平均增长率为5%。70年代就下降到3.6%,80年代进一步下降到2.8%。90年代上半期则在2%左右。这些国家在短短的20年间就丧失了60%的增长势头。另有资料表明,20世纪70年代以来,西方中小型企业的平均寿命不到7年,而且其中大约1/3寿命不到2.5年。大型企业的寿命固然要长数倍,但也少于40年。资料来源:迈克尔·哈默、詹姆斯·钱皮:《改革公司:企业革命的宣言书》,上海译文出版社1999年版,第2页。

福·莱茵(Flynn)和史垂赫(Strehl)曾做过评述："80 年代初期,欧洲服务的竞争力不断提高。银行和航空业管制的放松迫使公司为赢得客源展开竞争。这种竞争不仅仅体现在价格方面,而且表现在顾客服务方面。这种情况对公共部门产生了两个方面的影响。第一,它提高了公众对高水平服务的期望值。既然银行能够减少排队和顾客等待的时间,征税员有什么理由让我们在那里耐心等待?既然我们能够通过电脑终端即时买到机票,为什么领退休金需要那么多的复杂手续和函件往来?第二,它向公众表明,服务的提供可以有更好的办法,没有必要依靠官僚们根据他们自己的意愿和便利来行事。"①近十年中,效法企业顾客至上流程之再造理念,改革和重塑政府服务流程成为普遍性举措。

信息技术拉动行政体制创新

人类社会自近代起共经历了三次技术革命。第一次技术革命发生在 16 世纪,它以瓦特发明蒸汽机为标志。这次技术革命属于机械技术方面的革命。第二次技术革命发生于 19 世纪,它以电子技术的出现及其广泛应用为标志,因而属于电子技术方面的革命。第三次技术革命则发端于 20 世纪 40 年代,它以原子能、电子计算机和空间技术等信息技术的兴起和广泛应用为标志,所以被称为"信息革命"。科技革命与政治革命紧密相关,技术革命拉动体制创新是社会发展的一般规律。

信息革命对政府管理的影响是广泛而深远的。信息技术革命导致经济产业结构中农业和传统工业比重不断下降,信息产业等高科技产业的

---

① 周志忍主编:《国外行政改革比较研究》,国家行政学院出版社 1999 年版,第 10 页。

比重不断上升。同时信息革命也使传统的粗放型经济增长方式逐渐失去价值,集约型经济增长方式成为有效的经济增长方式。这些变化,引发了社会层级结构的变革,金字塔式的社会组织结构逐渐被更加扁平化的社会组织结构所取代,从而拉近了政府与公民、社会上层与下层的距离,增强了政府对公民的回应能力。信息技术作为当代科技革命的核心,使知识共享成为可能,也进而促使社会领域知识水平的均衡化,提高了公民的文化素质和信息吸纳能力,增加了公民参与政府管理的可能性和政府满足公民参政议政要求的巨大压力。政府同时也面临着由政府向半政府的转换,面临着由政府向半政府组织、社区、公民、下一级政府单位下放权力的压力。以前只有靠政府才能解决的问题,公民和其他社会组织也能解决。现在公民的素质提高了,政府能办的事老百姓也能办,甚至能办得更好。同理,以前只有中央一级政府才能履行的职能,现在地方政府、基层政府也能履行好。政府有下放权力的要求,公民也有重新赋予权力的需要。

概而言之,信息革命对政府管理的"作用线条是:技术革命—经济结构、经济增长方式变革—社会结构变革、社会需求变革—政府公共管理变革"①。此外,信息技术的发展大大增加了社会事务的复杂性、多变性。因此,"信息时代的来临以及'数字化生存'方式要求政府对迅速变化着的经济做出反应,要求对政府组织及其运作过程作出变革与调整"②。

---

① 宋世明:《美国行政改革研究》,国家行政学院出版社 1999 年版,第 26 页。
② 陈振明:《走向一种"新公共管理"的实践模式——当代西方政府改革趋势透视》,载《厦门大学学报》(哲学社会科学版)2000 年第 2 期。

二、当代政府的财政、管理和信任危机

从中观的角度看,政府职能扩张和规模膨胀所导致的财政、管理和信任危机,成为各国推进行政体制改革的直接动因。

财政收入与公共支出矛盾加剧

早在 20 世纪 20 年代行政学诞生之初,财政问题即成为学科研究的四大要素之一①,并一直沿袭至今。然而,实践中的财政问题却令所有国家头痛至极。由于政府职能扩张和机构规模扩大,各国财政开支持续攀高,部分国家甚至负债累累。寻求改革出路,成为各国政府的共同追求。西方学者普遍认为,严重的财政赤字是世界各国大规模地推进公共行政改革的主要理由,甚至有学者直截了当地称其为"财政驱动"的改革。为什么发达国家和发展中国家自 20 世纪 80 年代以来都无一例外地陷入财政危机境地呢? 这与政府职能的扩张和角色转换有直接关系。

在早期市场经济中,市场主体只是作为生产者的企业和作为消费者的家庭和个人,政府并不介入经济运行过程,只是充当"守夜人"的角色。这时政府的作用仅限于保护社会安全,通过设立司法机构,保护私人所有权和人身权利,以及建立和维护必要的社会公共秩序和公共设施等。进入 20 世纪,尤其是"二战"之后,在凯恩斯主义理论的影响下,

---

① 1926 年,美国学者怀特在其教学讲义《行政学导论》中,就把组织、法规、人事、财政作为教学和研究的主要内容。

各国纷纷强化政府干预,大规模扩张职能,其角色从保护者变为管理者。近20多年来,政府职能仍然呈扩张之势。"这些扩张既表现在新的管理领域(如环境保护、有组织的科技开发、信息时代的特殊管理需求,知识产权保护等),又表现在新的服务职能上(如制定指导性计划、建立经济和市场信息高速通道、帮助企业提高国际竞争力等)"①。正因为政府职能过于宽泛,为了处理不断增加的事务,便不断增加公务人员,而且数量可观。由此导致政府财政负担不断加重,财政压力加大。但结果却与愿望相反,这一时期的政府经济很不稳定,持续走低的财政收入与日益增长的公共支出形成强烈反差,而增税又遭到企业和选民的抵制甚至反抗②,因此,解决财政困难的思维习惯和传统方法,在新环境下已难以奏效。

公共管理和服务效能低下

近年来,政府机构的膨胀,官僚主义的盛行,行政成本的攀升,经济民主的受损,尤其是政府干预经济的不力,使政府日渐陷入管理危机境地。造成这一局面的原因是复杂的,就目前来看,以下几点是十分重要的:

其一,政府之手伸向社会经济生活的每个领域。政府几乎垄断了公共物品的供给,以全能理性履行公共职能。此时,"政府公共行政的价值

---

① 周志忍主编:《国外行政改革比较研究》,国家行政学院出版社1999年版,第13页。

② 以美国为例,1978年6月6日,加利福尼亚州的选民投票通过了第3号提案,把地方财产税减少一半。人们在通货膨胀和公共服务不佳的双重火网下再也不能忍受,抗税运动由此爆发。1982年,各州和地方政府已经失去了将近1/4的来自联邦的经费。同1978年相比,1982年是自大萧条以来衰退最严重的一年,各州政府一下子陷入窘境。参见戴维·奥斯本等:《改革政府:企业精神如何改革着公营部门》,上海译文出版社1996年版,第18页。

取向也必然是政府本位"。① 事实上,政府不是全知全能的上帝,它在公共物品供给和公共事务管理中,效率低下,腐败无能,质量低劣,其"效率"、"质量"和"效果"都难以让公民满意。

其二,政府行为目标与社会公共利益之间的差异性,决定了公共利益代表之假设的非稳定性。政府是由官员构成的,官员也是经济人,有自身利益追求,政府不是一个超脱于自身利益的超利益组织,政府利益往往是政府官员个人利益的内化②。像以牺牲社会长远利益换取自身既得利益的行为,为获得政治资金被某些利益集团左右等等,都是其具体体现,很难根治。

其三,政府机构存在着高成本、低效率的内生障碍。政府是一个非市场机构,其公共支出完全来自于税收,没有硬预算约束机制;同时,确定和度量非市场产出的困难和非市场产生的垄断性,使得非市场生产缺乏"基准线"和终止机制③。此外,由于政府机构是垄断的,提供公共服务的各主体之间缺乏竞争,因而很难激发它们降低行政成本的动机。正是由于垄断,政府提供公共物品及服务所涉及的有关资源和成本信息被控制、隐匿,致使公众和其他社会主体无法对政府实施有效监督。

---

① 乔耀章:《政府理论》,苏州大学出版社 2000 年版,第 197 页。

② 尼斯卡宁和缪勒对政府官员利益如何转化为政府利益曾作过实证分析。尼斯卡宁列举了政府官员可能具有的目标,如薪金、职务津贴、公共声誉、权力、任免权等。参见 Niskaman, W.A. Jr, Bureaucracy and Representative Government, Chicago: Aldine-Atherton, 1971, s38。缪勒亦指出:"正如股份持有者与经理之间形成所有权和支配权的分离而产生了企业的动力和监督问题那样,一个公共机构的产出性质和双边垄断背景造成该领域的动力和监督问题。……为证实使用销售或增长最大化作为企业经理的目标这一做法的正确性而提出的行为证据,可以用作证实关于公共官员方面的预算最大化的假定的正确性。"参见缪勒:《公共选择》,商务印书馆 1992 年版,第 156 页。

③ 非市场产出的特殊性决定了其质量、度量的复杂性,因而其测度标准和测评方法也是不统一的;同时,政府部门的非市场产出又具有垄断性,一旦其被法律和法规确认便难以更正。因此,即便其低效、甚至"失败",也难以有可靠的终止机制予以制止。参见高尚全等:《查尔斯·沃尔夫的市场缺陷理论及其启示》,载《理论导刊》1996 年第 5 期。

其四,政府管理主体的理性预期,导致公共政策失灵。理性预期学派认为,经济当事人都是追求效用最大化的理性人,其经营决策是建立在理性预期基础之上的①。人们能够迅速认识政策制定者的意图,一旦政府制定和发布系统的或能够加以预期的改革,经济实体就会立即采取相应对策把政府政策纳入经济计算中,结果抵销了政策的预期效果,导致公共政策失败,产生管理危机。

其五,政府行为派生的外部性导致管理危机。政府干预社会的主要目的是为了弥补市场机制失灵。然而实际运作中,常常会出现各种难以预料的消极后果,这一现象一般被称作政府行为派生的外部性,其后果必然会将政府善意干预所欲寻求的绩效,被补偿性回馈中的负效应所抵偿。政府行为派生的外部性还有一个突出的表现就是寻租问题。政府的定价行为、行政许可、关税和进口配额、政府采购等,容易产生权钱交易等各种腐败行为,从而加大社会交易成本,降低政府管理效能。

合法性与公信力衰降

公众对政府的不信任由来已久。早在中国先秦时期老庄学派就主张

---

① 理性预期是指经济当事人依据适合的经济模型,充分运用已有的信息做出预期,规避改革,从而导致改革失败。该学派有自己的供给函数:$Y = Y* + h(p-pe)$,其中 Y 为整个经济的产出量,$Y*$ 为正常产出量,h 为常系数,p 为实际价格水平,pe 为预期价格水平。根据总供给函数,理性预期学派得出政策失效命题,如果货币政策是事先公开宣传的,或者能够从货币当局过去的行为中准确加以推测,公众的预期价格水平 pe 就会靠近实际价格水平 p,两者之差为零,Y 等于 $Y*$。这样的货币政策无法影响总产量,因而是无效的;只有当货币政策意图捉摸不定时,pe 才会偏离 P,导致实际产出 Y 对正常产出 $Y*$ 的偏离。但是这种情况属于经济波动,具有破坏作用,同时政策反复无常也是有害的。理性预期学派是从宏观货币政策的角度论述改革无效命题的,但常被学者们作为政府失败的依据之一。

治理天下最好的方式是无为而治,管的最少就是最好。在西方,亚当·斯密在《国富论》中将政府定义为"守夜人",断言国家干预经济的结果,会使劳动从比较有利的用途转到不利的用途上,年产品的价值不仅不会顺从立法者的意志增加,相反还会减少,社会进步也会受到阻碍。只有经济自由,才能促进年产品价值增值,加速社会发展。弗里德曼夫妇也有他们的看法,认为"如果政府随意干预市场,管制企业家,那么繁荣就会变成萧条,进步就会变成倒退,所有的人均将陷入贫困。"①沙尔顿(Arthur Seldon)对政府更是充满敌意。他说:"在市场过程的引导下,即使恶人也会行善,而在政治的引导下,即使善人也会害人……目标不是以含混不清的政府职能原则为基础的'有限国家',而是以政府应该只做到必须做的事之原则为基础的最少限制的国家。"②政府无效率、不负责任和易于腐败,社会要尽可能地敬而远之。布坎南从个人主义方法论的角度,把政府分解成单元个人来加以研究,认为"自利"是人类行为的出发点,政治家及其所雇佣的人都是为自己利益服务的,他们首先考虑的不是公共利益,而是个人私利。大政府正是自利者在公共领域里理性选择的结果。人们应当利用宪政制度,把政府限定在最低的层面上,人们有理由不信任政府。美国学者穆里·N.罗斯巴特在1978年出版的《一种新的自由:自由至上主义者的宣言》一书中,对政府进行了猛烈抨击。他认为,政府是自由的敌人。任何人都无权运用强力威胁任何人,或者侵害他人的财产权利。政府就是实施这种侵害的主要力量。"国家难道不是有组织的盗匪吗?征税难道不是大规模的、不受制约的偷窃吗?……如果你要知道自由至上主义者如何看待国家及其行为,你只要把国家想象成犯罪团伙,就会明

---

① Milton Friedman and Rose Friedman: *Free to Choose: A Personal Statement*, New York: Harcourt Jovanovich, 1980, pp. 60~61.

② Arthur Seldon: *Capitalism*, *Cambridge*, Mass. Basil Blackwell, 1990, p. 239.

白自由至上主义者的所有态度。"①以上学者对政府的怀疑、评判、指责，都是从政府职能的角度来进行的,但它们并不影响我们对政府信任危机问题的认识;同时,这些理论也会影响社会公众的看法和信心。

从实践层面上看,人们对政府的怀疑、抱怨和批评更是不绝于耳。在美国,公民对政府的信任降到历史最低点。20世纪80年代后期,接受民意测验的人中只有5%的人把在政府工作作为中意的职业。联邦高级雇员中只有13%的人愿意把公共部门作为未来的职业。有将近75%的美国人认为目前政府给他们的东西在比例上不如10年前多。一些管理和服务系统问题愈来愈多,公立学校质量被认为是发达国家中最差的,医疗保健系统几近失控,医院和监狱人满为患,用奥斯本等人的话说,好像大大小小的政府都同时开车撞到了墙上,政府已到了问题成堆的地步,人们对政府普遍持熊市看跌的态度。其他国家类似的问题也是层出不穷。在英国,1979年公民对公共管理的满意率仅为35%,不满意率高达54%。

导致政府信任危机的原因是复杂的。但运行成本高,公共服务质量下降,官僚主义猖獗则无疑是其原因的主要方面。随着知识经济和信息化、网络化的来临,公民素质不断提高,公民了解政务的渠道更加畅通,手段日趋多元化,对政府的要求更加严格,公民参政的要求更加强烈。面对政府的财政危机、效率低下、贪污腐化、官僚作风盛行等诸多现象,公民对政府的不满情绪日益高涨,这必然加重政府的"信任危机"、"合法性危机"。

在宏观上不可忽视的是,信息化进程的推进,政府的可控型、统治享

---

①　Murray N. Rothbard: *for a New liberty*: *The libertarian Manifesto*, New York: libertarian Review Foundation,1978,p. 236.转引自毛寿龙等:《西方政府的治道变革》,中国人民大学出版社1998年版,第39页。

用型信息资源已经逐步在均衡化中共享,"长上合一"的威权政治日益为知识化推进的民主政治所取代,政府权威呈日益衰减的趋势。在发展中国家滥用权力、腐败成风,也是导致政府信任危机的重要原因之一。用《红楼梦》的话说,除了门口的两个狮子外,贾府里没有一个干净的东西。如果公众普遍对政府持这一看法的话,政府便陷入"塔西佗陷阱"[①]而无法自拔。因此,"提高公民对政府的信任度,重新确立公共行政在人们心目中的'合法地位',成为西方国家行政改革的一个重要动力和目标"[②]。

三、官僚制的绝对理性和内在矛盾

全球化、民主化、信息化和人本化所带来的灵活性、创造性和快速反应性,以及公民自治性能力的增强,使得被称为人类社会最为成功发明的官僚制的固有缺陷日益暴露出来,改革官僚制,建立崇尚创造且具有鲜明个性和旺盛生命力的新的政府运行机制,成为当今社会公共行政改革的必然要求。

官僚制性质与特点的再认识

官僚制,又称科层制,是人类社会组织建构的伟大发明,"是一个自

---

① "塔西佗陷阱"得名于古罗马时代历史学家塔西佗,其意是指当政府失去公信力时,无论说真话还是说假话,做好事还是做坏事,都会被认为说假话做坏事。

② 周志忍主编:《西方国家行政改革比较研究》,国家行政学院出版社 1994 年版,第 16 页。

成方圆的独立的体系——一种社会组织的特殊形式"①。它深深地植根于人们心中,并制约人们情感上的认同,"它作为一种组织原则","赋予工具理性在人类事务中至高无上的地位"②。在大工业社会为人们提供了相对稳定的组织载体和行为规范。其性质和特点,英国学者约翰·基恩在马克斯·韦伯的基础上曾作过精辟而详尽的论述③。

官僚制是一整套始终如一的、在方法上有准备的和严格执行的指挥和服从关系。在这种等级组织体制内,上下级关系有严格规定,下级必须毫不动摇地和毫无例外地去执行指示、命令。这是一种客观的权力矩阵关系,其结构中的每个人都将当作需要命令和只需要命令的人那样无名无姓地受到非政治化的管理。下级只能处于被动和"奴役"的地位,只能依靠上级的首创精神和解决问题的能力来处理各种事务,"只有处在金字塔顶端的人才能掌握足够的信息而做出熟悉情况的决定"④。显然,这种体制是藉助下属停止一切个人批评,被动地去服从和崇拜权威支撑起来的。对下级来说,如果他们脱离组织就会感到忐忑不安、无依无靠,只有变成组织的人,才能有归宿感。

官僚制的等级从属关系是按照复杂任务或职务分工来体现的,在内部,人们说话、相互交往和工作人员的劳动都要受到自上而下的、行政分割的影响。每一个层次和领域都被分成各自独立的几个部分,由特殊的规范来约束。这些规范详细说明机构内部各个层次或工作岗位必须具备

---

① 詹姆斯·Q.威尔逊:《美国官僚政治——政府机构的行为及其原因》,中国社会科学出版社 1995 年版,第 1 页。

② 里查·A.福尔柯:《追求后现代》,载《后现代精神》,中央编译出版社 1998 年版,第 126页。

③ 参见约翰·基恩:《公共生活与晚期资本主义》,社会科学文献出版社 1999 年版,第 29页。

④ 戴维·奥斯本等:《改革政府:企业精神如何改革着公营部门》,上海译文出版社 1999年版,第 16 页。

的资格和应尽的义务。如处于官僚体系中的公务员是一种专门职业,必须经过专业培训;所有的公务员都要按照他们在组织内的地位获取薪水报酬,等等。

在管理中具有明确的非人格性。官僚制的各种权力关系都是刻板非个性的体系,受一般规则的指导,这些规则必须百分之百地和始终如一地适应每一种情况。一切活动都必须在规则的约束下进行;灵活性、个性化处理问题的做法都会被拒绝和否定,也就是说,官僚们不能随意地按照他们认为适宜的方式来处理问题,每个人都必须纳入到知识的大型法人群体中,所以,有人将其讽刺为"由天才设计、让痴呆者操作的体制"。

官僚制机构利用其技术优势居于支配地位。利用这种优势,官僚制机构能够自如地应对复杂的外部环境。正如马克斯·韦伯所言:"推进官僚主义制度的决定性理由一直是超过其他任何组织形式的纯技术性优越性……精确、速度、细节分明……减少摩擦、降低人和物的成本,在严格的官僚主义治理中这一切都达到了最佳点"①。"行政任务的发展永远是行政管理官僚制度化的适宜土壤"②。"不管人民对官僚制度的弊端发出多少怨言,但如果存在着哪怕片刻的幻想,意味着持续的行政管理工作,除了通过办公机关工作的人员去进行外,可以在任何其他地方去完成,那将是一种十足的幻想"③。事实上,在一个大机器时代里,有什么能比把机构本身建成"社会机器"更让人接受的呢?④

的确,官僚制在很长时间内一直受到人们的青睐。特别是在经济大

---

① 戴维·奥斯本等:《改革政府:企业精神如何改革着公营部门》,上海译文出版社 1999 年版,第 16 页。

② 戴维·奥斯本等:《改革政府:企业精神如何改革着公营部门》,上海译文出版社 1999 年版,第 16 页。

③ 戴维·奥斯本等:《改革政府:企业精神如何改革着公营部门》,上海译文出版社 1999 年版,第 16 页。

④ W.E.哈拉尔:《新资本主义》,社会科学文献出版社 1999 年版,第 29 页。

萧条和两次世界大战的严重危机时期,这种体制运转得十分有效。为工业化国家的快速发展起到了不可低估的作用。"二次大战"以后,出于建设一个强大而稳定的政府的需要,许多国家尽管体制差别很大,但仍然把官僚制作为他们建设政府的基础。① 他们强调中央集权,建立各阶层的组织结构,实行严格的专业分工,不断完善各种法律规范,等等,使国家逐步成为"国民组织化"的国家。这种组织体制促进了经济发展,保持了社会稳定,满足了工业化时期人民需要和期望的基本、简朴、千篇一律的服务,使公众获得了公平感和平衡感。由于彪炳千秋的业绩,官僚制在长期历史发展进程中成了政府效率的代名词,也得到了人们感情上的普遍认同。

信息社会官僚制政府的内在矛盾

严格的各层级的等级制线性形组织结构,导致机构膨胀、信息阻滞、信息失真率高。官僚制的核心特征之一就是纵向分层。组织有上下之分,人员有高低之分,一级管一级,一级对一级负责,上下按部就班,节制严明,标准统一,这对于增强上级对下级及公众的控制力,减少上一层次的管理幅度,提高政府行为的可靠性,等等,都起到了积极作用。但是,这一体制主要适应的是大工业时代模式化、标准化、慢节奏的工作和生活需要,而在以计算机技术推动下的信息社会,这种组织形式则逐渐成为阻碍

---

① 在这一时期,既有君主立宪制国家,也有民主共和制国家;既有单一制国家,也有联邦制国家;既有内阁制政府,也有总统制政府。从执政党来说,不管哪一个政党,都无一例外地按照官僚制的要求来构建其组织体制。参见张尚仁:《当代行政改革趋势析论》,载《华南师范大学学报》(社科版)1998 年第 5 期。

经济社会发展的低效能载体。当今社会经济生活的节奏不断加快,行政对象越来越具有动态性、灵活性和不可控性,政府必须更加高效、灵活、积极主动。而传统行政范式下的详细完备的规章制度扼杀了行政人员的积极性、主动性和创造性,行政人员抱着"不求有功、但求无过"的心态,日趋保守、胆怯,缺乏进取心和创新精神。下级必须仰仗上级的大脑来思考问题,下级只能被动地对上级负责,这势必造成政府机关对公众和社会的需求缺乏回应性和及时性,而这一点又恰恰是信息社会组织的致命弱点。

官僚制政府对法律制度的过度推崇,与信息化时代的创新取向格格不入。官僚制政府对理性和效率无尚推崇的结果是通过细致全面的法律制度扼杀千姿百态的个性。各种法律规范就像是一部程序严格的机械钟,时针、分针、秒针,大齿轮、中齿轮、小齿轮都必须事先按照一定的规则固定下来,大齿轮转动一圈,中小齿轮转几圈都不能有丝毫误差。它在动态中将理性推到了至高无上的地位,把千差万别的个体安置到一个固定的机械上,限制在狭小的范围内,它排斥竞争,无法激发社会各阶层、各领域的主动性、创造性。这是一个地地道道的缺乏灵活主动精神、创造精神的刚性系统。如果说在循规蹈矩的现代大生产条件下,该体制能够使各种控制型管理井然有序,富有效率,然而在一个追求灵活、崇尚个性、避免雷同的信息社会条件下则必然成为经济社会发展的不利因素。

强烈的专业技术崇拜和细微固定的专业分工使政府功能日益退化。后现代理论认为,当代世界的错误在很大程度上同强制性地将整体分割成若干片断、个体有关。这些划分出来的"边界"变成了冲突的滋生地,如对种族、阶层、宗教、意识形态、性别、语言、年龄和文明的划分等等,导致连绵不断地暴力和苦难事件的产生①。这种人与世界、人与人、事物与

---

① 理查·A.福尔柯:《追求后现代》,载《后现代精神》,中央编译出版社1998年版,第127页。

事物之间分割对立的现象,随着官僚制的建立和"完善"出现在政府领域,在"政府与民众、政府行政机构内部以及每个管理者的人格内部"等领域体现出无所不在地分裂①。由于过度强调技术性和专业化,部门划分越来越细,部门数量日益增加。由于被隔离,各个部门之间分工而不合作,相互制约,相互扯皮,像一个个"鸽笼",形影相吊、隔"岸"相望,"部门之间错误的交流、误解、调节、电话"等扯皮挚肘的事件不断发生②。并"造成袖手旁观、人心涣散以及背后活动,在这种情况下,就不可避免地埋下邪恶并滋生管理成本"③。这种"鸽笼"无休止扩展的结果,便是我们在当今政府中到处可以看到的部门林立、重叠交叉、相互推诿、臃肿庞大、官僚主义猖獗等现象。

责任保障机制日渐丧失功能。部门过度分割必然导致各自为政、互不通融。就像筐中螃蟹,你钳住我,我拉住你,谁也不能随意动弹;就像钟表里的齿轮,我动几下,你动几下,谁也不能多动、早动。他们不必担心单独负责问题,因为最小的责任单位只能是一个系统,一个整体。最终,这种机制必然滋生出一大批得过且过,不求无功、但求无过的人。

对官僚制的批评由来已久。早在 1967 年就有学者指出,"在未来的 20~25 年间,我们将为现在的官僚制送终"④。但时至今日,官僚制仍然普遍存在,且有人预言"永远不会消失"(杰斯科,1990)。其原因,主要在于各国行政生态环境的差异导致官僚制发展中的不平衡性,处于计划经济的国度与处于市场化的国度,处于传统社会与处于信息化

---

① 波林·罗斯诺:《后现代主义与社会科学》,上海译文出版社 1998 年版,第 128 页。

② 麦克尔·哈默著:《超越改革:以流程为中心的组织如何改变着我们的工作和生活》,上海译文出版社 1998 年版,第 33 页。

③ 麦克尔·哈默著:《超越改革:以流程为中心的组织如何改变着我们的工作和生活》,上海译文出版社 1998 年版,第 33 页。

④ W.本尼斯:《未来的组织》,载《公共行政学经典著作选读》(国家行政学院内部编译),第 386 页。

的现代社会,所得出的结论都不会相同。但可以肯定的是随着信息化、全球化进程的加快,官僚制走向式微和被根本性改造的道路是不会逆转的①。

四、当代公共行政改革的理论基础

行政改革的驱动力直接来自于政府财政危机、信任度的下降和管理的低效。但并非有了动力就能产生改革的现实。它同其他所有的改革一样必须在科学理论的指导下进行。20 世纪 70 年代以来,公共选择、管理主义、新联邦主义和新合作主义等理论流派相继走出理论沙龙进入管理领地,对行政改革产生不同程度的影响,其中影响最大的是公共选择和管理主义,有的学者称之为当代行政改革的主导理论②。关于公共选择理论,前文已有详细论述,这里着重介绍一下管理主义理论。

管理主义(Managerialism),可分为工商管理主义和公共管理主义。前者一般统称为管理理论,后者多以新公共管理(New Public Management,简称 NPM)命之。

工商管理理论对公共行政改革与发展的影响由来已久。早在 19 世纪末 20 世纪初,由于等级制过程和惯例等官僚制特征的一致性,泰罗的科学管理成果就被广泛地引入公共行政领域。如将"作业分解法"完善转化为"行政目标分解法",将标准运用于官僚组织庞大体系中的各个部分,等等,使公共行政从经验管理转向科学管理,使追求效率成为政府管

---

① 有学者认为,当前中国是官僚制不足,而非官僚制冗余,当务之急是完善官僚制。
② 周志忍:《当代西方行政改革与管理模式转换》,载《北京大学学报》1995 年第 4 期。

理的着眼点和落脚点①。正如博兹曼(Bozemen)所述:"科学管理理论"在公共行政实践和政府研究中具有很大的影响……由于对科学管理和科学原则的信奉,其理论迅速扩展并得以流行,其对公共行政及其人员的影响也达到了顶峰。

到20世纪30年代行为科学时期,传统管理的效率观和经济观在实践中逐渐暴露出不足,如绝对不变的管理原则,把组织当作静态的机器,严格的等级制度,非人格化的管理,过分追求组织结构和法律法规的完善,孤立地看待组织,忽视与外部环境的关系等,不仅使工商企业界的劳资矛盾日趋激化,也使政府管理效率明显下降,经济危机程度加深。用新的理论指导日新月异的管理实践,成为工商管理和公共行政面临的共同课题。

人际关系学派揭示了工作群体的社会关联因素在管理中的作用,推翻了传统科学管理时期的许多假设,切斯特·I.巴纳德(Chester I.Barmard),以其协作系统理论丰富了行为科学内涵。赫伯特·A.西蒙吸收行为科学、运筹学、计算机等学科理论,从人的角度研究组织行为问题,其有限理性决策理论对公共行政决策的科学化起到了直接作用②。自20

---

① 泰罗认为,完成特定任务"均有"一种最好的方法,要努力通过减少疲劳,使工人能适合工作需要以及刺激性的工资制度和奖励计划等,最大限度地实现个人发展,并进而提高工作效率。泰罗还对计划职能和执行职能的划分进行了有益探讨,提出管理部门应承担起"科学管理原则"四种责任,即,用系统的更为科学的测量方法和个人工作要素的管理方法取代旧有的单凭经验完成工作的方法;对职工的录用和管理进行科学研究,努力使其适才适用;通过工人的合作保证各科学原则的有效运用;合乎逻辑地划分工人和管理部门之间的工作角色和工作职责。这些理论,都被泰罗的后继者们广泛地运用到公共行政中。

② 西蒙对公共行政的突出贡献是对决策问题的研究。他认为,管理就是决策。决策过程和决策行为存在于一切组织的管理过程之中。任何实践活动,无不包含着决策制定过程和决策执行过程。管理者是在"有限理性"的范围内运用相对简单的经验方法,按照"注意原则"挑选决策方案并进行决策的人。同时,西蒙还在《行政管理格言》一文中,对传统管理理论进行了批判。他认为,构成行政管理理论的大多命题和原则都具有格言性质,格言虽然便利,却存在严重缺陷。因为它们常常是成对的出现,且相互矛盾。可以说,西蒙是对公共行政改革和发展最为直接的管理学家之一。

世纪 60 年代起,以原子能技术、空间技术、电子计算机技术为标志的第三次科学技术革命,尤其是系统论、信息论、控制论的广泛运用和发展,使开放观、环境系统观、投入产出观在管理领域的确立,极大地促进了工商管理的科学化、定量化、现代化,也同时为公共行政科学化提供了理论支持和技术储备。这一时期对公共行政影响最大的流派是卡斯特(F.E.Kast)和罗森茨韦克(J.E.Rosezweig)的系统组织理论、利克特(R.Likert)的新型人类组织观和孔茨(H.Koontz)的权变观等。他们的理论观点被广泛地吸收到公共行政领域,在以后的政府管理与改革中普遍重视行政的生态环境变化,注重"输入"与"输出"之间的转换平衡,不断强化行政反馈和监督职能,加快行政分权和地方自治进程,使因时、因事、因地制宜的权变观深入人心,等等,这些都是与企业管理的理论突破和技术发展分不开的。

新公共管理(New Public Management,Hood),或"管理主义"(Managerialism)、"后官僚制典范"(Barzdlay)名称上的差异,反映出概念的模糊和语义上的分歧,正如周志忍所言,"管理主义虽贵为'主义',却没有一个系统的理论体系和概念框架"。"它仅仅是公共行政的传统规范与工商企业管理方法的融合","严格说来,管理主义构不成一种'主义',也很难说是一种理论,它不过是当代公共管理的一种时尚"。不论是将"新公共管理"看做是一种理论,还是视为一种"时尚",其对政府公共行政改革的影响却是显而易见的。

管理主义认为公共部门和私营部门具有相互融通的组织和激励雇员的人事机制。与公共选择抱怨公共组织缺乏公共利益意识不同,管理主义不刻意强调公共利益的所谓特殊性,认为公营与私营部门之间不存在实质性的差别。私营部门许许多多行之有效的管理思想、管理方法和管理手段,如适应生态变化的灵活组织形式,重结果不重过程的管理着眼点,灵活的人事制度以及目标管理和全面质量管理等,都可以运用到公营部门当中来。

事实上,在缺乏国家传统的"无国家社会"里,公共组织一直未中断过借鉴私营企业的思想和技术。胡佛委员会甚至请求总统要更像一个主要公司的经理。尽管管理主义影响很大,但其理论并不系统,因此很难作出更加完整、系统的分析。

把管理主义理论作为公共行政改革的基础遭到多方面的批评。有学者认为,经济学是一门有缺陷的社会科学,将其作为理论基础应用于管理主义是有局限性的;也有的学者认为,公共部门与私营部门毕竟是有差异的,公共部门模仿私营部门重视产出的变革必定会遭到挫败;还有学者将管理主义视为"新泰勒主义",它不仅不是新东西,而且与人际关系理论相抵触,等等。这些不同意见说明,"管理主义"的确还不是一种系统化的理论,作为一种思想基础仍然需要不断丰富发展。

五、当代公共行政改革的目标趋向

为改变以一致性、形式化和以中央监控为传统的官僚体制,西方各国开展了全方位的、富有创意的改革活动,其改革趋向和具体内容突出地体现在以下几个方面。

调控替代直接提供服务①

20 世纪 30 年代以前,许多"公共"服务是由非政府机构提供的,表现

---

① 参见戴维·奥斯本等:《改革政府:企业精神如何改革着公营部门》,上海译文出版社1996 年版,第 4 页。

最为普遍的是宗教团体、种族协会和街坊文教馆等领域。但是美国进步党人和新政拥护者认为,政府雇员应当承担起大多数的服务内容。他们对宗教团体和其它民间组织排斥信仰和种族不同的人的倾向表现出极大不满,发誓要刹住使政府名誉扫地的承包制度所带来的普遍贪污腐败歪风。于是,他们把绝大多数社会事务毫无选择地揽到政府名下。政府也由此成为收税员和提供服务者。久而久之,这种角色被逐步强化,使政府陷入"划桨"的困境,做了许多做不了、做不好、舍本求末的事情。

现在西方越来越多的有识之士认为,政府应回到"掌舵"位置上来,并把重新塑造市场作为主要途径。如通过提高污染代价,收取污染费或者征收绿费来防治污染;以税额减免为条件劝说公司雇用穷人;以新的手段促使新的金融机制的形成,等等。总之,他们总是不停地向私人部门施加各种可行和有利的影响让其"划桨"。有人估计,通过改变市场,政府可以具有比传统行政大一百倍的影响。首先,它有助于使政府成为政策的制定者、催化促进者、牵线搭桥者。其次,它有助于政府自由挑选最有能力和效率的服务者,使它们花同样的钱能够得到更大的效益,使它们能充分利用服务提供者之间的竞争保持最大限度的灵活性;同时还有助于它们建立以高质量工作表现为目标的责任制。第三,它有助于政府促进试验和从成功中学习。私营部门的竞争必定以具有新方法、新技术、新设想的机构的胜利而告终,它们成功的经验无疑对政府有重要的借鉴意义。最后,它有助于政府在进行"采购"时提出更加全面的解决问题的办法,使问题从根本上得以解决。

由强化干预转变为放担子、卸包袱

这是各国政府职能界定的总原则。它主要通过非国有化,即国有企业和公用事业的产权转移,由市场或社会来承担其生产和服务功能,从而使政府达到放担子、卸包袱的目的。这虽非新的创造,但其涉及的范围十分广泛,特别是它所具有的超意识形态特征引起各国行政学者的高度重视。放担子、卸包袱的主要实现形式是将国有企业产权,通过抛售、销售、股份等方式最大限度地转化成私有企业,或多种所有制形式的实体;最主要的是管理权的转移,即将国有企业交给私人经营,企业的所有制性质仍是国有的,有人把这种形式称为"管理私有化"。它具体通过三种方式来运行:一是管理合同制。政府与私人企业公司签定合同,然后让私营企业管理国有资产,进行生产经营,政府付给一定的企业利润。二是管理租赁制。这种手段与合同制在经营权上是一致的,所不同的是要承担一定的经营风险,其实这是在合同制基础上的一种发展。三是管理让利制。这实际上是发展的租赁制,它是在合同的基础上承担经营风险和责任,所不同的是合同时间更长,租赁人要在投资、技术改造、员工培训等长远规划方面承担更大的责任。这是政府卸包袱更彻底的一种表现。非国有化的原因很复杂,但主要是为了追求效率,减轻政府管理负担,促进资本市场的形成,改变企业对政府过度依赖的局面。

由重投入、重规章转移到重产出、重结果

乔治·巴顿将军说过,"决不要告诉人们如何做事。告诉他们,你希望他们做到什么,他们的独创性就会令你吃惊。"然而许多政府常常忽视这一点,甚至反其道而行之。"政府的大多数工作就是颁布各种规章制度,对各种抱怨作出反应和执行法律等","每位政府官员总是喜欢用法律规章制度限制下属可以做什么,不可以做什么,每一项决策和计划都是在严密的条例罗网中进行,高级文官能够说出决策或计划的确切程序,却在管理运行过程中忽视了他们的初衷。其结果是,他们仅仅是学会遵循每一项规章,花掉预算分解的每项资金,但对结果和收益毫不关心"①。西方国家的改革已经或正在力图改变这一弊病。美国联邦政府废除长达近万页的《人事手册》,成立"日落委员会",通过《日落法》②,使规章和各类项目减少至最低限度。它明确规定各个机构的使命和目标,评估这些目标的实现程度,制定出奖励成功组织机构的预算制度和薪金制度。过去重投入的管理趋向使下级组织很难致力于工作表现的改进,当重视结果时,他们就不得不将工作重心放在最终的效益、效果上了。

---

① W·E.哈拉尔:《新资本主义》,社会科学文献出版社 1999 年版,第 19 页。

② 指美国联邦政府清除过多过时的规章条例的组织和法律。法律规定:联邦的每一项计划和规章条例未作重新授权,7 年后即不再存在。日落委员会审查、决定是否应给它们重新授权,然后向总统和国会提出建议。

人事管理制度由僵化转向灵活

公务员制度最早是为废除恩赐制、分赃制等具体不正当行为而创设的。它的主要功能是为保持社会公平和政治稳定。然而,这一制度发展到今天,一味地注重程序、讲求公平,忽视政府的最重要追求——效率。许多国家逐步感到,在信息化时代,传统的公务员制度已经成为阻碍社会发展、制约管理效率的严重障碍。因此,近 20 年来公务员制度经历了一场深刻的变革,一些重要原则和核心特征正逐渐被淡化。其一,由于临时雇用制、合同用人制等一些新制度的推行,传统的文官法规定的"常任文官无大错不得辞退免职"的原则以及由公务员永业原则长期孵化产生的"铁饭碗"被打破。其二,政治中立原则名存实亡。1907 年,政治中立正式成为美国联邦机构人事制度的一个重要特征,然而罗斯福主持修改的条例却又明确允许竞争性机构以外的雇员有权就所有政治问题私下发表自己的看法。1993 年美国国会和参议院以政治中立使公务员成为二等公民为由,两次通过了雇员政治权力法案,且得到总统克林顿的认可。这意味着事务类公务员参与政治有了法律依据。其三,独立管理原则开始动摇,政府人事管理权不断强化。公务员管理权一般归独立的文官委员会负责,但改革使文官管理权逐步削弱,公务员的录用、选拔、晋升权逐步转移到政府部门及其政务官手中。有些国家甚至取消独立的文官管理机构①。同时,政府人事管理机构的管理重心也由内部的专业管理转化为综合性管理,如内部宏观控制(编制、预算)、公务员的权利争议裁决、激

---

① 1979 年美国撤销文官委员会,其职能分别由新成立的人事管理总署(简称"OPM")、功绩制保护委员会、联邦劳工关系局(FLRA)等机构行使。

励机制的完善、人力资源的开发,等等。①

由官僚政治需要转变为顾客需要

企业的利润来自于顾客,因而它们懂得如何在竞争环境中对顾客利益予以关注。而公共行政机构各部门的消费品分配主要控制在议会和民选的其它委员会手中,因而他们始终把一些行政部门和立法机关当作自己的顾客,并尽力取悦于它们。久而久之人们习惯地认为运输部的顾客是公路营造商和公共交通系统,而不是公交乘客;住宅和城市发展部的顾客不是贫穷的城市居民而是房地产开发商;教育部的顾客不是大中小学生,而是学校、教师、出版商等……这种漠视公众(真正的顾客)利益、服务对象模糊乃至倒置现象说明,庞大的行政机构被大量的中间过渡主体掩埋,行为上满足的是官僚政治的需要,而不是人民的需要。

为提高服务质量,改善公共机构形象,许多国家开始转变指导思想,强调以顾客为导向,以顾客为服务中心,用企业家精神改变政府观念。他们通过顾客寻访、重点群体调查等方法详细听取顾客意见,并在此基础上采取一系列改革措施,包括:(1)提供小规模化的公共服务,改变传统划片服务,给顾客提供更多的自由选择机会和领域。(2)引入市场竞争机制,通过"顾客主权"对公共服务机构施加压力。(3)推行公民参与管理,借助市场检验方法,定期反馈公民对服务质量的满意程度。

以顾客需要为中心的管理思想和管理模式所具有的优点是十分明显的:它迫使提供服务的政府对被服务对象负有更强的责任心;使选择提供

---

① 有关美国公务员制度改革,可参见本书第 8 章相关内容。

者的决定不受政治影响;激发行政改革动机,使之在竞争中不断创新;保
证人们在不同种类服务之间作出选择;有利于减少浪费;被授权的顾客更
加尽责;能够创造更多的公平机会,等等。可以说,以顾客需要作为公共
政策的出发点和利益分配的终结是政府本质的体现和回归。

六、当代公共行政改革的模式比较

美国学者盖伊·彼德斯将当代公共行政改革概括为市场、参与、灵活
和解制四种类型,并对其结构、管理、利益和政策进行了分析,在理论界产
生了广泛影响。下面,我们对这几种模式作一些比较分析。

市场、参与、灵活、解制政府模式

在分析方法上着重从结构、管理、政策和公共利益四个维度来研究。
在结构方面,主要研究如何组织政府部门;在管理上研究政府怎样聘用、
激励和管理公务员,以及如何有效地控制财政资源。从政策角度分析公
务员在政策过程中应该起什么样的作用,政府如何对私人部门、非赢利性
组织施加更加广泛的影响,等等。公共利益方面的分析,则旨在了解所采
取的改革方案以及政府过程的结果能否使公众受益,等等。

1.引导和体现竞争的市场模式

市场模式(Market Model)是改革中最流行、得到肯定最多的一种模
式。该模式认为,当下的行政改革是利用市场并接受这样的假定,即私人
部门的管理方法(无论是什么样的管理方法)几乎可以说是与生俱来地

优越于传统的公共部门的管理方法。不管是经济发达的西方各国,还是最贫穷的非洲国家,提高政府组织效率的最佳甚至惟一方法是用某种建立在市场基础上的机制代替传统的官僚制①。把市场作为改革模式不仅可以为改革提供道义上的支持,而且可以为政府更有效地运转提供证据。正是在这一思潮影响下,许多国家将市场化作为改革摹本。其一,通过私有化,将政府控制或经营的公共服务项目交由私人企业承包经营,或者将国有企业直接出售给私人企业。其二,通过公共服务付费制的实行,把价格机制引入公共服务,让公共资源得到最佳配置。其三,推行合同制,让政府放担子、卸包袱,将公共部门和政府作为顾客或委托人,同提供服务的组织即代理人签订合同,让政府间接为社会提供服务。其四,建立政府内部市场,将提供公共服务的政府部门划分为生产者和购买者两个主体,让其通过契约关系进行市场运作。其五,大范围地进行分权,让授权主体具有相对独立的自主权,并与其他主体之间形成竞争。

在结构上,市场模式者们认为,传统政府结构过分信赖庞大垄断的、缺乏外部监督制约的官僚机构。这种机构最看中规章制度和权力对政府行为的指导,忽略市场信号和公务员个人的主观能动性,加之这种机构服务的无形性、迟效性、综合性,使得公众和民意机关在质与量上无法对其效率进行准确评估。这无疑为传统组织带来无法克服的结构性障碍。针对这一弊端,市场模式提出战略性改革设想,主张下放决策和执行权力,把大的公共部门分解成若干小的像企业那样可以相互竞争的部门,将一些服务职能下放给低层机构、私营部门或半私营部门来承担,迫使公共部门无法进行垄断性控制,从而达到降低成本、减少服务费用、增加服务种

---

① B.盖伊·彼德斯:《政府未来的治理模式》,中国人民大学出版社 2001 年版,第 21 页。

类、提高服务质量等目的①。如英国的"下一步改革方案",将组成内阁的大的部委分解成若干小的执行局。这些局采取跟政府签订合同的形式来履行自己的职责,目的是使这些执行局具有更强的企业家精神、更大的自主权,能够像市场的私营公司那样按照市场机制运作。与英国相比,新西兰的改革更具有彻底性。从20世纪80年代开始,他们把大多数部委进行公司化改造,将其分解成若干很小的、且具有公司性质的、拥有自己权威的、半自主权的组织机构,并称之为公司化,形式更具有市场性质。美国的动作不是很大,但也收到相当大的成效。如过去国家垄断的通信、邮包业务,现在已有DHL服务公司、联合邮包公司、联邦特快邮件服务公司等多家公司与政府竞争,服务成本大幅度下降,服务质量也由此大大提高。不难看出,传统公共组织力图通过金字塔式的多层级结构实施管理和保证决策连续性,市场模式则强调积极进取的政府行为和个人责任,鼓励公共部门致力于建立层级尽可能少的网络式结构,以保证各公共部门低投入高收益。

在公务员管理体制和方法上,市场模式较之于传统做法具有根本性的变革,最典型的就是吸收私营部门的管理思想,打破集体化的工资分配制度,建立以功绩制为原则的、个性化的绩效工资制度,即工资标准因人而异,主要是依据公务员在市场上可能赢得的收入来确定,成就突出的给予更高的报酬,不管公务员的职级悬殊多大。这种工资制度要求主管领导更像一名企业家,能对所在机构的行为负责,能根据服务质量、收益大小及其他表现获得工资奖金,或者受到相应的惩罚。人们普遍认为,较低

---

① 20世纪60年代和70年代的企业组织是倾向于建立庞大的企业集团。但到了20世纪80年代和90年代,这种情况发生了变化,一些大型企业集团纷纷解体,更好地为顾客服务的新价值取向,成为建立企业组织结构的出发点。尽管许多企业集团仍然保持其庞大的规模,但其结构已向M型方向发展(Lamont,Williams and Hoffman,1994),即在企业集团内部分设一系列相对独立的经营子公司,使它们之间保持竞争关系。

一级公务员和最低一层的公务员实行这一制度能够取得积极的效果。但是对政府领导层来说，由于其工作具有无形性、复杂性，其作用可能是极其微弱的。

此外，推行功绩制和绩效工资管理能否取得预期效果，目前还是一个悬而未决的问题。它取决于对绩效评估的能力和准确程度，包括哪些工作可以按照绩效标准来评估，哪些不可以这样进行，都要有一个明确界限。如果不能很好地解决这一难点，市场模式在公务员管理制度改革中的作用就难以发挥。这也正是该模式最不能令人放心和满意的地方①。

市场模式在公共政策的制定方式上不像结构那样在学理和实践上具有一致性。前文我们已介绍，市场模式主张将官僚机构的职能下放给具有企业家精神的政府部门来履行，与此相适应，其决策也必然要以市场反馈回来的信息为基础，并由部门领导根据自己的分析判断来制定。然而在实践中，推崇市场模式的高级官员不愿放弃政治控制，仍希望这些部门对上级政策和意识形态方面指示俯首听命。这种现象一方面说明公务员的政治化趋势即使在以市场模式为代表的决策过程中也无法停止，另一方面市场模式在关于公务员的政策作用方面与所提出的要求也是自相矛盾的。除此之外，市场模式在政策制定方面还存在其他方面的一些问题：一是决策的协调与控制问题。过去一个统一的公共部门可避免政策之间的相互冲突，但在机构分解之后，几个、几十个、甚至上百个执行局之间在政策上就不可能保持一致②。二是公民的作用和地位问题。传统政策在

---

① 绩效评估是一个世界性难题。它不仅涉及工作量，而且涉及产出结果的质及其实际影响。学术界有人认为绩效考核是一门艺术而不是一门科学。目前为了避免质的争议，绩效工资制多用于公务员的管理职能领域，而非强调质的政策职能领域。

② 与此相反，澳大利亚是在搞相反的一种变革。他们把国家三十几个大部合并为二十几个，以整合来避免政策的冲突。我国近十几年的改革也是按照宜粗不宜细的原则归并一些部委。这种模式与市场模式的结构分解，共同构成当今世界两种截然不同的结构变化形式。

观念上把被服务者看做是公民,享有政治上的权利,有资格和权利获得各种公共服务。然而市场模式下的决策是把公民当作市场上的普通顾客来看待的,不再是政治意义上的公民。强调重点是公民的经济角色和权利,显然,公民的个人权利和法律地位被大大降低了。

最后一个分析视角是公共利益问题,即什么情况下才是好的政府。市场化改革从三个方面做出了努力,一是低成本高收益,主张采用非常规手段,如成立多家独立的机构来提供服务;二是建立更多的可以相互竞争的服务主体,让公众有选择自己最喜欢、最满意服务的权力;三是把公民既当消费者又当纳税人,使其既受市场价值的"调节",又受政治价值的制约,让二者能够兼顾而不是偏废。

2.重视激励和引导参与的授权模式

参与模式(Participation Model),又称授权模式,其主张在观念形态上几乎与市场模式相反。盖·彼德斯认为,该方法所倡导的用以证实其思想的政治意识形态是反市场的,它的价值倾向是寻求一个政治性更强、更民主、更集体性的机制向政府传达信号。它主张:(1)分权,即放权于基层。同市场模式一样,参与模式认为以官僚制为基础的公共组织是妨碍政府效率的严重障碍,其层层节制的、由上而下的管理形态限制了公务员对其所从事工作的参与,使得他们对组织产生距离感,也降低了他们对组织的承诺,因而主张将长期被排斥在决策或政策过程之外的管理者吸收到政府管理过程中来,赋予他们参与决策的权力①。(2)放权于顾客,即给服务对象更多的权利。因为官僚体制内的专家无法获得制定政策所需要的全部信息,甚至得不到正确的信息(Majone,1989);"不论是公共部

① 其实,员工介入决策层一直是管理上研究的重要主题。像梅奥、阿吉里斯利克特、福莱特等管理学者都是主张以组织人本主义作为提高组织效率的最佳模式。在白领队伍日趋扩大的今天,参与更具有现实意义。

门还是私人部门,没有一个个体行动者能够拥有解决综合、动态、多样化问题所需要的全部知识和信息,也没有一个个体行动者有足够的知识和能力去应用所有有效的工具"(Kooiman,1993)。顾客中往往隐藏着解决组织问题的"灵丹妙药",顾客对公共服务问题最有发言权。(3)共同协商。放权不是把所有的权力一股脑地放手给低层公务员或公众,而是有针对性地吸收他们介入决策过程,共同协商问题。

从上面可以看出,参与模式偏重于程序而非结构,但这并不是说不需要结构。在参与模式眼中,公共组织的结构应当是扁平化的。它主张打破过于严格的控制体系,减少中间管理层,缩短高层与基层的沟通距离,建立以"地方为主"(localness)的组织结构体系,让低层能够参与决策,或自主做出决定,而不是层层请示、层层汇报。彼德斯断言,如果基层公务员感觉到在决策中可以发挥更多的洞察力和专业能力并因此受到激励而提供优质服务,那么,控制性的层级节制就变得毫无意义了。如果这种格局得以转变,消除中间层次无异是最好的选择。事实上,无论在公共部门还是在私人部门,压平结构、扩大管理幅度已经成为现代社会组织结构变革的主要趋势。

在管理上,参与模式强调内部参与管理,让低层公务员更多地加入到权力资源的分配中来。在管理信息流向上一改传统组织结构自上而下式为自下而上式,用顾客意愿来决定政策取舍,利用开放性政治过程优势,使政策成为组织的集体共识。在人事管理方面,与市场模式强调个人化、个人工资、个人技能评估不同,参与模式强调全面质量管理,强调小组化、集体化,以小组和集体为单位进行评估和奖惩,等等。

在决策问题上,参与模式具有两个鲜明特征,一是在程序上自下而上,不再是传统的自上而下的过程,不主张按照集权方式进行决策,认为低层公务员掌握第一手材料,同公众最接近,最了解公众需求,做出的决策更符合客观实际。二是通过公众的政治参与来进行决策,以此来最大限度地体现和满足公众利益。这一点同市场模式强调公民的自由选择权有所不同,以教育改革为例,市场模式的做法是政府发给受教育者代用券,受教育者拿着这张券去挑选自己满意的学校,学校拿到券才可以跟政府划拨资金。参与模式的做法是让每个学校设立一个管理委员会,委员会由教师和受教育者家长组成,他们可以在这个组织里提意见、提建议,甚至可以争论,以进一步满足来自社会各阶层、各领域受教育的利益需要。严格地说市场模式是一种选择机制,取决于金钱或票据的流通,而参与模式则是一种制约、促进机制,通过政治过程来实现。

公共利益问题在这里是一个高度分散化的概念,它主张最大限度地吸收低层公务员和公民参与到政策的制订过程中来,并以此促使公共利益的实现,其具体方式包括:扩大低层公务员独立做出决定和对政策施加影响的范围,为公民提供更多的对政策施加影响的方式和机会,包括对话、公开辩论、全民公决等形式;提高公民在政策选择过程中的参与程度。可以看出,这是一种实质性的参与而不是形式上的参与。

3.临时机构和短期雇用制的灵活模式

灵活政府模式(Flexible Government Model),又称弹性化政府,它是指政府及其机构有能力根据环境的变化制定相应政策,而不是用固定方式回应新挑战(B.Guy Peters,1996)。该模式最受关注,也最模糊不清。它的出现,完全是对僵化、无弹性的官僚政府的一种反叛。从组织角度看,传统体制下的公共机构,不管其职能目标的存在多么短暂都会以种种理由存续下来,原因是组织所提供的概念透镜已经扭曲了人们对组织存续的知觉,很少会有组织主动愿意在变革方面投入更多的精力。再则,长期性组织也的确有保持政策连续性、稳定性的优势,其制度化的能力可以避免犯重大错误(E.Stein,1995;March,1991)。但是,组织记忆往往既是先前学习的宝库,又是未来学习的潜在障碍(Olsen and Petexs,1995),常会妨碍对较新和相关事物的学习,降低组织的适应力,加之其永久过程中本位主义的形成,又会造成运作过程中的协调难题。从人事管理的角度看,由于文官制度的普遍推行,一个人一旦进入政府机关,只要是非本人意愿,且不触犯法律就可以终身被雇佣。这种永业制政策常常使公务员对政策的看法和对现实所存在问题的认识被固定化、程式化;同时也使得公务员对自身利益和对组织机构的财政预算的关心程度超过对事业的关心。此外,由于科技进步和经济国际化原因,政府的任务形式、劳动市场性质发生了变化,兼职和临时雇用取代终身雇用,季节性雇用既能大大降低政府的行政成本,又能满足人们职业生涯的多样化需求。这些都是形成灵活政府模式的重要原因。灵活政府模式在结构上的基本主张是在政府内部建立可选择性的结构机制,以大量的临时性机构取代那些自认为拥有政策领域永久权力的传统部门和机构,如工作小组、特别委员会、项目小组、虚拟组织等①,使其不再固守传统的组织阵地,能够对不断变化的社会和经济情况做出反应,并能在职能目标实现之后及时地将自己终结。当然,这一举措还可以在意识形态上有效地抵制财政保守分子对常设机构开支膨胀和政策僵化进行的攻讦。

与此相适应,灵活政府模式在人事管理上主张搞短期或临时雇佣,使临时机构的雇员不再由享受终身雇用权的公务员来组成,强调管理者必须具有调动劳动力以适应变化需求的能力。临时雇佣,有利于政府根据

---

① 这里所涉及的"虚拟组织",是指美国国家绩效评估(NPS)完成任务解散后,为使参与绩效评估的各成员之间继续保持联络而建立的这么一个"团体"。事实上,虚拟组织的概念是关于组织间建立网络系统这一思维的正式体现,它可以当作以系统层次而非组织层次管理政府的一种手段,正如许多分析人士指出的那样,虚拟组织是许多公共部门行为的基础(Seidmon and Gilmour,1986)。参见盖伊·彼德斯:《政府未来的治理模式》,中国人民大学出版社2001年版,第82页。

工作量合理确定和调节公务员的数量,避免冗员过多或人力不足;为政府节省开支,消除纳税人不满,快速及时地增加服务需求提供便利条件。但是从消极的角度,临时雇用还存在不少问题。如临时雇用使得公共服务的价值受到威胁,从而大大降低临时雇员对组织的献身精神,使公务员制度所应体现的廉洁、忠诚、责任等价值观难以实现;同时,由于临时雇员工作生疏、专业知识欠缺,局部工作效率往往受到损害[①]。

在灵活模式下公务员对政府决策有何影响,理论上尚无明确结论,人们只是从逻辑规范上做出大致描述,认为灵活模式对传统组织的冲击,必将大大削弱以共同文化和对现行政策的认同为基础的组织机构权力,使稳定的机构、稳定的职业队伍变得飘忽不定,并进而导致政策的不稳定性。因为新机构和新人员常常会使组织丧失"记忆",使决策者缺乏实践知识和经验基础。但有人不这样看问题,认为这样反而有利于创新,有利于开拓新的事业。撒切尔派和里根派都是这一观点的支持者。但是也有人认为,即使后一命题成立,人们对于扑面而来的各种创造性的建议,仍有一个选择协调的过程。

这种模式对公共利益从三个方面看是有利的:(1)降低行政费用,主要是通过大量地雇用临时人员减少政府开支。(2)增强处理问题的灵活性。政府可以采取一些临时特殊方法解决随时出现的问题,而不再是用长期固定机构捆住自己的手脚。(3)部门之间的临时性协调保证了政策的连续性和一贯性。但是笔者认为单从财政成本降低的角度来看待公共利益似乎有失偏颇。如果从临时雇员服务精神的降低、专业知识的欠缺,给特定顾客带来的服务质量下降上看,这种行政成本实际上增大了,甚至

---

① 美国审计总署就税收部门给公民提供的税收信息服务质量进行过调查,第一年发现,公众从咨询电话中获得的税收信息有 70% 是错误的,第二年虽有改进,但仍有 50% 的差错率。这些提供服务的雇员几乎都是政府临时雇佣的。

行为上本末倒置了。

4.减少规制的解制模式

解制型政府模式(Deregulating Government Model),又称非管制政府模式,它的基本涵义是指通过取消公共部门过多的规章制度,取消过程取向的控制机制,相信并依靠公务员的责任心、潜力和创造力,来提高政府的行动水平,让政府更具有创新性和效率。[①]

解制型政府模式出现在传统的"照章办事"的国家绝非偶然,其原因是多方面的:其一,过多的内部控制严重地损害了政府效率。在"三权分立"国家,政治家对公共组织一般都存有戒心,对公共管理者往往施加多种限制,久而久之,公共行政部门的活动空间越来越小。其二,过多行政规则使得公共部门行动迟缓,缺乏弹性和回应力。其三,公务员制度变成了迷宫,管理者的"进管出",问题丛生。其四,政府采购制度引发了贿赂和选择性签约等弊端,政府支出变相增长。对其弊端,戴维·奥斯本和特德·盖布勒在《改革政府》一书中有许多生动的描述。[②]

"每当事情出了毛病,政客们往往以一大批新的规章来应付。……但是政府通过繁文缛节把犯法者包起来,使他们逍遥法外,而惩罚其他人。他们这样做无异于在马逃走以后才关闭马厩大门——把所有的牧场工人都锁在里面"。"当然,我们接受规章和繁文缛节以防止发生坏事。但是同样这些规章会妨碍做好事。它们会使政府的办事效率慢得像蜗牛爬行。它们对正在迅速变化中的环境不可能做出反应"。"许多政府雇

---

① 有关解制型政府的含义有另外一些表述。有的认为,解制型政府实际上就是市场模式或管理主义的别称,都是致力于放松内部控制的一种改革。也有人认为,解制型政府与参与模式是相互交叉的。参与模式倾向于雇员在组织决策上更具有影响力,而解制型政府则相信运用自由裁量权比运用规则、管制更有效(J.Stein,1995;Howard,1994)。如果说主要差别的话,"解制"重在强调效率,"参与"重在自我实现。

② 参见戴维·奥斯本、特德·盖布勒:《改革政府:企业精神如何改革着公营部门》,上海译文出版社1996年版,第91、92页。

员不能做他们认为是正确的事情","他们忘记了所属机构的使命,满足于照章办事"。

解制型政府模式就是要打破这些条条框框,清除政府管理以外的其他附着物,让政府最大限度地释放创新能量,以新的创造改进社会整体利益。解制型政府模式不太看重结构,其着眼点主要在程序和有效行动的能力等方面,目的在于激发传统官僚机构的活力。它主张,不管是官僚体制还是非官僚体制,只要能够有效运转就行。因而,它并不像其他模式对官僚体制刻意贬斥,相反,认为官僚体制是可以接受的,甚至认为是求之不得的。由于这一模式不反对传统的政府结构,因此在管理上支持官僚机构的高层决策者依靠一定的行政文化来调动整个机构的行动。这种行政文化主要是指公务员的伦理道德在行政活动中的驱动力量,管理者必须依赖相信个人,依赖个人的价值观念、伦理道德来实现管理目标。但是,人们也不无担忧地认为,如果没有公务员的道德信念作基础,一些组织和个人在没有规则的情况下,极易恣意妄为,危害公共利益。

从决策的角度来分析,解制型政府模式下官僚的决策作用明显被强化,而政治家的决策作用被大大降低,这对于过去把决策视为政治领导特权的传统观念是一次极大的冲击。在这一点上解制模式同参与模式不谋而合,皆认为公务员具有丰富的专业知识,又同社会公众直接打交道,因而应当允许他们做出更多的决策,有更多的灵活性。

在公共利益的体现上,解制模式与市场模式相比明显不同。前者认为政府在社会中应扮演一种积极角色,改革只是解除政府内部过繁的管理体制,通过取消政府内部对政府工作能力的限制或制约因素,使政府能力更好地发挥出来,更好地适应社会需要。政府可以有效地解决当今社会存在的问题,政府行为不会成为社会问题的一部分。后者认为政府过于垄断,没有效率,应把政府职能转变为市场职能,通过削弱乃至取消政府来改善服务。显然两种模式之间在公共利益的实现上存在巨大差异。

市场、参与、灵活和解制政府模式的比较

如何认识四种模式之间的关系,哪些方面是相同,哪些方面是相异的,对于准确认识当代西方公共行政改革的特点和运作机制十分重要。下面我们对这几种模式结构、管理、决策和公共利益特征作一个简单梳理。详见表 12-1。

表 12-1　四种改革模式比较

模式类型	市场模式	参与模式	灵活模式	解制模式
问题诊断	垄断	层层节制	永久性	内部管制
结构	分权	扁平组织	虚拟组织	没有特别建议
管理	按劳取酬;运用私人部门的管理技术	全面质量管理;团队	管理临时雇员	更多的管理自由
决策	内部市场;市场刺激	协商;谈判	试验	企业型政府
公共利益	低成本	参与;协商	低成本;协调	创造力;能动性

资料来源:B.盖伊·彼德斯:《政府未来的治理模式》。(The future of Governing:Four Emerging Models)

四种模式所要重点解决的问题,一是公共部门的垄断性,以及政府不思进取、高成本运作;二是层层节制的等级体制排斥基层公务员和顾客的参与,好的建议主张难以体现;三是永久性组织稳定有余、创新不足,不能随着社会职能的增减而灵活调整;四是内部规划过多,束缚公务员手脚,无法创造性地开展工作。这些问题和症结,盖布勒和奥斯本在《改革政府》一书中都进行了较系统的分析。

七、借鉴与思考：规律性与特殊性的统一

从上面的分析介绍可以看出,西方公共行政改革是一场深刻的、广泛的政治革命。它没有先驱者的经验可以借鉴,完全是一场渐进的、摸索性的试验,因而,不可避免地会带来一些负面效应,或一些意想不到的后果。就像孔雀开屏,既向人们展现了美丽的羽毛,同时也因羽毛的舒展而露出了屁股。

改革的两难选择。公共行政改革一方面提倡推行管理主义理论,广泛吸收企业管理的经验、技术和方法,给管理者较大的灵活性和自由裁量权,用企业精神引导和管理政府公营部门;但另一方面又要求公务员,尤其是高级公务员增强对政治的敏感度,保持对政策的高度适应性。这种不统一性或矛盾性,究竟是文官制度固有的中立原则对改革的妨碍,还是因改革政策设计不周延造成的矛盾,值得思考。如果政治统治者抱着既想吃蛋糕又不想承受打破鸡蛋痛苦的心态,必定会在改革的道路上陷入两难选择境地。

破与立的偏废。把公共服务职能通过私有化、承包、出租、委托等形式交给私营组织来履行是西方国家行政改革的共同做法,评价也多趋于一致。但问题是,各国对打破政府官僚体制之后的监督制约保障机制缺乏必要的关注,更无严密科学的政策设计,这种结构上的失衡,对于一项改革来说同样是不完善的,也是令人担忧的。

整体发展与个性保持的统一。管理主义理论几乎在整个欧美和大洋洲国家付诸实践,①。但是不同政府体制的国家在整体发展上、接受程度

---

① 美国和加拿大对管理主义兴趣不大,但诸如业绩奖励等一些管理主义的试验却是在美国完成的。

和范围上却又存在着个性差异。在被称为"拿破仑公共行政模式"的法国对管理主义的"成见"明显高于欧洲其他国家。这是因为,法国的行政文化是建立在根深蒂固的国家集权概念之上的,改变国家控制方式必然要触动单方面决策优先、外部监控软弱、行会主义盛行等一系列固有的行政特征。显然,他们在变革中的阻力要比其他国家大得多。这种个性特征如果与"无国家社会"的美国相比就更具有典型性。因此,市场、灵活、参与和放松内部规则等行政改革观念虽然具有共同性,但是不同的政治体制、不同的文化传统对其思想的解释又是不同的,满足变革需求、利用变革机会的方法也是不一样的。这也意味着,一国"冷冻"的思想另一国可能欢迎;而在一国受到推崇的观念,在另一国可能备受冷落。

科层制与后科层制的冲突与替代。以后科层制理论为核心的各种新理论对科层制的挑战引起全球关注,在社会政治生活领域里打破僵化的法律禁锢,重视管理中人格化因素的倾向,重结果不重过程的工作着眼点的转移,市场与社会力量对政府公共管理的渗透,以及强调内在秩序整合,反对过多过滥信息的扼制等等现象的存在,确实让人无法否认和回避。然而,这一现象对于科层制这种一定意义上"牢不可破"的传统结构和运行机制来说,只是展现了进行中的一种总趋势,绝非事实上的取代。作为现代社会最为成功的发明和精密设计,科层制还将会长期存在。因此,如果以为叫喊几声或推进几项改革,就可以使科层制公共行政从此销声匿迹,则是十足的幻想。

四种模式与中国行政改革。市场与社会力量引导的行政改革所具有的科学性、可行性,对于我国进一步实行政企分开、转变政府职能、精兵简政、减轻财政负担、提高工作效率、改善政府形象、密切政府与公众关系等方面都具有重要意义。邮电、铁路、电力一直是我国垄断的行政型经营企业,成本高、服务差、质量低,是群众怨气较为集中的部门。从长远来说,如果运用市场模式将此类组织的结构单位再划小一些,使其形成非垄断的、可以相互竞争的组织实体,则更符合当今世界改革规律,亦能更大限度地降低行政成本、提高服务质量。参与模式,说到底是强调基层公务员和社会公众在政府决策中的作用。这是西方社会对精英决策、代议制官僚制决策的一种变革。我国历来强调民主决策的重要性,并形成了民主集中制、"从群众中来,到群众中去"的决策思想。但在执行上尚未行之有效的、可操作的参与机制。如果在此基础上将参与模式的一些做法有选择地拿出来,将有助于这一民主决策思想的完善和发展。灵活模式的做法和思路,与我国的改革有许多不谋而合之处。如临时机构的设置和临时人员的配备一直成为我国组织建设中的习惯做法。所不同的是,我国的临时机构是政府行政编制范围的暂时组合,工作人员(除部分工勤人员外)也是在行政系统编制内临时抽调的。这显然同西方国家来自社会、回到社会的灵活模式有着本质区别。建议在新一轮机构改革中适当吸收借鉴西方国家临时机构、临时雇员的做法,将常设机构数量降至最低限度,将公务员队伍精简到最精干程度。放松管制模式相对前三种来说与我们的距离稍远一些。这主要是由于不同国家的法治状况、执行方式和习惯不同所决定的。我国目前尚未达到西方国家法律、法规多如牛毛的地步,亦不存在法律把执法者驱赶到"合法不合情理"的僵化状态。因此,加快立法、严格执法仍是我国今后一个时期的重要任务。这里需要我们重视的是,机械照搬法律规定和红头文件,僵化教条、不思进取的工作作风都是共同存在的。为此,在尚未健全规制的环境下,如何防止和消除机关工作人员的消极行为和官僚主义作风,是我国行政改革面临的一大难题。

对新理论、新思潮应有科学态度。所有理论的出现、形成和发展都是一种历史现象,都是在特定国家和地区、特定历史时期内发生、发展和消亡的。世界上不存在亘古不变、普遍适用的行政理论、行政经验和行政方法。西方的行政改革理论和改革思潮同样也不例外。随着社会的进步和发展，各国还可能从更多、更宽的视角研究探讨公共行政的基本规律，创造出更为丰富的管理理论，但最终都必须立足并受制于具体的、特定的政治生活和现实环境。我国是一个具有特殊政治、经济和文化环境的社会主义国家，除要广泛吸收借鉴国际社会的科学理论外，更多地还是需要从本国国情出发，研究总结适合中国国情的经验做法。上面所介绍的四种改革模式会或多或少地影响我国行政改革的目标制定和策略选择，我们对此不可能视而不见。但要指出的是，盲目照抄照搬、顶礼膜拜的做法是有百害而无一利的。

主要参考文献

《马克思恩格斯全集》第一卷,人民出版社1956年版

《马克思恩格斯选集》第一——四卷,人民出版社1995年版

《列宁选集》第一——四卷,人民出版社1995年版

《毛泽东著作选读》上下册,人民出版社1986年版

《毛泽东选集》第一——四卷,人民出版社1991年版

《邓小平文选》第一——三卷,人民出版社1994年版

《江泽民文选》第一——三卷,人民出版社2006年版

《胡锦涛同志重要论述学习辑要》,山东人民出版社2005年版

习近平:《之江新语》,浙江人民出版社2007年版

习近平:《坚持实事求是的思想路线》,载《学习时报》2012年5月28日

习近平:《顺应时代前进潮流 促进世界和平发展——在莫斯科国际关系学院的演讲》,载《人民日报》2013年3月25日

李克强:《认真学习深刻领会全面贯彻党的十八大精神 促进经济持续健康发展和社会全面进步》,载《十八大报告辅导读本》,人民出版社2012年版

刘云山:《更加自觉、更加主动地推动社会主义文化大发展大繁荣》,载《人民日报》2007年10月29日

夏书章主编:《行政管理学》,山西人民出版社 1985 年版

夏书章主编:《行政管理学》,中山大学出版社 1991 年版

王沪宁、竺乾威:《行政学导论》,上海三联书店 1988 年版

王沪宁:《比较政治分析》,上海人民出版社 1987 年版

黄达强、刘怡昌主编:《行政学》,中国人民大学出版社 1988 年版

罗豪才主编:《行政法学》,中国政法大学出版社 1989 年版

罗豪才主编:《行政法学》,北京大学出版社 1996 年版

唐代望:《现代行政管理学教程》,湖南科学技术出版社 1988 年版

应松年主编:《行政行为法——中国行政法制建设的理论与实践》,人民出版社 1993 年版

周世逑、苏玉堂主编:《中国行政管理学》,中共中央党校出版社 1994 年版

周世逑主编:《行政管理学通论》,劳动人事出版社 1989 年版

李方:《行政管理学纲要》,中国劳动出版社 1989 年版

许文蕙主编:《行政管理学》,红旗出版社 1992 年版

周振鹤:《体国经野之道理》,中华书局(香港)有限公司 1990 年版

黄仁宇:《放宽历史的视界》,中国社会科学出版社 1998 年版

徐大同:《西方政治思想史》,天津教育出版社 2000 年版

汪宇明:《中国省区经济研究》,华东师范大学出版社 2000 年版

中国行政区划研究会编:《中国行政区划研究》,中国社会出版社 1991 年版

樊纲:《市场机制与经济效率》,上海三联书店 1992 年版

刘文富:《网络政治——网络社会与国家治理》,商务印书馆 2002 年版

毛寿龙:《中国政府功能的经济分析》,中国广播电视出版社 1996 年版

俞可平:《治理与善治》,社会科学出版社 2000 年版

江必新、周卫平等:《行政程序法概论》,北京师范学院出版社 1991 年版

姜明安主编:《外国行政法教程》,法律出版社 1993 年版

刘君德:《中外行政区划比较研究》,华东师大出版社 2002 年版

谷春德主编:《西方法律思想史》,中国人民大学出版社 2004 年版

刘静仑:《试论行政强制》,载《河北财贸大学学报》1997 年第 4 期

刘瀚等:《依法行政论》,社会科学文献出版社 1993 年版

王名扬:《法国行政法》,中国政法大学出版社 1989 年版

孙笑侠:《法的现象与观念》,群众出版社 1995 年版

王清云等主编:《行政法律行为》,群众出版社 1992 年版

翁岳生:《行政法与现代法治国家》,台北祥新印刷有限公司 1990 年版

管欧:《中国行政法总论》,台北正中书局 1997 年版

吴庚:《行政法之理论与实用》,中国人民大学出版社 2005 年版

杨建顺:《日本行政法通论》,中国法制出版社 1998 年版

于安主编:《行政法律行为》,四川人民出版社 1992 年版

叶必丰:《行政法学》,武汉大学出版社 1996 年版

张焕光、胡建淼:《行政法学原理》,劳动人事出版社 1989 年版

张树义主编:《行政法学》,中国政法大学出版社 1995 年版

陈新民:《宪法学导论》,新学林出版股份有限公司 1996 年版

陈嘉陵主编:《各国地方政府比较研究》,武汉出版社 1991 年版

陈振明主编:《政府再造:西方"新公共管理运动"述评》,中国人民大学出版社 2003 年版

乔耀章:《政府理论》,苏州大学出版社 2000 年版

施雪华:《政府权能理论》,浙江人民出版社 1998 年版

浦兴祖:《当代中国行政》,复旦大学出版社 1993 年版

丁煌:《西方行政学说史》,武汉大学出版社 1999 年版

胡和立:《1988 年我国租金价值的估算》,中国经济出版社 1993 年版

廖进球:《论市场经济中的政府》,中国财政经济出版社 1998 年版

李道中:《建设有中国特色的社会主义文化》,青岛出版社 1993 年版

杨解君、孙学玉:《依法行政论纲》,中共中央党校出版社 1998 年版

孙学玉:《企业型政府论》,社会科学文献出版社 2004 年版

孙学玉:《垂直权力分合:省直管县体制研究》,人民出版社 2013 年版

宋承先:《现代西方经济学》,复旦大学出版社 1997 年版

宋世明:《美国行政改革研究》,国家行政学院出版社 1999 年版

吴敬琏:《政府应担当什么样的角色》,经济日报出版社 1998 年版

汪翔、钱南等:《公共选择导论》,上海人民出版社 1993 年版

卫兴华:《市场功能与政府功能组合论》,经济科学出版社 1999 年版

谢庆奎等:《中国政府体制分析》,中国广播电视出版社 1995 年版

刘军宁主编:《自由与社群》,北京三联书店 1998 年版

周开年:《政府与企业:角色如何安排》,湖北人民出版社 1994 年版

张康之等主编:《公共管理导论》,经济科学出版社2003年版

周志忍主编:《当代国外行政改革比较研究》,国家行政学院出版社1999年版

周克瑜:《走向市场经济——中国行政区与经济区的关系及其整合》,复旦大学出版社1999年版

张梦中:《美国公共行政学百年回顾(下)》,载《中国行政管理》2000年版

张志坚、唐铁汉等:《中国:地方政府机构改革研究》,国家行政学院出版社1999年版

詹中原主编:《新公共管理:政府再造的理论与实务》,台北五南图书出版有限公司2000年版

陈振明:《非市场缺陷的政治经济学分析——公共选择与政府分析学者的政府失败论》,载《中国社会科学》1998年第6期

陈振明:《走向一种"新公共管理"的实践模式——当代西方政府改革趋势透视》,载《厦门大学学报》(哲学社会科学版)2000年第2期

傅肃良:《行政管理学》,台北三民书局1983年版

林水波、陈志玮:《企业精神政府的政策设计与评估》,载《行政评论》1999年第2期

刘君德、舒庆:《中国区域经济的新视角——行政区经济》,载《改革与战略》1996年第5期

浦善新:《对市领导县体制的反思》,载《中国方域》1995年第5期

浦善新:《中国行政区划概论》,知识出版社1995年版

夏海:《政府的自我革命——中国政府机构改革研究》,中国法制出版社2004年版

张占斌:《省直管县体制改革的实践创新》,国家行政学院出版社2009年版

阿兰·伯努瓦:《面向全球化》,载美国《泰洛斯》杂志1996年版

阿尔温·托夫勒、海蒂·托夫勒:《创造一个新文明——第三次浪潮的政治》,上海三联书店1996年版

彼德·圣吉:《第五项修炼——学习型组织的艺术与实务》,上海三联书店1996年版

丹尼斯·缪勒:《公共选择》,上海三联书店1993年版

戴维·赫尔德、安东尼·麦克格鲁:《全球大变革:全球化时代的政治、经济和文化》,社会科学文献出版社2001年版

戴维·奥斯本等:《改革政府:企业精神如何改革着公营部门》,上海译文出版社 1999 年版

文森特·奥斯特罗姆:《美国公共行政的思想危机》,上海三联书店 2000 年版

埃莉诺·奥斯特罗姆:《公共事物的治理之道》,上海三联书店 2000 年版

F.古德诺:《政治与行政》,华夏出版社 1987 年版

菲利克斯·A.尼格罗等:《公共行政学简明教程》,中共中央党校出版社 1997 年版

格雷厄姆·T.奥尔森:《公共行政研究讨论会会议记录》1979 年版

哈罗德·德姆塞茨:《竞争的经济、法律和政治维度》,上海三联书店 1992 年版

R.J.斯蒂尔曼:《公共行政学》(上下册),中国社会科学出版社 1988 年版

杰弗瑞·普费弗:《认识决策中权力的作用》,中共中央党校出版社 1997 年版

凯斯·费尔:《宏观经济学原理》,经济科学出版社 1989 年版

理查德·宾厄姆等:《美国地方政府的管理:实践中的公共行政》,北京大学出版社 1997 年版

让·雅克·卢梭:《社会契约论》,商务印书馆 1980 年版

W.E.哈拉尔:《新资本主义》,社会科学文献出版社 1999 年版

波林·罗斯诺:《后现代主义与社会科学》,上海译文出版社 1998 年版

里查·A.福尔柯:《追求后现代》,载《后现代精神》,中央编译出版社 1998 年版

詹姆斯·H.唐纳利、詹姆斯·L.吉布森、约翰·M.伊凡赛维奇:《管理学基础》,中国人民大学出版社 1982 年版

亚当·斯密:《国民财富的性质和原因的研究》(上卷),商务印书馆 1983 年版

《亚里士多德全集》(第八卷),中国人民大学出版社 1992 年版

詹姆斯·W.费斯勒、唐纳德·F.凯特尔:《行政过程的政治:公共行政学新论》,中国人民大学出版社 2002 年版

詹姆斯·M.布坎南:《自由、市场和国家》,北京经济学院出版社 1988 年版

罗伯特·赖克:《国家的作用》,上海译文出版社 1994 年版

欧文·E.休斯:《公共管理导论》,中国人民大学出版社 2002 年版

O.C.麦克斯怀特:《公共行政的合法性:一种话语分析》,中国人民大学出版社

2002 年版

詹姆斯·M.伯恩斯:《领袖论》,中国社会科学出版社 1996 年版

詹姆斯·Q.威尔逊:《美国官僚政治—政府机构的行为及其动因》,中国社会科学出版社 1995 年版

尼古拉斯·亨利:《公共行政与公共事务》,中国人民大学出版社 2011 年版

赫伯特·A.西蒙:《管理决策新科学》,中国社会科学出版社 1982 年版

戴维·奥斯本、彼德·普拉斯特里克:《摒弃官僚制:政府再造的五项战略》,中国人民大学出版社 2002 年版

罗伯特·达尔:《多元主义民主的困境》,求实出版社 1989 年版

埃·纽伯格、威·达菲:《比较经济体制》,商务印书馆 1984 年版

保罗·R.格雷戈里、罗伯特·C.斯图尔特:《比较经济体制学》,上海三联书店 1988 年版

J.C.帕拉格、R.C.昌德勒编:《行政管理学词典》,四川人民出版社 1988 年版

B.盖伊·彼得斯:《政府未来的治理模式》,中国人民大学出版社 2001 年版

威廉·韦德:《行政法》,中国大百科全书出版社 1997 年版

简·莱恩:《新公共管理》,中国青年出版社 2004 年版

室井力主编:《日本现代行政法》,中国政法大学出版社 1995 年版

星野昭吉:《全球政治学:全球化进程中的变动、冲突、治理与和平》,新华出版社 2000 年版

罗奈·勒努阿:《没有国家的市场?》,载《国外理论动态》1992 年第 41 期

查尔斯·沃尔夫:《市场或政府》,中国发展出版社 1994 年版

麦克尔·哈默等:《超越改革:以流程为中心的组织如何改变着我们的工作和生活》,上海译文出版社 1998 年版

约翰·基恩:《公共生活与晚期资本主义》,社会科学文献出版社 1999 年版

约翰·罗尔斯:《正义论》,上海译文出版社 1991 年版

迈克尔·巴泽雷:《突破官僚制:政府管理的新愿景》,中国人民大学出版社 2002 年版

查尔斯·E.林德布洛姆:《政策制定过程》,华夏出版社 1998 年版

约翰·斯蒂格利兹:《政府经济学》,春秋出版社 1988 年版

Arthur Seldon:Capitalism,Cambridge,Mass.Basil Blackwell,1990

Axford,Barrie,The Global System:Economics,Politics and Culture(Cambridge:

Polity press,1995)

J.M.Pfiffner,Public Administration,Ronald,N.Y,1955

L.Gulicd & L.Urvick,Papers on the Science of Administration,Institute of Administration,N.Y,1937

Lawrence R. Johnes & Fred Thompson, Public Management Renewal for the Twenty-First Cenrury.Stamford,Connecticut:JAI Press Inc. 1999

Milton Friedman and Rose Friedman:Free to Choose:A Personal Statement,New York:Harcourt Jovanovich,1980

Murray N.Rothbard:for a New liberty:The libertarian Manifesto,NewYork:libertarian Review Foundation,1978

Public Management Development Survey:1990,Paris:OECD

Robert A.Dahl,"Science of Public Administration:Three Problems," Public Administration Review,Vol. 7,no. 1(November-December 1947)